Materialien zur Musikgeschichte

für den Sekundarbereich II

Band 1: Texte

von
Lenz Meierott
Hans-Bernd Schmitz

Bayerischer Schulbuch-Verlag

1991
3. Auflage

Hubertusstraße 4, 8000 München 19
Lektorat: Ingrid Adam
Umschlag: Christian Diener, München
Herstellung: Roloff, Schondorf/Ammersee
Satz: Tutte, Salzweg
Druck: EOS, St. Ottilien
ISBN 3-7627-8100-1

Inhalt

Vorwort ... 8

Musikanschauung und Musiktheorie der Antike ... 9

Platon zur Musikē ... 10

1. Platon: Politeia, 2.–4. Buch (Auszüge) ... 10

Aristoxenos und die Musiktheorie ... 17

2. Aristoxenos: Elemente der Harmonik ... 18

Anfänge der abendländischen Mehrstimmigkeit ... 21

3. Musica enchiriadis: Über das Organum (vor 900) ... 23

Stilwandel um 1320: Ars antiqua und Ars nova ... 27

Vergleich der Ars antiqua mit der Ars nova ... 28

4. Jacobus von Lüttich: Aus dem „Speculum musicae" (um 1330) ... 29

Erlaß gegen bestimmte Auswüchse in der Kirchenmusik ... 32

5. Johannes XXII.: Aus dem Dekret „Docta sanctorum (1324/25) ... 32

Stilwandel um 1600 – Claudio Monteverdi: Prima und seconda pratica ... 34

6. Artusi: Von der Unvollkommenheit der modernen Musik ... 35

7. Claudio Monteverdi: Vorwort zum 5. Madrigalbuch (1605) ... 36

8. Erläuterung des Briefes von Claudio Monteverdi im 5. Madrigalbuch durch seinen Bruder Giulio Cesare ... 38

9. Claudio Monteverdi: Brief an Alessandro Striggio vom 9. Dezember 1616 ... 40

Concerto und Mehrchörigkeit ... 42

10. Michael Praetorius: Über Concerto und Mehrchörigkeit (1619) ... 44

Heinrich Schütz zum Generalbaß und zum strengen Satz ... 49

11. Heinrich Schütz: Vorrede zur „Geistlichen Chormusik" (1648) ... 51

Zur Theorie von Konsonanz und Dissonanz im 17. Jahrhundert ... 54

12. Wolffgang Caspar Printz: Über Konsonanz und Dissonanz (1676) ... 55

Musikalische Rhetorik und Figurenlehre ... 59

13. Arnold Schmitz: Die Bildlichkeit der wortgebundenen Musik Johann Sebastian Bachs, dargestellt am Orgelchoral „Durch Adams Fall ist ganz verderbt" ... 61

Die Fuge: Johann Sebastian Bach ... 68

Johann Mattheson: Zur Fugenkomposition ... 69

14. Johann Mattheson: Von einfachen Fugen (1739) ... 69

Johann Sebastian Bach: Fuge d-moll aus dem „Wohltemperierten Klavier", Band ... 74

15. Hermann Keller: J. S. Bach, Fuge d-moll ... 74

16. Johann Nepomuk David: J. S. Bach, Präludium und Fuge d-moll ... 75

Musikanschauung im 18. Jahrhundert: Johann Joachim Quantz ... 78

17. Johann Joachim Quantz: Vom guten Vortrag im Singen und Spielen überhaupt (1752) ... 79

18. Johann Joachim Quantz: Von der Art das Adagio zu spielen (1752) ... 82

Glucks Opernreform 86
19. Vorrede zur Oper „Alceste" von Christoph Willibald Gluck aus dem Jahre 1769 87

Mozart und das Musiktheater 90
20. Wolfgang Amadeus Mozart: Brief vom 26. September 1781 an seinen Vater 91
21. Wolfgang Amadeus Mozart: Brief vom 13. Oktober 1781 an seinen Vater 95

Die Klaviersonate: L. van Beethoven, op. 31,2 d-moll 98
Carl Czerny: Zum Vortrag 99
22. Carl Czerny: Über den Vortrag der Sonate op. 31,2, 1. Satz 99
Fritz Volbach: Beschreibung 100
23. Fritz Volbach: Sonate d-moll, op. 31,2, 1. Satz 100
Jürgen Uhde: Analyse 102
24. Jürgen Uhde: Beethovens Klaviersonate op. 31,2, 1. Satz 102
Arnold Schering: Deutung 110
25. A. Schering: Deutung der Sonate op. 31,2, 1. Satz 112

Zur Beethoven-Rezeption: E. Th. A. Hoffmann über die 5. Sinfonie 115
26. E. Th. A. Hoffmann: Rezension der 5. Sinfonie in c-moll von L. van Beethoven (1810) 116

Das Kunstlied: Franz Schubert 122
27. Werner Thomas: „Der Doppelgänger" von Franz Schubert 123

Der Musikschriftsteller Robert Schumann 136
Robert Schumann über Frédéric Chopin 137
28. Robert Schumann: Ein Opus II (1831) 137
Zur Charakteristik der Tonarten 139
29. Robert Schumann: Charakteristik der Tonleitern und Tonarten (1835) 139
Erste deutsche Tonkünstlerversammlung, Leipzig 1847 141
30. Robert Schumann: Brief an Franz Brendel vom 8. August 1847 142
Robert Schumann über Johannes Brahms 143
31. Robert Schumann: Neue Bahnen (1853) 143

Richard Wagner und das musikalische Drama 145
32. Richard Wagner: Über die Anwendung der Musik auf das Drama 146

Zur Musikkritik im 19. Jahrhundert: Anton Bruckners 8. Sinfonie 159
Eduard Hanslick über Bruckner 160
33. Eduard Hanslick: Bruckners 8. Sinfonie 160
Hugo Wolf über Bruckner 161
34. Hugo Wolf: Bruckners 8. Sinfonie 162

Der musikalische Impressionismus: Claude Debussy 163
35. Claude Debussy: Gespräch mit Monsieur Croche 164

Béla Bartók und die Volksmusik 168
36. Béla Bartók: Vom Einfluß der Bauernmusik auf die Musik unserer Zeit 169

Arnold Schönberg: Über die Komposition mit zwölf Tönen 174
37. Arnold Schönberg: Komposition mit zwölf Tönen (1935) 175

Musik nach 1945 ... 185
K. Stockhausen: Musik und Sprache ... 186
38. Karlheinz Stockhausen: Gesang der Jünglinge ... 186

John Cage und der Zufall ... 195
39. John Cage: Beschreibung der in „Music for Piano 21–52" angewandten Kompositionsmethode (1955/56) ... 195

Mauricio Kagel über die Form ... 199
40. Mauricio Kagel: Form in der Neuen Musik (1965) ... 199

Register ... 202

Bildquellenverzeichnis ... 207

Vorwort

Die „Materialien zur Musikgeschichte" bestehen aus einem Textband (Quellen und Sekundärliteratur) und einem Notenband. Wie bereits aus dem Titel des Werkes hervorgeht, sind Texte und Musikstücke chronologisch angeordnet, ein bei der gegenwärtigen Vielfalt der Lehrplanstrukturen übergeordnetes und überzeitliches Konzept. Beide Teile sind, soweit sinnvoll und möglich, aufeinander abgestimmt. Querverweise erleichtern dem Leser das Zurechtfinden in beiden Bänden.
Eine Abstimmung mit derzeit gültigen Lehrplänen sowie die repräsentative Auswahl der Texte und Notenbeispiele sichern die Verwendung der „Materialien zur Musikgeschichte" in der neugestalteten Oberstufe des Gymnasiums. Ihren Zielen entsprechend wurde auf eine Aufbereitung des Materials nach didaktischen Gesichtspunkten verzichtet. Durch dieses Unterrichtswerk soll der Schüler, allerdings unter Anleitung des Lehrers, in selbständiges und wissenschaftsorientiertes Arbeiten eingeführt werden.
Im Textband beginnt jeder Abschnitt mit einer kurzen Erläuterung und Hinführung zum ausgewählten Text, dessen Verständnis durch unbedingt notwendige Anmerkungen gesichert ist. Hinweise auf weiterführende Literatur bieten die Möglichkeit einer zusätzlichen Information und Vertiefung. Der Notenband enthält neben den Musikbeispielen Hinweise zum jeweiligen Werk.
Die Auswahl der Texte und Notenbeispiele erfolgte nach verschiedenen Gesichtspunkten, die hier nur stichwortartig aufgezählt seien: Lehrplanbezug, Berücksichtigung der Arbeitsweise in der Schule, exemplarische und repräsentative Auswahl und didaktische Begründbarkeit. Die Entscheidung für die gewählten Texte und Notenbeispiele resultiert aus den Ergebnissen einer praktischen Erprobung der Materialien in Unterricht, Lehrerbildung und Lehrerfortbildung. Den Kollegen, die sich dafür zur Verfügung gestellt haben, sei an dieser Stelle herzlich gedankt.

Frühjahr 1980

Lenz Meierott
Hans-Bernd Schmitz

Musikanschauung und Musiktheorie der Antike

Musikszene im Frauengemach. Die sitzende Frau spielt das Barbiton, die Saiten werden mit dem Plektron in der rechten Hand angerissen. Die Frau zur Rechten hält Wiegenkithara und Auloi. Angerufen vom Liebeslied der Barbitonspielerin, fliegt Eros herbei.
(Kelchkrater, Athen, um 440/430 vor Christus. Würzburg, Martin-von-Wagner-Museum, L 521)

Platon zur Musikē

Platon (427 bis 347 v. Chr.), neben Aristoteles wohl der bedeutendste griechische Philosoph des vierten vorchristlichen Jahrhunderts, stammte aus einer angesehenen athenischen Familie, die großen Wert auf eine sorgfältige Erziehung legte. Aufgrund entsprechender Hinweise in Platons Werken nimmt man an, daß gerade bei seiner musikalischen Ausbildung der Athener Damon eine wichtige Rolle spielte; von Sokrates, dessen Schüler er längere Zeit war, übernahm er das dialogische Prinzip in zahlreichen seiner Werke, und Archytas von Tarent, den Platon anläßlich einer Reise nach Sizilien und Unteritalien kennenlernte, führte ihn in die Zahlenspekulation und Wissenschaftslehre der Pythagoreer ein.

In seiner Lehre vom idealen Staat (Politeia), dessen Ursprung und Idee in der Realität der griechischen Polis des vierten vorchristlichen Jahrhunderts zu suchen ist, mißt Platon ebenso wie sein jüngerer Zeitgenosse und Schüler Aristoteles der Musikē eine überragende Bedeutung bei. Unter Musikē verstanden Platon und seine Zeitgenossen die Einheit von Vers, Gesang, Instrumentalmusik und Tanz. Damit besitzt Musikē eine viel umfassendere Bedeutung als unsere Bezeichnung Musik.
Das Zusammenwirken von Gymnastikē, der körperlichen Ertüchtigung, und Musikē garantiert die Ausbildung staatsbürgerlicher Tugenden und damit die Erziehung zum guten Staatsbürger. Eine wesentliche Rolle spielt dabei das Ethos in der Musik, das erst im Zusammenwirken von Harmonia, Rhythmos und Logos entsteht. Beim Hören entsprechender Musik dringt das Ethos in die Seele des Hörers ein und wird dort wirksam. Damit ist für den freien Griechen die Voraussetzung geschaffen, daß er das höchste ethische Ziel erreicht, nämlich die Kalokagathia, die Verbindung des Guten mit dem Schönen. Im Gegensatz dazu steht der Ton, der als physikalisches Phänomen und ohne „ethische Qualität" lediglich bis hin zur Seele gelangt. Diese Gedanken diskutiert Platon an zahlreichen Stellen in seinen Werken.
Der nachfolgende Textauszug aus Platons Hauptwerk „Politeia" befaßt sich mit der Erziehung der sogenannten Wächter. Den drei nach Platonischer Vorstellung vom idealen Staat anfallenden Aufgabenbereichen (Ernährung und Erwerb als Grundlage, Verteidigung nach außen, Leitung durch Vernunft) entsprechen die drei Stände der Gewerbetreibenden, der Krieger und der sogenannten Wächter.
Im 2. Buch der „Politeia" behandelt nun Platon die Frage, „welche und wie geartete Naturen für die Bewachung der Stadt geeignet sind". Nachdem sich Sokrates und sein Gesprächspartner Glaukon darüber geeinigt haben, daß ein tüchtiger Wächter der Stadt „weisheitsliebend, beherzt, behend und stark von Natur sein muß", setzt Sokrates das Gespräch mit Adeimantos fort.

1. Platon: Politeia, 2.–4. Buch (Auszüge)

Wohlan denn, so laß uns in Gedanken unsere Männer erziehen, als wären wir Märchenerzähler und hätten reichlich Zeit.
Adeimantos. Das müssen wir.
Sokrates. Welcher Art soll die Erziehung sein? Ich denke, es läßt sich schwerlich eine bessere finden als diejenige, welche die uralte Zeit erfunden hat. Es ist dies für den *Leib* die *Gymnastik,* für die *Seele* die *Musikē.*
Adeimantos. So ist es.
Sokrates. Werden wir nun nicht die Erziehung durch die Musikē früher beginnen lassen als die durch die Gymnastik?

Adeimantos. Sicherlich.

Sokrates. Zur Musikē rechnest du Logoi [Reden, Worte], *oder nicht?*

Adeimantos. Ja.

Sokrates. Von den Logoi gibt es nun eine doppelte Art, die eine wahr, die andere unwahr.

Adeimantos. Ja.

Sokrates. Muß man nicht in beiden erziehen, zuerst aber in den unwahren Logoi?

Adeimantos. Ich verstehe nicht, wie du das meinst.

Sokrates. Verstehst du denn nicht, daß wir den Kindern zuerst Märchen (Mythoi) erzählen? Diese sind aber, im ganzen genommen, unwahr, doch ist auch Wahres daran. Mit den Märchen aber kommen wir den Kindern früher als mit der Gymnastik.

Adeimantos. So ist es.

[...]

Sokrates. So scheint denn nun, mein Freund, derjenige Teil der Musikē, der es mit dem Logos und dem Mythos zu tun hat, vollständig erledigt zu sein. Denn was und wie zu reden ist, hat die Erörterung dargelegt.

Adeimantos. So scheint es auch mir.

Sokrates. Es bliebe also demnächst noch übrig die Erörterung über die Eigenart des Gesanges und der Lieder.

Adeimantos. Offenbar.

Sokrates. Kann nun nicht jedermann finden, was wir über ihre notwendige Beschaffenheit sagen müssen, wenn wir mit dem Bisherigen in Übereinstimmung bleiben wollen?

Glaukon. Auf mich, mein Sokrates, scheint dies dein ‚jedermann' nicht zuzutreffen. Mit genügender Sicherheit wenigstens wüßte ich im Augenblick nicht anzugeben, wie es mit ihrer Beschaffenheit bestellt sein soll, ahne es jedoch.

Sokrates. Unter allen Umständen kannst du doch mit voller Sicherheit zunächst dies bestätigen, daß das Lied (Melos) aus drei Bestandteilen zusammengesetzt ist, aus Logos, Harmonia und Rhythmus.

Glaukon. Ja, das kann ich.

Sokrates. Was nun den Logos des Liedes betrifft, so muß er doch in den nämlichen Formen ausgedrückt werden, die wir vorhin für den *nicht gesungenen Logos* angegeben haben, und in der nämlichen Weise, also ohne daß ein Unterschied zwischen beiden stattfände.[1]

Glaukon. Gewiß.

Sokrates. Es müssen aber doch Harmonia und Rhythmus in Einklang mit dem Logos stehen [wörtlich: dem Logos folgen].

Glaukon. Selbstverständlich.

Sokrates. Wir behaupten aber doch, für Klagen und Jammer sei bei uns in den Logoi kein Platz.

Glaukon. Gewiß.

Sokrates. Welches sind nun die klagenden Harmoniai[2]? Nenne sie mir, denn du bist ein Musikós [einer der sich auf die *Musikē* versteht].

Glaukon. Die mixolydische und die syntonolydische und einige andere dieser Art.

Sokrates. Diese also sind auszuschließen, denn sie sind selbst für Weiber von anständiger Denkart vom Übel, geschweige denn für Männer.

Glaukon. Sicherlich.

Sokrates. Gibt es nun ferner für Wächter etwas Unziemlicheres als Trunkenheit und Weichlichkeit und Müßiggang?

Glaukon. Gewiß nicht.

Sokrates. Welches sind nun die weichlichen und für Trinkgelage geeigneten Harmoniai?

Glaukon. Die iastische und die lydische, welche schlaff genannt werden.

Sokrates. Findest du diese für kriegerische Männer irgend verwendbar?

Glaukon. Auf keine Weise. Es scheinen vielmehr nur die dorische und die phrygische Harmonia übrig zu bleiben.

Sokrates. Ich verstehe mich nicht auf die Harmoniai, aber du mußt mir diejenige Harmonia übrig lassen, die in ziemender Weise die Stimme und den Tonfall eines Mannes darstellt, der sich in kriegerischer Tat und in jeder gewaltsamen Lage tapfer erweist und der, von Mißgeschick betroffen – sei es, daß er Wunden oder dem Tod entgegengeht oder sonst von einem Unheil heimgesucht wird –, sich in allen diesen Lagen wohlgewappnet und ausharrend gegen das Schicksal zur Wehr setzt; ferner eine andere für einen Mann, der in friedlicher und nicht gewaltsamer, sondern zwangloser Tätigkeit begriffen ist, sei es, daß er jemanden durch Überredung oder Bitten für sich gewinnen will – einen Gott durch Bitten, einen Menschen durch Belehrung und Zuspruch – oder daß er umgekehrt einem anderen, der ihn bittet oder belehrt oder überredet, sich gefügig zeigt und infolge solchen Verhaltens es zu erfreulichen Erfolgen bringt, dabei aber allen Hochmut meidet und besonnen und maßvoll in allen diesen Lagen handelt und mit dem Ausgang zufrieden ist. Diese zwei Harmoniai, eine gewaltsame und eine zwanglose, die am besten die Sprechweise solcher darstellen, die sich im Unglück oder im Glück befinden und dabei besonnen und tapfer sind, mußt du mir übriglassen.

Glaukon. Nun, es sind das keine anderen, als die ich eben nannte.

Sokrates. Also keine Vielheit von Saiten und kein Panharmonion (Alltonarteninstrument) werden wir bei unseren Gesängen und Liedern nötig haben.

Glaukon. Nein, meiner Meinung nach.

Sokrates. Leute also, die Trigone[3] und Pektiden[4] und überhaupt Instrumente mit vielen

Aulet mit dem Doppelaulos. Der Aulosbläser trägt die Berufskleidung der Musiker. Durch die über die Backen geführte lederne Binde (Phorbeia) wird der Anblasdruck verstärkt und stabilisiert.
(Amphora des Kleophrades-Malers, Athen, um 480 vor Christus. London, British Museum, E 270)

Saiten und für viele Harmoniai herstellen, werden bei uns nichts zu verdienen bekommen. *Glaukon.* Schwerlich.
Sokrates. Und vollends Aulosmacher[5] und Aulosbläser, wirst du sie in der Stadt dulden? Oder ist dies nicht das tonreichste Instrument und sind nicht die Panharmóniai (Alltonarteninstrumente) Darstellungen des Aulos?

Aulosbläser nach einem Kupferstich von 1723. Der Stecher des 18. Jahrhunderts hat die Auloi einer Figur vom Kapitol in Rom als „antike Trompeten" mißverstanden: ohne Grifflöcher, mit konischer Röhre und Trompetenmundstück. (Filippo Bonanni, Gabinetto armonico. Rom 1723, Tf. III)

Glaukon. Offenbar.

Sokrates. Die Lyra also und die Kithara bleiben dir übrig, und zwar als für die Stadt nützliche Instrumente; auf dem Lande dagegen hätten die Hirten die Syrinx[6] zu verwenden.

Glaukon. Das ergibt sich allerdings aus unserer Erörterung.

Sokrates. Und wäre es denn auch etwas Unerhörtes, mein Freund, wenn wir dem Apollon und seinen Instrumenten den Vorzug geben vor dem Marsyas und dessen Instrumenten[7]?

Glaukon. Beim Zeus, ich denke, nein.

Sokrates. Und, beim Hunde, ohne es gemerkt zu haben, sind wir dabei, die Stadt wieder gründlich zu säubern, die wir vorher als eine der Üppigkeit verfallene bezeichneten.

Glaukon. Gewiß ein verständiges Verfahren.

Sokrates. Wohlan, so laß uns denn die Säuberung zu Ende führen! An die Harmoniai nämlich dürfte sich die Erörterung über die Rhythmen anschließen in dem Sinne, daß wir nicht einem bunten Gemisch derselben und einer Mannigfaltigkeit der Schritte (= Versmaße) nachjagen, sondern unser Augenmerk darauf richten, welches die Rhythmen für ein wohlgesittetes und mannhaftes Leben sind. Haben wir diese gefunden, so müssen wir den Versfuß und die Melodie (Melos) sich nach dem Logos eines Mannes dieser Lebensart richten lassen, nicht umgekehrt den Logos nach Versfuß und Melodie[8]. Welches aber diese Rhythmen sind, das anzugeben, ist, wie bei den Harmoniai, deine Sache.

Glaukon. Beim Zeus, das weiß ich nicht anzugeben. Denn daß es etwa drei Arten sind, aus deren Verflechtung die Gangarten (Verse) gebildet werden, wie bei den Tönen vier, aus denen alle Harmoniai entstehen, das kann ich allerdings auf Grund eigener Beschäftigung mit der Sache sagen. Wie beschaffen sie aber sein müssen, um einer bestimmten Lebensweise als deren Darstellung zu entsprechen, das weiß ich nicht zu sagen.

Sokrates. Aber darüber werden wir uns bei Damon[9] Auskunft holen, welche Versarten einer niedrigen und einer übermütigen Sinnesart oder einer Überspanntheit und sonstigen Fehlerhaftigkeit angemessen sind und welche Rhythmen man den gegenteiligen Haltungen vorbehalten müsse. Bestimmt kann ich es nicht sagen; doch es ist mir so, als hätte ich gehört, wie er einen zusammengesetzten Rhythmus als Enhoplios (Waffentanz) bezeichnete, einen als Daktylos und heroischen Rhythmus und ihn, ich weiß nicht wie, ordnete und das Auf und Ab[10] gleichstellte, aber wo er kurz und lang wurde, er ihn, wie ich glaube, Iambos nannte und einen anderen Trochaios, der durch Anfügen von Längen und Kürzen entstand. Und an einigen von diesen, glaube ich, tadelte und lobte er die Bewegungen des Fußes nicht minder als die Rhythmen selbst, oder auch etwas aus beidem zugleich; denn ich weiß es nicht anzugeben. Aber dies müssen wir, wie gesagt, für den Damon aufsparen; denn es ins reine zu bringen, erfordert nicht wenig Worte, oder meinst du nicht auch?

Glaukon. Nein, beim Zeus.

Sokrates. Aber das kannst du doch ins reine bringen, daß die rechte Haltung und der Mangel an Haltung eine Folge ist des rechten Rhythmus und des Mangels an Rhythmus?

Glaukon. Sicherlich.

Sokrates. Das, was den rechten Rhythmus hat, und das, was Mangel an Rhythmus hat, richtet sich doch wohl – jenes nach der schönen Rede, der es gleichgemacht ist, dieses nach der entgegengesetzten, und das, was rechte Harmonia hat und was Mangel an Harmonia hat ebenso, wenn der Rhythmus und die Harmonia sich nach dem Logos richten, wie vorhin gesagt wurde, nicht aber der Logos sich nach diesen.

Glaukon. Freilich müssen diese vom Logos abhängen.

Sokrates. Wie ist es aber mit der Art und Weise der Rede (Lexis) und mit dem Logos? Richten sie sich nach dem Charakter der Seele?

Glaukon. Natürlich.

Sokrates. Das übrige aber richtet sich nach der Redeweise (Lexis)?

Glaukon. Ja.

Sokrates. Rechter Logos und rechte Harmonia und rechte Haltung und rechter Rhythmus sind eine Folge der rechten Gesittung, nicht jener, die tatsächlich Unverstand ist und von uns nur beschönigend als rechte Gesittung bezeichnet wird, sondern der wahrhaft recht- und schönbeschaffenen sittlichen Gesinnung.

 Glaukon. Sicherlich.

Sokrates. Müssen nun die Jünglinge nicht durchweg dem nachtrachten, wenn sie ihre Schuldigkeit tun sollen?

Glaukon. Gewiß.

Sokrates. Eine Fülle dessen weist die Malerei auf und alle mit ihr verwandte Tätigkeit, eine Fülle auch die Weberei und die Stickerei und die Baukunst sowie die Herstellung aller anderen Geräte, ferner auch die Natur des Leibes und alles Lebendigen; denn alle diese zeigen rechte Haltung oder Mangel an Haltung. Und der Mangel an Haltung und der Mangel an Rhythmus und Harmonia ist verschwistert mit Übelreden und Übelgesittetheit, das Gegenteil aber mit dem Gegenteiligen, der besonnenen und guten Sitte, verschwistert und dessen Nachahmung.

Glaukon. Vollkommen freilich.

Sokrates. Sind es also etwa nur die Dichter, die wir unter Aufsicht stellen und nötigen müssen, das Bild der guten Sitte zum Leitstern ihrer Werke zu machen, wenn sie überhaupt bei uns dichten wollen, oder müssen wir diese Aufsicht auch auf die übrigen Meister ausdehnen, indem wir sie hindern, dies Unsittliche, Zuchtlose, Niedrige und Mißgestaltete weder in Bildern lebender Wesen noch in Gebäuden noch in sonstigen handwerklichen Erzeugnissen hervortreten zu lassen? Oder steht es nicht vielmehr so: wer dem nicht folgen kann, der darf bei uns sein Handwerk nicht ausüben, auf daß unsere Wächter nicht unter Bildern verwerflicher Lebensart heranwachsend wie auf einer Weide mit schädlichem Gras täglich stückweise vieles von vielerlei pflücken und genießen und so schließlich unvermerkt *ein* großes Übel in ihrer Seele zeitigen? Nein, wir müssen solche Meister suchen, die bei glücklicher Anlage imstande sind, die Natur des Schönen und Wohlgestalteten aufzuspüren, auf daß unsere Jünglinge, gleichsam in gesunder Gegend wohnend, von überall her nur Förderung erhalten, von welcher Seite auch immer ihnen von den schönen Werken, sei es für Auge oder für Ohr, ein Eindruck zuteil wird, einem Lufthauch vergleichbar, der von reinen und frischen Gegenden Gesundheit bringt und sie gleich von Kind auf unvermerkt zur Ähnlichkeit, Freundschaft, Übereinstimmung (Symphonia) mit dem schönen Logos führt.

Glaukon. So würden sie auf die bei weitem schönste Art erzogen.

Sokrates. Ist nun, mein Glaukon, die Erziehung durch Musikē nicht darum von entscheidender Wichtigkeit, weil Rhythmus und Harmonia am meisten in das Innere der Seele eindringen und sie am stärksten ergreifen, indem sie die rechte Haltung mit sich bringen und den Menschen demgemäß gestalten, wenn er richtig erzogen wird, wo nicht, das Gegenteil? Und nicht andererseits auch darum, weil der (welcher durch Musikē erzogen wird) am schärfsten das Mangelhafte und Unschöne an Werken der Kunst oder der Natur bemerkt und in gerechtem Unmut darüber sein Lob nur dem Schönen zuwendet, an ihm seine Freude hat und es in seine Seele aufnehmen und daraus seine Nahrung ziehen und dadurch gut und edel werden wird, das Häßliche dagegen tadeln wird, wie es sich gehört, und es hassen wird von jung auf, noch ehe sein Verstand reif genug ist, die Gründe dafür zu begreifen? Stellt sich aber der Verstand ein, so wird er von keinem willkommener geheißen als von dem in dieser Weise Erzogenen; denn er erkennt in ihm seinen Verwandten.

Glaukon. Mir wenigstens scheint, daß um deswillen die Erziehung ihren eigentlichen Halt in der Musikē hat.

[. . .]

[Über das Verhältnis der Gymnastikē zur Musikē]

Sokrates. Für diese beiden [Rhythmus und Anmut] hat, wie es scheint – so möchte ich behaupten – ein Gott den Menschen die beiden Fertigkeiten gegeben, die Musikē und die Gymnastik, für die Anlagen nämlich *zum Mut und zur Weisheit*, nicht für Seele und Leib – es müßte denn ganz nebenbei sein, sondern für jene beiden, auf daß sie miteinander harmonieren durch Anspannen und Nachlassen bis zum gehörigen Maße.

Glaukon. Ja, so scheint es allerdings.

Sokrates. Wer also am besten mit der Musikē die Gymnastik mischt und sie in angemessener Weise der Seele zuführt, den dürften wir mit vollstem Recht als den vollendeten Musikos und als harmonischsten Mann bezeichnen, weit mehr als den, welcher die Saiten richtig zu stimmen weiß.

Glaukon. Und das mit Recht, mein Sokrates.

Sokrates. Also werden wir auch für unsere Stadt immer, mein Glaukon, einen solchen Vorsteher nötig haben, wenn die staatliche Gemeinschaft in guter Verfassung bleiben soll?

Glaukon. Ja, den hat sie unter allen Umständen nötig.

Sokrates. Dies wären also die Grundzüge für Erziehung und Pflege.

[...]

Sokrates. Um es kurz zu sagen: daran vor allem müssen die Leiter der Stadt festhalten und dürfen es nicht in Vergessenheit und Verfall geraten lassen, sondern müssen in allen Lagen darüber wachen, daß keine gegen die Ordnung verstoßende Neuerung eingeführt werde in bezug auf Gymnastik und Musikē, sondern daß es bei dem Bestehenden verbleibe. Gesetzt also, es sagte jemand:

„... es rühmen ja stets die Menschen am meisten
Immer das neueste Lied, das fremd die Ohren umschmeichelt“[11]

so müssen die Wächter der Gefahr vorbeugen, daß man dies so auffasse, als meinte der Dichter [Homer] damit nicht nur neue Gesänge, sondern eine neue Art und Weise des Singens, und daß man das lobe. Man darf aber derartiges weder loben noch es für des Dichters Meinung halten. *Denn eine neue Art von Musikē einzuführen, muß man sich hüten, weil es das Ganze gefährdet. Denn nirgends werden die Arten der Musikē verändert ohne die wichtigsten staatlichen Nomoi* (Gesetze), wie Damon sagt und ich überzeugt bin.

Adeimantos. So zähle denn auch mich zu den Überzeugten.

Th. G. Georgiades: Musik und Rhythmus bei den Griechen. Hamburg: Rowohlt 1958, S. 96 ff.

Anmerkungen

1 *Der Logos sollte so gesungen werden, daß jede Darstellung (Mimesis) unterbleibt.*

2 *Harmoniai: gleichbedeutend mit Oktavgattungen bzw. Tonordnungen. Mixolydisch H-h, Lydisch c-c', Phrygisch d-d', Dorisch e-e', Hypolydisch (= Syntonolydisch) f-f', Hypophrygisch (= Iastisch) g-g', Hypodorisch (= Lokrisch) a-a'*

3 *Trigonon: harfenartiges Instrument in dreieckiger Form*

4 *Pektis: harfenartiges Instrument, das aus Lydien stammen soll. Antike Darstellungen solcher Harfen zeigen bis zu 20 Saiten.*

5 *Aulos ist in der griechischen Antike die Bezeichnung für Blasinstrumente mit zwei Röhren, die mit Hilfe von Mundstücken (Gegenschlagzunge wie Oboe oder Aufschlagzunge wie Klarinette) gleichzeitig angeblasen werden. Ursprünglich das Instrument der Unfreien und Barbaren, erklang der Aulos u.a. bei ekstatischen Kultfeiern, Tanz, gymnastischen Übungen und Wettkämpfen.*

6 *Syrinx (= Panflöte) ist das Hirteninstrument der Griechen, bestehend aus meist 5, 7 oder 9 miteinander verbundenen mundstücklosen Pfeifen unterschiedlicher Länge und Höhlung.*

7 *Das Instrument Apolls war die Kithara, das Instrument des Marsyas der Aulos. Die Sage vom Wettstreit Apollons mit Marsyas, bei dem Marsyas unterlag, wurde bei antiken Schriftstellern oft erwähnt und auch in der bildenden Kunst dargestellt (z.B. Musenbasis von Mantineia im Nationalmuseum Athen).*

8 *Das kam in der Zeit des Niedergangs der alten Musikē, also seit dem Ende des 5. Jahrhunderts v.Chr., immer häufiger vor.*

9 *Lehrer Platons*

10 *Bewegung des Fußes beim Tanz während des Versvortrages*

11 *Homer: „Odyssee“, 1. Buch, Vers 351 f.*

Aristoxenos und die Musiktheorie

Aristoxenos wurde um die Mitte des 4. Jahrhunderts v. Chr. in Tarent (Unteritalien) geboren. Er war wie Platon Schüler des Sokrates, kannte den ebenfalls aus Tarent gebürtigen Philosophen und Mathematiker Archytas und studierte bei Aristoteles. Aristoxenos stand bei seinen Zeitgenossen in hohem Ansehen, er galt als der Musiker schlechthin. Bis in das späte Mittelalter hinein übten seine musikwissenschaftlichen Erkenntnisse nachhaltigen Einfluß aus.

Die Theorie der griechischen Musik, das sogenannte Systema teleion (= vollständiges System), stellt die verschiedenen Tonarten innerhalb von zwei Oktaven dar, die aus vier gleichgebauten diatonischen Tetrachorden (wörtlich: Viersaiter; Tonleiterabschnitt, bestehend aus vier Tönen) und einem zusätzlichen tiefsten Ton, dem Proslambanomenos (= hinzugenommener Ton) bestehen. Anders als bei uns üblich, beginnt die griechische Tonleiter beim höchsten Ton (a') und endet mit dem tiefsten Ton (A).
Jede der beiden Oktaven besteht aus zwei Tetrachorden, die so miteinander verbunden sind, daß der höchste Ton des tieferen Tetrachords mit dem tiefsten Ton des höheren Tetrachords identisch ist (= Synaphe). Zwischen der höheren und der tieferen Oktave und zwischen dieser und dem Proslambanomenos ist jeweils ein Ganzton Abstand (= Diazeuxis). Jedes Tetrachord und jeder Ton besitzen einen Namen.

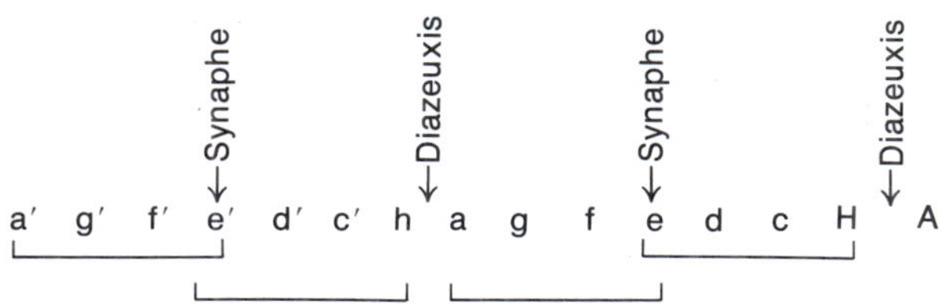

Grundlage für die musiktheoretischen Untersuchungen des Aristoxenos waren die möglicherweise bereits gegen Ende des 6. oder zu Beginn des 5. Jahrhunderts v. Chr. entdeckten einfachen, ganzzahligen Teilungsverhältnisse der konsonanten Töne Oktave, Quarte und Quinte. Demnach verhalten sich der Grundton (c) zum Oktavton (c') wie 2:1, der Oktavton (c') zum darunterliegenden Quintton (f) wie 2:3, der Oktavton (c') zum ebenfalls darunterliegenden Quartton (g) wie 3:4. Die modernen Tonbezeichnungen in Klammern dienen der besseren Anschaulichkeit; sie sind nicht als absolute Tonhöhen zu verstehen, da die griechische Musik solche nicht kannte.
Als es darum ging, die beweglichen Zwischentöne (Kinoumenoi) innerhalb der Rahmentöne der verschiedenen Tetrachorde (diatonisch, chromatisch, enharmonisch) festzulegen, kam es bereits unter den Pythagoreern zum Methodenstreit. Die „Mathematiker" gingen davon aus, daß das Gesetz der aus überteiligen Zahlenverhältnissen bestehenden Reihe (2:1, 3:2, 4:3 usw.) auch für weitere Unterteilungen gilt (deduktives Verfahren). Das Prinzip, nach dem sie vorgingen, bestand darin, auf mathematischer Grundlage eine Teilung aller Intervalle in jeweils zwei gleichgroße Teile zu erreichen (Dichotomie).
Im Gegensatz dazu gingen die sogenannten Akusmatiker empirisch vor. Durch die Saitenteilung am Monochord wurden die verschiedenen Intervalle außerhalb der Tetraktys (Grundton, Quarte, Quinte, Oktave) lediglich aufgrund akustischer Wahrnehmung (Aisthesis) bestimmt. Platon lehnte dieses induktive Verfahren ab und setzte sich damit den Angriffen des Aristoxenos aus, der als Empiriker ausschließlich die akustische Wahrnehmung als Quelle musiktheoretischer Erkenntnis gelten ließ.
Die im folgenden Text erwähnten Viertel- und Dritteltöne werfen die Frage nach dem Tonvorrat in der griechischen Musik auf. Zwar fehlen zuverlässige Hinweise auf den Tonvorrat der ältesten Zeit, es hat jedoch den Anschein, als ob die halbtonlose (anhemitonische) Pentatonik vorherrschte und erst im Zusammenhang mit der Verbreitung des Aulos in klassischer Zeit auch die kleineren, teilweise irrationalen Tonstufen ($^1/_2$-, $^1/_3$-, $^1/_4$-Töne) in die griechische Musik Eingang gefunden hätten. In der Musiktheorie der Griechen werden nur siebentönige (heptatonische) Leitern behandelt.

Antike Musiktheorie, nach einem Holzschnitt. Jubal, der Stammvater der Musiker im Alten Testament; Pythagoras mit abgestimmten Glocken und Wassergläsern; Prüfung der Saitenspannung durch Gewichte; Pythagoras und Philolaos beim Prüfen der Tonhöhen aufgrund von Röhren verschiedener Länge. (Gafurius, Theorica musica. Mailand 1492)

2. Aristoxenos: Elemente der Harmonik

[Tetrachord]

Die Unterschiede der Tongeschlechter erkennt man bei einem Tetrachord wie demjenigen von der Mese bis zur Hypate, bei dem die beiden Grenztöne [Mese und Hypate] feststehen, die beiden mittleren aber [Lichanos und Parhypate] beweglich sind, entweder beide zugleich oder nur einer von beiden.[1] [...]

Die aufeinanderfolgenden Tetrachorde sind entweder verbunden oder getrennt. Synaphé (Verbindung) sei genannt, wenn zwei aufeinanderfolgende Tetrachorde gleicher Form in der Mitte einen Ton gemeinsam haben, Diazeuxis (Trennung) aber, wenn zwischen zwei aufeinanderfolgenden Tetrachorden gleicher Form in der Mitte ein Ganztonschritt liegt.

[Intervalle]
Die Quarte umfaßt zwei Ganztöne (Ditonos) und einen halben. Von den Teilen des Ganztones wird melodisch verwendet
die Hälfte des Ganztones, genannt Halbton (Hemitónion);
der dritte Teil des Ganztones, genannt kleinste chromatische Diesis;
der vierte Teil des Ganztones, genannt kleinste enharmonische Diesis.
Ein kleineres Intervall als dieses letztere wird melodisch nicht verwendet.

[Pyknon]
Pyknon[2] heiße die Zusammensetzung zweier Intervalle, die zusammen ein kleineres Intervall bilden als das von der Quarte noch übrigbleibende Intervall.[3]

[Tongeschlechter]
Als das erste und älteste ist das diatonische Melos[4] hinzustellen, denn auf dieses kommt die Natur des Menschen zuerst. Das zweite ist das chromatische[5]. Das dritte und jüngste ist das enharmonische[6], denn an dieses gewöhnt sich die Empfindung nur mit großer Mühe und Anstrengung.

Th. G. Georgiades: Musik und Rhythmus bei den Griechen. Hamburg: Rowohlt 1958, S. 114 ff. (gekürzt)

Anmerkungen

[1] *Schema:*

feste Tonhöhen (Menontes)	*a Mese*		
	• (Lichanos)	}	*veränderliche Tonhöhen (Kinoumenoi)*
	• (Parhypate)		
	e Hypate		

Das Quartintervall blieb stets unverändert; veränderlich waren dagegen die kleineren sogenannten diaphonischen Intervalle wie Sekunde und Terz. Nach letzteren unterschieden sich die Tongeschlechter.
Die modernen Tonbezeichnungen hier und im folgenden dienen nur zur ungefähren Orientierung; in der Antike gab es keine absolute Tonhöhe als festen Ausgangspunkt wie etwa unseren Kammerton a', der gegenwärtig auf 880 Schwingungen festgelegt ist.

[2] *pyknos = dicht, festgefügt, zusammengedrängt*

[3] *Das Pyknon muß also kleiner sein als 1 1/4 Ganzton, da die Quarte aus 2 1/2 Ganztönen besteht.*

[4] *„Es trifft sich, daß zugleich mit dem Aufhören des bei der Tetrachord-Teilung bestehenden Pyknon auch das diatonische Geschlecht anfängt. Es gibt zwei diatonische Teilungen, die des malakón und die des sýntonon."*
Das „Diatonon malakon" hat die Teilung (von unten nach oben) 1/2 + 3/4 + 1 1/4. Das „Diatonon sýntonon" dagegen ist dasjenige, in welchem „das Intervall zwischen Hypate und Parhypate einen Halbton, jedes der beiden übrigen aber einen Ganzton bildet":

malakón	*sýntonon*	
		a Mese
1 1/4	*1*	
		g Lichanos
3/4	*1*	
		f Parhypate
1/2	*1/2*	
		e Hypate

[5] *Das chromatische Tongeschlecht kennt mehrere Teilungen: Am einfachsten ist die Teilung, „in welcher das Pyknon aus zwei Halbtönen besteht, das übrige Intervall aber ein Trihemitonion (drei Halbtöne) ausmacht".*

Trihemitonion $1^1/_2$	*a Mese* *fis Lichanos*
Pyknon $2 \times {}^1/_2$	*f Parhypate* *e Hypate*

Diese Teilung heißt Chroma toniáion; bekannt sind außerdem das Chroma hemiólion ($2 \times {}^3/_8 + 1^3/_4$) *und das Chroma malakón* ($2 \times {}^1/_3 + 1^5/_6$).

[6] *„Eine der Teilungen des Tetrachords ist die enharmonische, in welcher das Pyknon einen Halbton umfaßt, das übrige Intervall einen Ditonos":*

Ditonos 2	*a Mese* *f (Lichanos)*
Pyknon $2 \times {}^1/_4$	*fes (Parhypate)* *e Hypate*

Der Ton „fes" liegt zwischen f und e, ist aber höher als unser fes.

(Die originalen Anmerkungen wurden verwendet.)

Literatur

Abert, Hermann: Die Lehre vom Ethos in der griechischen Musik. In: Sammlung musikwissenschaftlicher Arbeiten II. Leipzig: Breitkopf & Härtel 1899. Neudruck Tutzing: Schneider 1968
Capelle, Wilhelm: Die Vorsokratiker. Stuttgart: Kröner 1968, S. 479
Georgiades, Thrasybulos G.: Musik und Rhythmus bei den Griechen. Hamburg: Rowohlt 1958
Jäger, Werner: Paideia. Die Formung des griechischen Menschen. Berlin: De Gruyter 1959
Koller, Hermann: Musik und Dichtung im alten Griechenland. Bern und München: Francke 1963
Wegner, Max: Das Musikleben der Griechen. Berlin: De Gruyter 1949
Wegner, Max: Griechenland. Leipzig: Deutscher Verlag für Musik 1963 (Musikgeschichte in Bildern II/4)

Anfänge der abendländischen Mehrstimmigkeit

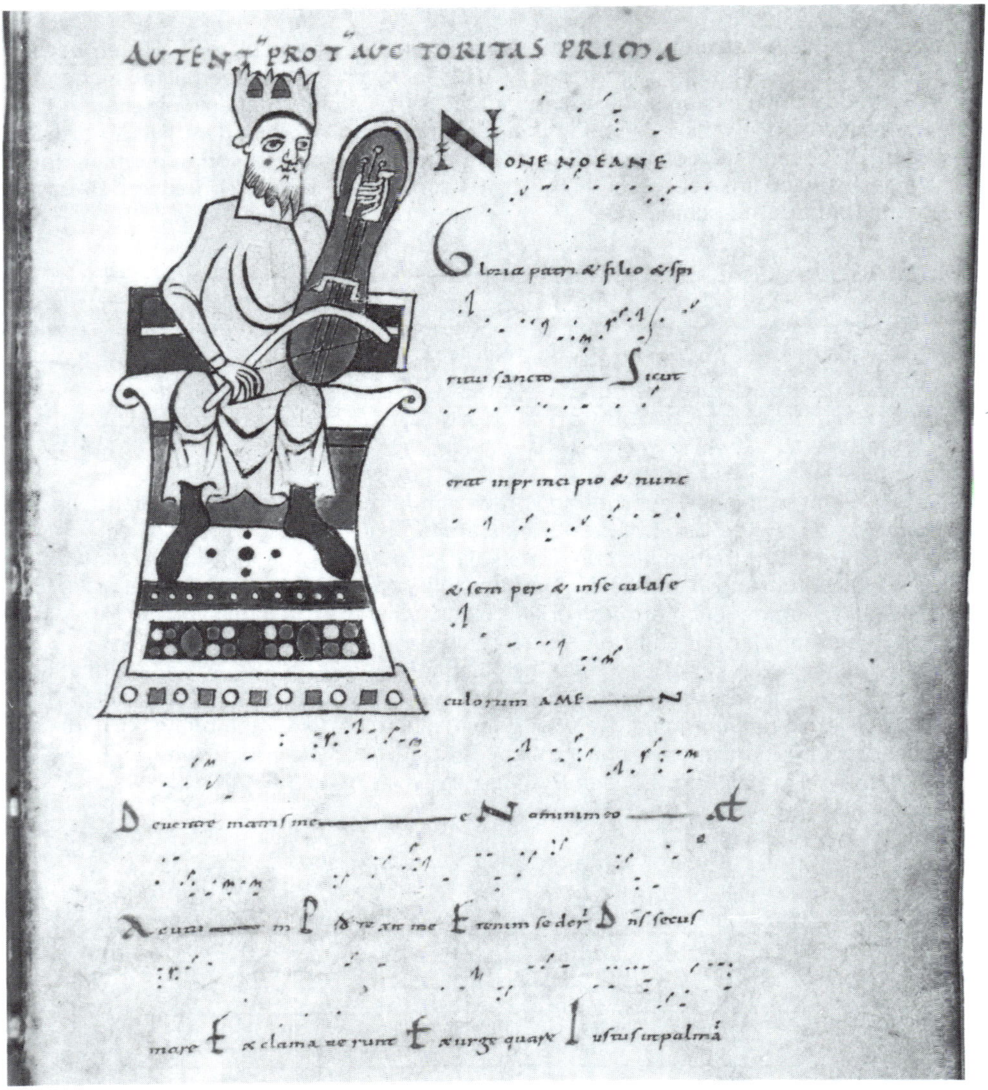

König David mit dreisaitigem Streichinstrument (Rotta?). Darstellung des ersten Kirchentons (authentus protus) in einem südfranzösischen Tonar des 11. Jahrhunderts. Die aquitanischen Neumen sind diastematisch (mit Intervallstufung) notiert.
(Paris, Bibliothèque Nationale, lat. 1118, fol. 104 r)

In einem musiktheoretischen Traktat vom Ende des 9. Jahrhunderts, der „Musica enchiriadis“, finden wir die frühesten Aufzeichnungen abendländischer Mehrstimmigkeit. Der anonyme Verfasser beschreibt in diesem Traktat die Ausführung sogenannter Organa, d. h. mehrstimmiger Gesänge, deren Stimmen in bestimmten Intervallabständen vorwiegend parallel geführt werden. Im einzelnen wird ein Parallelorganum in der Quinte und ein nicht durchgehend parallel geführtes Organum in der Quarte unterschieden. Töne und Text der führenden Stimme, der vox principalis, sind Abschnitten gregorianischer Melodien entnommen; die vox principalis liegt stets über der organalen Partie, der vox organalis.

Merkwürdig ist die Aufzeichnung dieser Organa. In ein System von bis zu 18 Linien werden nicht Notensymbole, sondern die Silben des Textes selbst geschrieben. Die Zeichen am linken Rand des Liniensystems, die sogenannten Dasia-Zeichen, geben die genauen Tonstufen an. Es stehen jeweils 4 Zeichen für eine Gruppe von 4 Tönen, dem Tetrachord. Die insgesamt 18 Zeichen werden aus 4 Grundzeichen durch Umlegen von oben nach unten und von rechts nach links entwickelt. Weiter werden Ganztöne (T = Tonus) und Halbtöne (S = Semitonium) unterschieden.

Insgesamt ergibt sich eine Tonordnung von viereinhalb unverbundenen, gleichgebauten Tetrachorden der Folge Ganzton, Halbton, Ganzton.

In dieser Tonordnung lassen sich ohne Schwierigkeiten Organa in Quintparallelen ausführen. Eine Ausführung in parallelen Quarten muß jedoch die übermäßigen Quarten (B/e, f/h, c¹/fis¹ usw.) umgehen; hierdurch erklärt sich auch das Abweichen von der Parallelbewegung in einigen der angeführten Quartorgana.

Viele der konstitutiven Elemente der „Musica enchiriadis“ erinnern an die antike Musiktheorie: Auch die griechische Tonordnung war aus Tetrachorden aufgebaut, das Prinzip der Dasia-Zeichen hat Ähnlichkeit mit der griechischen Instrumentalnotenschrift; die beiden bevorzugten Zusammenklänge schließlich, Quarte und Quinte, waren als einfache Zahlenverhältnisse (3:4 und 2:3) seit Pythagoras bekannt. (Vgl. S.17)

Paralleles Quintorganum

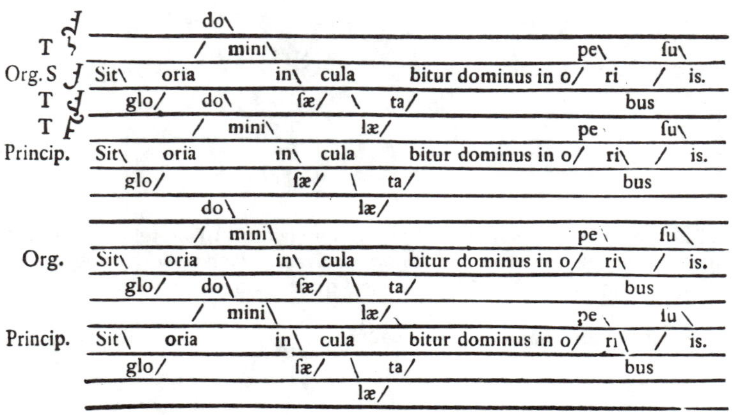

Organum in der Quarte

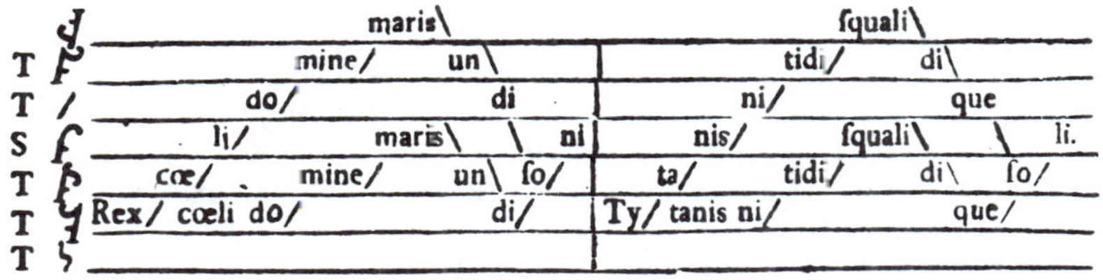

(Faksimiles aus: M. Gerbert: Scriptores ecclesiastici de musica I, 1784, S. 167 u. 169)

3. Musica enchiriadis: Über das Organum (vor 900)

[. . .] Nun wollen wir das verfolgen, warum sie eigentlich symphoniae heißen und sind, das ist, wie diese voces sich verhalten, wenn man sie gleichzeitig singt. Dies nämlich ist es, was wir eine diaphonia cantilena oder gewöhnlich organum nennen. Sie heißt aber diaphonia, weil sie nicht aus gleichartigem Gesang sondern aus einträchtig dissonierendem Zusammenklang besteht. Obwohl dies allen symphoniae gemeinsam ist, so hat sich dennoch diese Benennung ⟨diaphonia; organum⟩ für die Quarte und die Quinte ⟨allein⟩ behauptet. Und ganz besonders ein Beispiel des organicum melos in der Quarte soll gegeben werden, wenn nämlich nach der unten angefügten Aufzeichnung mit zwei dazwischenliegenden Tönen auf der vierten Stufe bei gleichzeitigem Singen eine vox der ⟨anderen⟩ vox so antwortet[1]:

Singen nämlich auf diese Weise zwei oder mehr gleichzeitig in maßvoller und einträchtiger Bedächtigkeit [morositas], was diesem melos eigen ist, so wird man merken, daß ein lieblicher Zusammenklang aus einer solchen Vermischung der Töne entsteht.

Über die vermehrte diaphonia in der Quarte und ihre Aufzeichnung

Man wird merken, daß die voces in derartigen Verhältnissen lieblich gegeneinander klingen, nicht nur, wenn durch eine solche Vereinigung eine einfache vox mit einem einfachen ⟨organum⟩ zusammengebracht wird, sondern auch, wenn ein einfaches organum einer doppelten ⟨vox⟩, oder eine doppelte ⟨vox⟩ einem einfachen ⟨organum⟩ anwortet, oder, wenn man beide durch die Oktave verdoppelt, gemäß der angefügten Aufzeichnung:

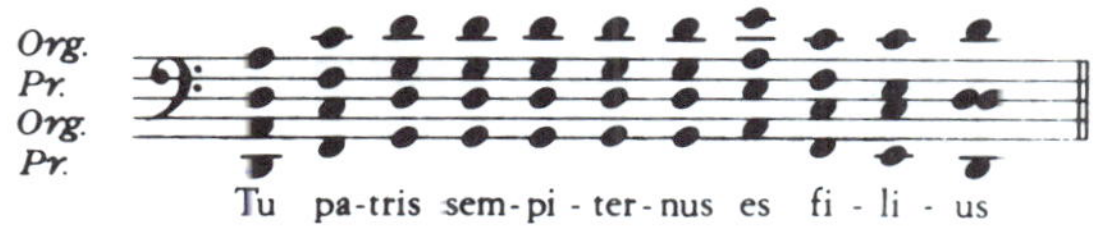

Erklärung dieser Aufzeichnung

Sei es nämlich, daß man einem einfachen cantus ein doppeltes organum hinzufügt, wie es die erste und die dritte Reihe ⟨von oben⟩, die gegenüber der zweiten Reihe ⟨von oben⟩ die Stellung des organum einnehmen, zeigen, sei es, daß man einem doppelten cantus ein einfaches organum gegenüberstellt, was die zweite und vierte Reihe darstellen, die das organum in ihrer Mitte haben, oder sei es, daß man sowohl organum als auch cantus verdoppelt, oder sogar beide verdreifacht, ⟨so⟩ consonieren sie gegeneinander in dem beschriebenen Sinne. Es können nämlich sowohl menschliche Stimmen als auch ⟨voces⟩ von beliebigen Musikinstrumenten in dieser Zusammenstellung miteinander vermischt werden, nicht nur je zwei und zwei, sondern auch je drei und drei, unter der Voraussetzung, daß sogar drei auf einen Schlag gleichzeitig erklingenden voces ebensoviele als organum antworten. Dabei ist zu beachten, daß die mittlere vox zwischen den beiden nicht denselben Abstand zu jeder von beiden hat, da in der Zahl 8 ⟨Oktave⟩ eine Mitte des Ganzen nicht ⟨vorhanden⟩ ist, sondern von der tieferen Seite zum cantus im Abstand der Quarte geantwortet wird, von der höheren aber im Abstand der Quinte.

[. . .]

Die Aufzeichnung der vermehrten diaphonia in der Quinte

Wenn man dagegen die diaphonia in der Quinte mit drei oder vier Stimmen singt, so muß die vox, die nach der unteren Seite auf der fünften Stufe steht, durch ⟨ihre⟩ Oktave von der oberen Seite her der mittleren ⟨vox⟩ auf der vierten Stufe auf diese Weise antworten[2]:

Erklärung dieser Aufzeichnung

Die vierfache Reihe dieser Aufzeichnung ist in derselben Ordnung eingeteilt wie die der früheren ⟨des verdoppelten organum in der Quarte⟩: In der ersten und dritten Reihe antwortet das organum zur mittleren ⟨Reihe⟩, in der zweiten und vierten mischt sich die dritte, die in der Mitte liegt, mit dem einfachen organum in der Oktave des Zusammenklangs, oder vielmehr, sie gibt das doppelte organum mit dem doppelten cantus an.

[. . .]

Die symphonia der Quarte besteht nämlich aus zwei Ganztönen und einem Halbton, die ⟨symphonia⟩ der Quinte aber aus drei Ganztönen und einem Halbton; aus diesen beiden besteht die symphonia der Oktave. Daher erklingen in der symphonia der Oktave völlig uneingeschränkt [absolutissime] die verschiedenen voces in größerer Vollkommenheit als in den anderen ⟨symphoniae⟩ gegeneinander. Die nächste nach der Oktave ist die symphonia der Quinte. Da aber in der Quarte die Töne nicht durch die ganze Tonreihe ⟨Dasia-Reihe⟩ im Abstand von vier Stufen gut zusammenpassen, kann deshalb ⟨in der Quarte⟩ nicht so uneingeschränkt [absolute] wie in den übrigen ⟨symphoniae⟩ die symphoniaca cantilena vorgetragen werden. Daher passen sich die voces in dieser Gattung der cantio ⟨Quart-Organum⟩ durch ein eigenes Gesetz in göttlicher Fügung einander an. Denn durch die ganze Tonreihe hindurch kann allein der ⟨jeweilige⟩ dritte ⟨Ton eines Tetrachords⟩, der zu dem zweiten ⟨Ton des nächsthöheren Tetrachords⟩ Unterquarte ist, keine symphonia bilden und steht diesem als dissonanter Ton [inconsonus] gegenüber, weil er allein das Maß der symphonia der Quarte überschreitet und um drei unversehrte Ganztöne ⟨Tritonus⟩ von dem genannten Ton, zu dem er die Unterquarte bildet, entfernt ist.[3] Deshalb gesellt sich gewöhnlich die vox, die organalis heißt, der anderen vox, die principalis heißt, so zu, daß sie, in welchem Tetrachord auch immer, in dem jeweiligen Abschnitt [particula] nicht unter den vierten Ton ⟨eines Tetrachords⟩ am Schluß [positio] hinabsteigt und am Anfang [inchoatio] sich nicht ⟨über diesen Ton⟩ erhebt, da die Dissonanz [inconsonantia] des dritten Tones ⟨dieses Tetrachords⟩, der die Untersekunde des vierten ⟨Tones⟩ ist, im Wege steht. Damit dies deutlicher werde, sei es durch die Aufzeichnung eines Beispiels festgehalten, um vor Augen zu stehen[4]:

Wenn man diese Aufzeichnung singt, merkt man leicht, daß in den aufgezeichneten beiden Abschnitten [membra] die vox organalis weder mit der Antwort unterhalb des vierten Tones ⟨C⟩ beginnen, noch am Schluß unter diesen ⟨Ton⟩ hinabsteigen kann, und daß sie deshalb am Ende von der vox principalis erfaßt wird, so daß beide in einen Punkt zusammenkommen.

[. . .]

Der Musiktheoretiker Guido von Arezzo († um 1050) und sein Gönner, Bischof Theobald von Arezzo, am Monochord. Den Figuren ist beigeschrieben „Guido monachus“ und „Theobaldus episcopus“. Auf dem Instrument die Tonskala Γ (= G) bis a[1], in der Mitte b durum (= h) und b molle (= b). (Süddeutsche Handschrift, 12. Jahrhundert. Wien, Österreichische Nationalbibliothek, [Cpv] 51, fol. 35v)

Daß in Manchem die Tiefe dieser ratio ⟨Ordnung, Sinnzusammenhang⟩ nicht ganz zu durchdringen ist

Es möge hier – so gut wie möglich – ⟨nur⟩ die äußere Erscheinungsform der ars musica, als Schmuck des Kirchengesanges, dargestellt worden sein. Zweifellos birgt sie ⟨die ars musica⟩ aber auch einen erhabenen und tiefer in ihr gelegenen Sinn: Daß nämlich die einen Töne miteinander in einer so angenehmen Verbindung übereinstimmen, die anderen jedoch sich nicht verbinden lassen und unangenehm dissonieren, dies beruht auf einem tieferen und göttlichen Sinnzusammenhang [ratio], der sich in Manchem in den Geheimnissen der Natur verbirgt. Über diese ratio gibt es viele Schriften der Alten. In deren Arbeiten sich vertiefen zu können hat Gott uns auch gewährt in dem Bereich, wo mit den überzeugendsten Argumenten bewiesen wird, daß der Sinn derselben Gesetzmäßigkeit, welche die Übereinstimmung der Töne beherrscht, auch die Natur des Menschen bestimmt, und daß nach denselben Zahlenverhältnissen, nach denen nicht gleiche Töne sich miteinander zu einer Consonanz verbinden, auch das Leben mit dem Körper, der Widerstreit der Elemente und der ganze Kosmos in ewiger Harmonie sich zusammenschließt.

E.L. Waeltner: Die Lehre vom Organum bis zur Mitte des 11. Jahrhunderts. Tutzing: Schneider 1975, S. 3–5, 7, 11, 19

Anmerkungen

[1] *Text – Du bist (Gottes) des Vaters ewiger Sohn – und Melodie sind dem Te Deum entnommen, vgl. Graduale (Editio Vaticana)*

[2] *Text aus Psalm 104,31: Die Ehre des Herrn ist ewig. Der Herr hat Wohlgefallen an seinen Werken. Im Vergleich zum Faksimile auf S. 22 ist die Übertragung um 1 Ganzton nach unten transponiert.*

[3] *vgl. die Tonordnung: Der 3. Ton eines Tetrachords, z. B. f, ergibt mit dem 2. Ton des nächsthöheren Tetrachords, h, eine übermäßige Quarte (Tritonus).*

[4] *Aus einer Sequenz: König des Himmels, Herr des wogentönenden Meeres. – Die vox organalis unterschreitet nicht den Ton c, da sich sonst der Tritonus B/e ergeben würde.*

Literatur

Besseler, H./Gülke, P.: Schriftbild der mehrstimmigen Musik. Leipzig: Deutscher Verlag für Musik 1973 (Musikgeschichte in Bildern III/5)

Husmann, H.: Die mittelalterliche Mehrstimmigkeit. Köln: Gerig 1955 (Das Musikwerk, hrsg. v. K.G. Fellerer, Heft 9)

Jammers, E.: Anfänge der abendländischen Musik. Straßburg: Heitz 1955 (Sammlung musikwissenschaftlicher Abhandlungen, Nr. 31)

Waeltner, E.L.: Die Lehre vom Organum bis zur Mitte des 11. Jahrhunderts. Tutzing: Schneider 1975 (Münchner Veröffentlichungen zur Musikgeschichte, hrsg. v. Th. G. Georgiades, Bd. 13)

Stilwandel um 1320: Ars antiqua und Ars nova

Meister Heinrich Frauenlob in der Tracht eines Spielmannskönigs.
Die Spielleute tragen an Instrumenten (von links nach rechts): Kleintrommel, Blockflöte (Schwegel?), Schalmei, Fideln, Psalterium, Sackpfeife.
(Manessische Liederhandschrift, Anfang des 14. Jahrhunderts. Heidelberg, Universitätsbibliothek)

Um 1320–1330 sprechen mehrere nordfranzösische musiktheoretische Traktate von einer „Neuen Kunst“: Der um 1320 in Paris entstandene Traktat des Philippe de Vitry hat den Titel „Ars nova“, Johannes de Muris nennt sein Werk „Ars novae musicae“ (1319) und Jacobus von Lüttich spricht gegen 1330 in seinem „Speculum musicae“ von den „cantores moderni“, von einer modernen Gesangskunst, die im Gegensatz zur traditionellen Kunst der „Ars antiqua“, der „Alten Kunst“ eines Magisters Franco stehe.
Der hier angesprochene Wandel betrifft – zumindest anfangs – nicht so sehr einen Wandel des musikalischen Stils, sondern einen Wandel der Notation und der Rhythmik. Zu den Notenwerten Longa, Brevis und Semibrevis tritt nun die Minima (in der Notation von einer Semibrevis durch den Hals unterschieden), neben die übliche Dreiteilung der Notenwerte (ternäre Teilung) tritt gleichberechtigt die Zweiteilung (binäre Teilung). Eine tabellarische Übersicht soll die Unterschiede zwischen frankonischer Notation und der Notation der Ars nova verdeutlichen:

Frankonische Notation

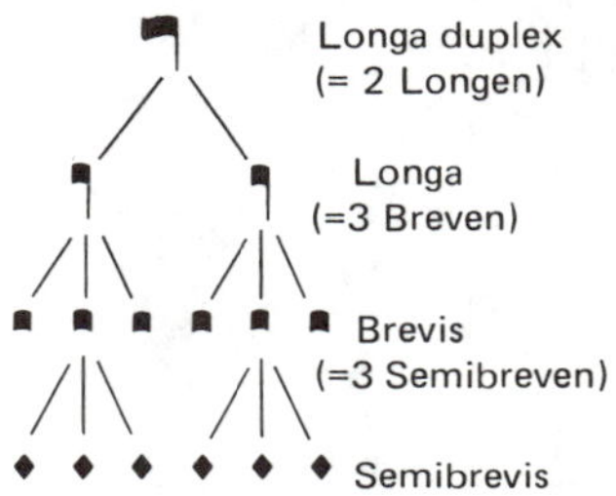

Ars nova

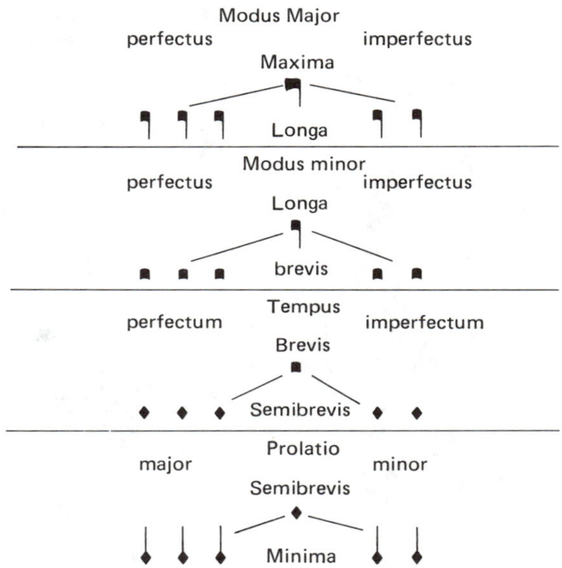

(Zum System der Ars nova: Das Verhältnis zwischen Maxima und Longa regelt der Modus major, das Verhältnis zwischen Longa und Brevis der Modus minor; das Verhältnis zwischen Brevis und Semibrevis wird durch das Tempus, das Verhältnis zwischen Semibrevis und Minima durch die Prolatio geregelt. Bei allen vier verschiedenen Zeitgraden wird eine dreizeitige und eine zweizeitige Teilung unterschieden. In moderner Notation entspricht die Semibrevis einer Ganzen, die Minima einer halben Note; eine Übertragung müßte im Verhältnis 1:4 reduzieren, also mit einer Viertel für eine Semibrevis.)

Vergleich der Ars antiqua mit der Ars nova

Die 7 Bücher des „Speculum musicae“ (Spiegel der Musik) des Jacobus von Lüttich sind das umfangreichste Werk über mittelalterliche Musik, das wir kennen. Jacobus ist vermutlich um 1260 in Lüttich geboren, studierte in Paris und lebte dann wieder in Lüttich. Obwohl erst um oder nach 1330 geschrieben, verteidigt er im „Speculum musicae“ in durchaus konservativer Haltung den Musizierstil der Ars antiqua und die Notation des frankonischen Systems.

4. Jacobus von Lüttich: Aus dem „Speculum musicae" (um 1330)

Kapitel XLIII
(Vergleich der Ars antiqua musicae mensurabilis[1] mit der der Ars nova)

[. . .]
Einige mögen die moderne Kunst vielleicht für vollkommener als die alte halten, weil sie subtiler und schwieriger erscheint. Subtiler nämlich, weil sie in bezug auf Noten, Modi und Mensuren weit über jene [alte Kunst] hinausgeht. [. . .] Was die Schwierigkeit betrifft, so scheint sie in den Werken der Modernen in der Art des Singens und der Art des Mensurierens gegeben. Anderen wiederum scheint umgekehrt, daß jene Kunst vollkommener sei, die mehr ihren Grundlagen folgt und in geringerem Maße gegen diese Grundlagen verstößt. Begründet aber ist die Ars musicae mensurabilis in der Perfectio[2], dies bestätigen nicht nur die Alten sondern auch die Modernen; folglich scheint das vollkommener, was mehr Perfectae gebraucht; so aber verhält es sich in der Ars antiqua, der Kunst des Magisters Franco[3].
Die Ars nova nämlich [. . .] benutzt vielfältige und verschiedene Imperfektionen in bezug auf Noten, Modi und Mensuren, fast überallhin dringt die Imperfectio[4]: Nicht zufrieden mit einer Imperfectio der Noten, Modi und Mensuren, diese Imperfectio erstreckt sich auch auf das Tempus. Die Ars nova nämlich gebraucht ein imperfektes Tempus und sie gebraucht Breven, die sie im Hinblick auf die Zeit imperfekt nennt – dies ist der Ars antiqua unbekannt –, und sie wendet die Imperfektion des Tempus auf Noten einzelner Grade an. Über einfache, zweifache oder auch dreifache Longen, über Breven und teilweise auch über Semibreven hinaus erfinden die Ausübenden der Ars nova Wege, wie Perfektes durch viele Imperfektionen imperfiziert[5] werden kann und zwar:
(a) benachbart und unmittelbar, wenn eine einfache perfekte Longa durch eine Brevis imperfiziert wird[6];
(b) entfernt, wenn die nämliche [Note] durch eine Semibrevis imperfiziert wird, weil sie der dritte Teil einer Brevis recta ist[7];
(c) noch weiter entfernt, wenn die nämliche Longa durch eine Minima imperfiziert wird[8].
[. . .]
Wenn die Ars nova von den behandelten Imperfektionen nur in spekulativer Weise spräche, wäre es eher zu tolerieren, aber dem ist nicht so; denn sie verwenden die Imperfektion zu sehr in der Praxis; sie gebrauchen mehr imperfekte als perfekte [Noten], mehr imperfekte als perfekte Modi und demzufolge auch Mensuren.
Wenn also gesagt wird, daß die Ars nova subtiler sei als die Ars antiqua, so folgt aus diesem Zugeständnis nicht, daß sie auch vollkommener sei. Denn diese ganze Subtilitas beweist nicht die Vollkommenheit und eine größere Subtilitas keine größere Vollkommenheit. [. . .]

Kapitel XLIV
(Vergleich der alten Ars musicae mensurabilis mit der modernen im Hinblick auf Subtilitas[9] und Ruditas[10])
Einige Moderne betrachten jene Sänger als ungebildet, laienhaft, ohne Einsicht, töricht und unwissend, die die Ars nova nicht kennen oder nicht nach ihr sondern nach [den Gesetzen] der Ars antiqua singen; und folglich halten sie die Ars antiqua für roh und quasi uneinsichtig, die Ars nova aber für subtil und vernunftgemäß. Es mag gefragt werden, woher diese Subtilitas bei den Modernen und diese Unwissenheit bei den Alten kommt. Wenn nämlich die Subtilitas von einem größeren und durchdringenderen Scharfsinn herrührt, welche sind dann als die subtileren anzusehen: Diejenigen, die die Grundlagen dieser Kunst entdeckt haben und herausgefunden haben, welche Dinge im Gegensatz zu ihnen stehen, aber jene [Grundlagen] aufs genaueste beachtet haben, oder jene, die bezeugen,

jene Grundlagen befolgen zu wollen, es aber nicht tun, sondern diese Grundlagen anscheinend bekämpfen. [...]
Müssen denn die Alten ungebildet genannt werden, da sie Perfectae gebrauchten, die Modernen aber subtil (feingebildet), da sie Imperfectae gebrauchten? Sollen die Modernen subtil genannt werden, weil sie dreifache Longen erfunden haben, weil sie zweifache Longen aneinanderbinden[11], weil sie häufig zweifache Longen verwenden, weil sie einzelne Semibreven gebrauchen, weil sie sie mit einem Hals versehen[12], weil sie ihnen die Eigenschaft geben, Longen und Breven zu imperfizieren, und damit eine andere Eigenschaft, die dieser Kunst nicht notwendig scheint, und vieles andere, was sie erfinden und was deren Grundlagen zu widersprechen scheint? Sollen sie denn überdies noch subtil genannt werden aufgrund ihrer neuartigen Singweise, in der das Wort verlorengeht, die Wirkung des guten Zusammenklangs gemindert wird, die Mensur in Unordnung gebracht wird?
Und wer sind diejenigen, die mehrere verschiedene Gesänge und Singweisen benutzen, die sie auf mehrere unterschiedliche Gesänge und Singweisen anwenden? Gebrauchen die Modernen nicht fast ausschließlich Motetten und Cantilenae, außer wenn sie Hoquetus in ihre Motetten einfügen[13]? Aber sie haben viele andere Gesänge aufgegeben, die sie nicht in ihrer eigentlichen Form gebrauchen, so wie es die Alten taten, so zum Beispiel mensurierte Organa, nicht mensurierte Organa[14], das Organum purum oder duplum, wovon vielleicht wenige Moderne wissen. Ebenso Conductus-Gesänge, die so schön sind und die so viel Genuß bereiten, wenn sie zwei-, drei- und vierstimmig gesungen werden[15]. Ebenso die zwei-, drei- und vierstimmigen Hoquetus. In diesen setzten die alten Sänger abwechselnd mit der Stimme aus, in diesen festigten sie sich, übten sie, an diesen erfreuten sie sich, nicht nur an Motetus und Cantilenae. Sollen denn jene ungebildet, laienhaft und in der Kunst des Gesanges unwissend genannt werden, die jene [Gesänge] schufen und die sie sangen und noch singen? Denn obwohl sie weder die modernen Gesänge noch nach der Art und Weise der Modernen singen, noch die Ars nova der Modernen gebrauchen, würden sie sie doch kennen, wenn sie nur ihr Herz dazu bewegen könnten, nach der Art der Modernen zu singen; aber sie gefällt ihnen nicht, nur die alte [Kunst] gefällt ihnen, vielleicht aus den im Vorigen berührten Gründen. [...]

E. Coussemaker: Scriptorum de musica medii aevi. Paris: A. Durand 1867. Bd. II, S. 427 ff. Nachdruck Hildesheim: Olms 1963. Deutsche Übersetzung: Verfasser

Anmerkungen

[1] *Musica mensurabilis: Musik, deren Notenwerte in verschiedenen Zeiten gemessen sind – im Gegensatz zum ungemessenen Gregorianischen Choral, der Musica plana*

[2] *Perfectio: Vollkommenheit; notationstechnisch: Dreiteilung, ternäres System (Die mittelalterliche Theorie nennt das ternäre System im Hinblick auf die heilige Trinität vollkommen, zudem hat jedes zeitliche Ereignis Anfang, Mitte und Ende.)*

[3] *Der um 1260 verfaßte Traktat „Ars cantus mensurabilis" des Franco von Köln regelt erstmals in eindeutiger Weise das Notationssystem der Mensuralmusik.*

[4] *Imperfectio: Unvollkommenheit; notationstechnisch: Zweiteilung, binäres System*

[5] *imperfizieren: aus einem dreizeitigen Notenwert einen zweizeitigen machen*

[6] *Steht eine einzelne Brevis vor oder hinter einer Longa, so wird die Longa hierdurch imperfiziert, d. h. zweizeitig:*

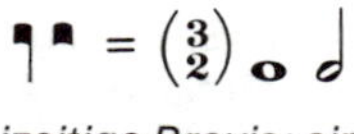

[7] *Brevis recta: Dreizeitige Brevis; einer Brevis entsprechen drei Semibreven. Imperfizierung durch eine Semibrevis:*

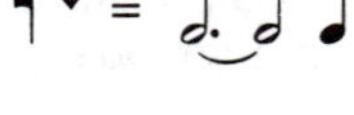

Vortrag einer Ballade. Die auf eine Notenrolle geschriebene ursprünglich dreistimmige Ballade „De ce que fol pense“ wird von einer Singstimme und einer Harfe ausgeführt.
(Wandteppich aus Arras, um 1420. Paris, Musée des Arts décoratifs)

[8] *Imperfizierung einer Longa durch eine Minima:*

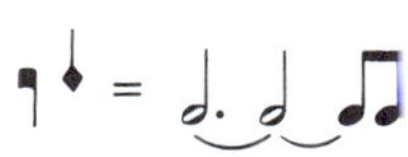

[9] *Subtilitas: Feinheit, feinsinnige Bildung*

[10] *Ruditas: Roheit, Ungebildetheit*

[11] *Die Aneinanderbindung solcher Longen wird häufig in den Tenores der Motetten vorgenommen.*

[12] *Eine Semibrevis mit Hals (♩) wird zur Minima.*

[13] *Motette: hier die meist isorhythmische Motette der Ars nova*
Cantilena: Lied, Melodie, Gesang
Hoquetus: Gattung mehrstimmiger Musik, bei der die Einzelstimmen abwechselnd pausieren und jeweils die eine Stimme in der Pause der anderen erklingt; hier: hoquetusartige Partien in Motetten

[14] *Organum: Gattung mehrstimmiger liturgischer Musik über einem Choralabschnitt; Organum purum (duplum): zweistimmiges Organum*

[15] *Conductus („Geleitgesang“, d. h. während des Gangs zum Lesepult): ein- oder mehrstimmiger geistlicher Gesang, syllabisch auf einen neugeschaffenen Text*

Erlaß gegen bestimmte Auswüchse in der Kirchenmusik

Johannes XXII., 1249–1334, in Lyon 1316 zum Papst gewählt, erließ in Avignon 1324/25 das Dekret „Docta sanctorum", in dem „nonnulli novellae scholae discipuli", d.h. einige Anhänger der Neuen Schule (Ars nova), einer der liturgischen geistlichen Musik nicht würdigen Gesangspraxis bezichtigt werden. Das Dekret richtet sich sicherlich gegen bestimmte Auswüchse damaliger Kirchenmusik, verbietet aber – wörtlich genommen – jegliche Polyphonie mit Ausnahme gelegentlicher konsonanter Nebenstimmen zum Gregorianischen Choral.

5. Johannes XXII.: Aus dem Dekret „Docta sanctorum" (1324|25)

Einige Zöglinge der neuen Schule wenden ihre ganze Aufmerksamkeit dem Einhalten der Zeitmaße und allerlei neuen Noten zu, wobei sie dann lieber ihre eigenen Einfälle als das wohlhergebrachte Alte vortragen mögen. Die Kirchenmelodien werden in Semibreven und Minimen ausgeführt und mit kleinen Noten überschüttet. Denn die Sänger zerschneiden die Melodie[1] mit Hoqueten, machen sie durch Diskante[2] üppig, zwingen ihr zuweilen gemeine Tripla und Motetten[3] auf, so daß sie mitunter die dem Antiphonare und Graduale[4] entnommenen Grundlagen geradezu verachten und keine Kenntnis von dem haben, worüber sie bauen, und die Kirchentöne, von denen sie keine Kenntnis haben, nicht nur nicht unterscheiden, sondern durcheinanderwerfen, indem in solcher Notenmenge das zuchtvolle Aufsteigen, das gemäßigte Absteigen des Choralgesanges, als wodurch sich die Tonarten von einander unterscheiden, unkenntlich werden. Denn sie laufen ruhelos, berauschen das Gehör, statt es zu erquicken, suchen durch Gebärden auszudrücken was sie vortragen; das Ergebnis ist, daß die Andacht, um welche es sich doch handelt, bei Seite gesetzt und tadelhafter Leichtsinn verbreitet wird. [. . .] Doch wollen wir damit nicht verboten haben, daß zuweilen, besonders an Festtagen oder feierlichen Messen beim Gottesdienste einige melodiöse Konsonanzen, als die Oktave, Quinte, Quarte und dergleichen, über dem einfachen Kirchengesange angebracht werden, doch so, daß der letztere vollkommen unangetastet bleibe und von der wohlgearteten Musik nichts verändert werde, da diese Konsonanzen das Ohr erfreuen, Andacht wecken, und die Seelen derjenigen, welche zur Ehre Gottes singen, vor Anspannung bewahren.

A. W. Ambros: Geschichte der Musik. Bd. 2. Hrsg. v. H. Riemann. Leipzig: Leuckart ^{3}1891, S. 380f.

Anmerkungen

[1] *Melodie: hier Melodie des Gregorianischen Chorals*

[2] *Diskant („Auseinandergesang"): 2- und mehrstimmiger Gesang, meist streng mensuriert über melismatischem Choralabschnitt*

[3] *In der dreistimmigen Motette des 13./14. Jahrhunderts wird die Stimme über dem Tenor Motetus (= neu textierte Stimme, nach frz. mot: Wort), die Oberstimme Triplum genannt.*

[4] *In Antiphonar (Antiphonale) und Graduale sind die Gesänge des Gregorianischen Chorals gesammelt.*

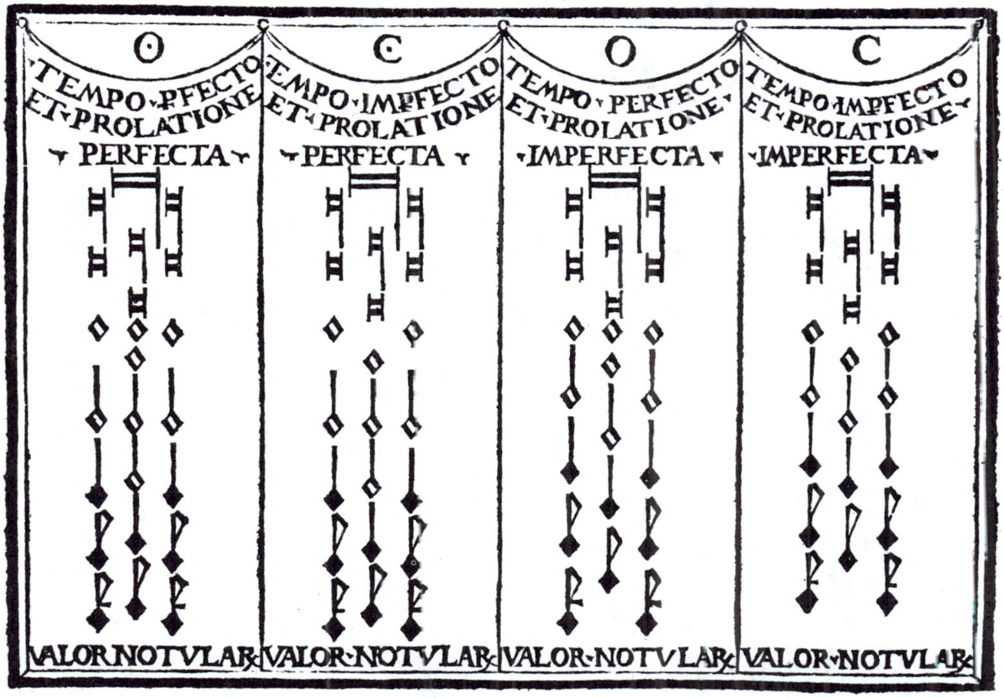

Zusammenstellung der Notenwerte in den unterschiedlichen tempora und prolationes.
(Pietro Aaron, Toscanello in musica. Venedig ³1539)

Literatur

Apel, W.: Die Notation der polyphonen Musik 900–1600. Leipzig u. Wiesbaden: Breitkopf & Härtel 1970

Besseler, H.: Die Musik des Mittelalters und der Renaissance. Potsdam: Athenaion 1931 (Handbuch der Musikwissenschaft, hrsg. v. E. Bücken)

Besseler, H./Gülke, P.: Schriftbild der mehrstimmigen Musik. Leipzig: Deutscher Verlag für Musik 1973 (Musikgeschichte in Bildern III/5)

Gülke, P.: Mönche, Bürger, Minnesänger. Musik in der Gesellschaft des europäischen Mittelalters. Wien: H. Böhlau 1975

Stilwandel um 1600
Claudio Monteverdi: Prima und seconda pratica

Italienische Kirchensänger um 1500. Im aufgeschlagenen Codex der Beschluß des Meßordinariums „Deo (dicamus) gratias – Benedicamus Domino" in Mensuralnotation. (Gafurius, Practica musicae. Mailand 1512)

Um 1600 ist einer der wenigen größeren Einschnitte der abendländischen Musikgeschichte anzusetzen. Dem Zeitalter des strengen kontrapunktischen Satzes, der niederländischen Vokalpolyphonie und der Kunst eines Palestrina, folgt eine Epoche affektbetonten Musizierens, der Stil der Monodie und das Prinzip des Generalbasses als Fundament des musikalischen Satzes. Zu den eigentlichen Schöpfern des neuen Stils in der Musik um und nach 1600 gehört Claudio Monteverdi.

Claudio Monteverdi, geboren 1567 in Cremona, zwischen 1590 und 1612 Sänger und Violinist, dann Kapellmeister am Hof der Gonzaga in Mantua, war von 1613 bis zu seinem Tod 1643 Kapellmeister an San Marco in Venedig.

Von Monteverdis Kunstauffassung besitzen wir einige bedeutsame Zeugnisse. Dem 5. Madrigalbuch von 1605 steht ein kurzes Vorwort voran, in dem sich Monteverdi gegen die Angriffe des Musiktheoretikers Artusi verteidigt.

Giovanni Maria Artusi (1540–1613) war Kanonikus in Bologna und gab 1600 eine polemische Streitschrift mit dem Titel „L'Artusi, ovvero, Delle imperfezioni della moderna musica" (Über die Unvollkommenheiten der modernen Musik) heraus, in der er sich als konservativer Verfechter des alten strengen Satzes zeigt und den affektbetonten Stil der neuen Musik und insbesondere einige harmonische Kühnheiten in Madrigalen Monteverdis geißelt.

Die knappen Ausführungen des Vorworts zum 5. Madrigalbuch werden von Monteverdis Bruder Giulio Cesare in einem Anhang zu den „Scherzi musicali" von 1607 näher erläutert. Im Zentrum der Definition von Monteverdis neuer Kompositionsweise, der „seconda pratica", steht der Satz: „Die dichterische Rede ist die Herrin der Musik".
Ein weiteres Zeugnis vom Kunstideal Monteverdis besitzen wir in dem Brief vom Dezember 1616 an Alessandro Striggio.

Alessandro Striggio studierte Rechtswissenschaft und wurde Staatssekretär des Herzogs von Mantua. Er schrieb die Libretti zu Claudio Monteverdis „Favola di Orfeo" (1607), „Tirsi e Clori" (1615) und einem verschollenen „Lamento d'Apollo".

Graf Scipione Agnelli hatte Monteverdi einen Text mit dem Titel „La favola di Peleo e di Tetide" als Kompositionsvorlage geschickt. Monteverdi weigerte sich, den Text zu vertonen, weil in dem Libretto vorwiegend von Wind- und Wassergeschöpfen die Rede sei, und er nur Musik schreiben wolle und könne, die an Menschliches gebunden ist, menschliche Affekte darstellt und dadurch wahrhaft ist.

6. Artusi: Von der Unvollkommenheit der modernen Musik[1]

Ich streite nicht ab, daß die Entdeckung neuer Dinge nicht nur gut, sondern auch notwendig ist. Aber erzähle mir erst, warum du diese Dissonanzen verwenden willst, wie sie [die modernen Musiker] sie verwenden. Wenn du sagst „Ich wünsche, daß sie [die Dissonanzen] klar gehört werden, aber in einer Weise, daß sie das Ohr nicht verletzen", warum verwendest du sie dann nicht in der richtigen Weise, der Vernunft gemäß, in Übereinstimmung mit dem, wie Adriano, Cipriano, Palestrina, Porta, Claudio, Gabrieli, Gastoldi, Nanino, Giovanelli[2] und so viele, viele andere in dieser Akademie komponiert haben? Haben sie es vielleicht unterlassen, dissonante Schärfe hörbar zu machen? Sieh auf Orlando di Lasso, Philippe de Monte und Giaches de Wert[3], und du wirst sie haufenweise finden. Wenn

du nicht willst, daß das Ohr von ihnen [den Dissonanzen] verletzt wird, wirst du die Art sie richtig zu gebrauchen bei diesen Autoren finden. [. . .]
Konsonanzen werden frei in den Harmonien gebraucht, im Sprung oder schrittweise, ohne Unterschied, aber Dissonanzen, indem sie gänzlich anderer Natur sind, müssen anders behandelt werden; dieser Weg wird gezeigt von Artusi in seiner „Kunst des Kontrapunkts“[4], aber nicht auf die Weise, wie es diese neuen Meister tun. [. . .]
Unsere alten [Meister] haben niemals gelehrt, daß Septimen uneingeschränkt und offen verwendet werden können [. . .], denn sie geben einer Komposition keinen Liebreiz.

L'Artusi, ovvero, Delle imperfezioni della moderna musica. Venedig 1600. Umfangreichere Abschnitte in englischer Übersetzung in: Source readings in music history, hrsg. v. O. Strunk. New York: Norton 1950, S. 393–404. Deutsche Übersetzung: Verfasser

Anmerkungen

1 *Artusis Schrift ist in Dialogform gehalten; Signor Vario antwortet auf Fragen von Signor Luca.*
2 *Artusi nennt einige der Hauptmeister des polyphonen Stils im 16. Jahrhundert in Italien, so u. a.: Adrian Willaert († 1562), Cipriano de Rore († 1564), Giovanni Pierluigi Palestrina († 1594), Costanzo Porta († 1601), Claudio Merulo († 1604).*
3 *Orlando di Lasso († 1594), Philippe de Monte († 1603), Giaches de Wert († 1596) werden als Komponisten angeführt, in deren Werken sich eine – allerdings relativ gemäßigte – Dissonanzhäufung findet.*
4 *Artusis eigenes Werk, die 1586–1589 erschienene „Arte del contrapunto“*

7. Claudio Monteverdi: Vorwort zum 5. Madrigalbuch (1605)

Fleißige Leser! Wundert Euch nicht, daß ich diese Madrigale dem Druck übergebe, ohne vorher auf die Angriffe zu antworten, welche Artusi gegen einige kleine Sätzchen derselben erhoben hat. Im Dienste seiner Hoheit [des Herzogs von Mantua] stehend, verfüge ich nicht über die Zeit, die für eine ausführliche Widerlegung nötig ist.
Gleichwohl habe ich begonnen, eine Antwort zu schreiben, um der Welt kundzutun, daß ich nicht planlos komponiere. Sobald ich sie überarbeitet habe, wird sie erscheinen; sie wird den Titel tragen „Seconda Pratica, ovvero, Perfetioni della Moderna Musica“[1]. Einige, die da meinen, es gäbe keine anderen als die von Zarlino aufgestellten Kunstgesetze[2], werden sich wundern; sie mögen versichert sein, daß – was die Konsonanzen und Dissonanzen angeht – noch eine andere, von der üblichen Anschauung abweichende Ansicht berechtigt ist, welche unter vollständiger Befriedigung des Sinnes und des Verstandes die moderne Kompositionsweise rechtfertigt. Und dieses habe ich Euch nur sagen wollen, damit der Ausdruck „Seconda Pratica“ von keinem andern in Anspruch genommen werde, denn inzwischen könnten die Verständigen bei der Betrachtung der Harmonie [im Sinne der seconda pratica] andere Dinge wahrnehmen und einsehen, daß der moderne Komponist auf den Grundlagen der Wahrheit arbeitet. Lebt wohl.

C. Monteverdi: Il quinto libro de' madrigali. Venedig: Ricciardo Amadino 1605. Faksimile in: Tutte le Opere di Claudio Monteverdi. Hrsg. v. G. F. Malipiero. Bd. 5. Bologna: Enrico Venturi 1927. Deutsche Übersetzung: Verfasser

Anmerkungen

1 *Diese angekündigte Schrift ist nie erschienen.*
2 *Monteverdi bezieht sich auf die „Istitutioni harmoniche“ des Gioseffo Zarlino, Venedig 1558, das zentrale musiktheoretische Werk des 16. Jahrhunderts, mit einer Lehre von den Tonarten und vom strengen Kontrapunkt.*

Die bayerische Hofkapelle unter Orlando di Lasso im Georgssaal der Neuen Veste zu München, um 1570. Um den Musiktisch mit Virginal sind 15 Instrumentalisten, 3 Sängerknaben und etwa 17 Chorsänger gruppiert; an Instrumenten sind zu erkennen: Violine, Violen, Tenorgeige, Violone, Altlaute; Tenorblockflöte (?), Baßblockflöte mit S-Rohr, Querflöte, Tenorposaune, gerader Zink, Rankett (?), krummer Zink (Bläser von links nach rechts). Unter den Zuhörern links Herzog Albrecht V., am Virginal Orlando di Lasso.
(Codex des Hans Mielich. München, Bayerische Staatsbibliothek, Mus. Ms. A II, fol. 187)

8. Erläuterung des Briefes von Claudio Monteverdi im 5. Madrigalbuch durch seinen Bruder Giulio Cesare

Vor einigen Monaten wurde ein Brief meines Bruders Claudio Monteverdi gedruckt und veröffentlicht. [. . .] Eine gewisse Person, unter dem fiktiven Namen Antonio Braccini da Todi[1], hat sich angestrengt, der Welt ein Hirngespinst und Eitelkeit vorzugaukeln. Aus diesem Grunde, von der Liebe zu meinem Bruder und mehr noch von der Wahrheit, die in besagtem Briefe enthalten ist, angetrieben, und indem ich sehe, daß mein Bruder nur Tatsachen seine Aufmerksamkeit schenkt und wenig auf das Gerede anderer Leute gibt, und indem ich es nicht ertragen kann, daß seine Werke so ungerechtfertigt getadelt werden, so habe ich nun beschlossen, den Vorwürfen, die gegen ihn erhoben werden, zu antworten; indem ich ausführlich nach und nach erkläre, was mein Bruder in besagtem Brief in kurzen Worten gesagt hat, mit dem Ziele, daß dieser [Artusi] und wer immer ihm folgen mag die Wahrheit erkennt, die [in jenem Brief] enthalten ist, und die sehr verschieden ist von dem, was dieser [Artusi] in seiner Schrift verkündet. [. . .]
Der Gegner will die moderne Musik angreifen und die alte verteidigen; diese sind in der Tat voneinander verschieden – und zwar in der besonderen Art, Konsonanzen und Dissonanzen zu gebrauchen, wie mein Bruder zeigen wird – dieser Unterschied ist aber dem nämlichen Gegner nicht bekannt. Jeder soll nun verstehen, was es mit der einen und mit der anderen [Art] auf sich hat, damit die Wahrheit klarer wird. Mein Bruder verehrt und lobt beide Arten von Musik; der alten hat er den Namen „prima pratica" gegeben, weil sie zuerst im praktischen Gebrauch war, und die moderne Musik hat er „seconda pratica" genannt, weil sie die zweite im praktischen Gebrauch war. Unter „prima pratica" versteht er diejenige, die sich der Vervollkommnung der Harmonie zuwendet, das heißt diejenige, die die Harmonie nicht als die beherrschte, sondern als die herrschende, nicht als die Dienerin, sondern als die Herrin des Wortes ansieht; und diese Praxis wurde von denjenigen Männern begründet, die einer einzigen Stimme mehr als eine weitere Stimme hinzufügten, sie wurde dann weiter verfolgt und erweitert von Occheghem, Josquin de pres, Pietro della Rue, Iouan Motton, Crequillon, Clemens non Papa, Gombert[2] und anderen dieser Zeit, sie wurde schließlich vervollkommnet durch Messer Adriano[3] in der tatsächlichen praktischen Komposition und durch den hervorragenden Zarlino durch sein so verständiges Lehrwerk.
Die „seconda pratica", deren erster Erneuerer der göttliche Cipriano Rore[4] war, wie mein Bruder zeigen wird, gefolgt und erweitert nicht nur von den genannten Herren, sondern von Ingegneri, Marenzo, Giaches Wert, Luzzasco, genauso von Giaccopo Peri, Giulio Caccini[5] und schließlich von erlauchten Geistern, die die wahrhafte Kunst verstehen.
Er [Monteverdi] versteht [unter dieser seconda pratica], daß sie sich der Vervollkommnung der Melodie zuwendet, das heißt, daß sie die Harmonie als die beherrschte, nicht als die herrschende betrachtet und die Worte so gestaltet, daß sie die Herrin der Harmonie werden; aus diesen Gründen hat er sie die „zweite" und nicht die „neue" genannt; und er hat sie „Praxis" und nicht „Theorie" genannt, weil er sie darin begründet sieht, wie Konsonanzen und Dissonanzen in der tatsächlichen kompositorischen Praxis verwendet werden. [. . .]

G.C. Monteverdi: Dichiaratione della lettera stampata nel quinto libro de'suoi madregali. Veröffentlicht als Anhang der „Scherzi musicali" von 1607. Faksimile in: Tutte le opere di Claudio Monteverdi. Hrsg. v. G.F. Malipiero. Bd. 10. Bologna: Enrico Venturi 1929, S. 69–72. Deutsche Übersetzung: Verfasser

Anmerkungen

1 *Unter dem Pseudonym verbirgt sich Artusi, der 1603 und 1606/07 weitere Streitschriften gegen Monteverdi veröffentlicht hatte.*

2 *Einige der Hauptmeister der niederländischen und frankoflämischen Vokalpolyphonie zwischen 1450 und 1550, so Johannes Ockeghem († um 1495), Josquin Desprez († 1521), Pierre de la Rue († 1518), Jehan Mouton († 1522) u.a.*

3 *Adrian Willaert († 1562), seit 1527 Kapellmeister an San Marco in Venedig*

4 *Cipriano de Rore († 1565), der Nachfolger Willaerts an San Marco*

5 *Marc' Antonio Ingegneri († 1592) war der Lehrer Monteverdis in Cremona; die Madrigale Luca Marenzios († 1599) sind wegen ihrer harmonischen Kühnheiten im Dienste der Affektausdeutung bedeutend; von Jacopo Peri († 1633) und Giulio Caccini († 1618), Komponisten der Florentiner Camerata, stammt die erste Oper „Dafne" (1598).*

Heertrummel.

Mein Heertrum̃el die laß ich brommen/
Bald der Adl auff die Bahn ist kommen/
Zu thurniren/rennen vnd stechen
Jn Schilt vñ Helm die Spär zubrechen/
Dergleich wo sie zu feld auch ligen/
Gegen dem feind in den Kriegen/
Mit der Heertrummel das hertz ich weck
Der vnsern/vnd die feind erschreck.

Die Singer.

Gut Gesang habn wir hie notirt/
Das in vier Stim̃ gesungen wirdt/
Tenor/ Discant /Alt vnd der Baß/
Mit schön höfflichen Text dermaß/
So lieblich zusammen concordirt/
Vnd also vbersüß sonirt/
Daß sich ein Hertz erhebt dar von/
Das Gesang erfund Amphion.

Zwei Holzschnitte aus Jost Ammans „Stände und Handwerker", 1568. Heerpauken, Einhandflöte (Schwegel) mit Trommel; vierstimmiges Singen aus Stimmbüchern.

9. Claudio Monteverdi: Brief an Alessandro Striggio vom 9. Dezember 1616

[. . .] Ich sage nun zunächst im allgemeinen, daß die Musik Herrin der Luft[1] und nicht nur des Wassers sein müsse, das heißt nach meiner Ausdrucksweise: Die Vorgänge in diesem Stück sind alle niedrig und kleben am Erdboden; für schöne Harmonien ist keine Gelegenheit. [. . .] Darüber überlasse ich das Urteil Eurem gebildeten und feinen Geschmack, daß ich wegen dieser Mängel anstatt einer Chitarrone[2] deren drei brauchen müßte, anstatt einer Harfe drei usw., und anstatt einer zarten Gesangsstimme eine forcierte; um die Rezitationsweise des Textes in die Musik zu übersetzen, müßte ich außerdem den Gesang auf Blasinstrumente stützen, anstatt auf zarte Saiteninstrumente, denn die Gesänge der Tritonen[3] und der anderen Meerbewohner verlangen, wie ich meine, Posaunen und Cornetti[4], nicht aber Zithern und Clavicymbeln und Harfen; da es sich um ein Seestück handelt, so spielen die Vorgänge außerhalb der Stadt, und lehrt nicht Plato: Cithara debet esse in civitate, et tibia in agris[5]? So steht es nun: Entweder die feinen Mittel sind unangemessen, oder die angemessenen Mittel sind unfein. Nun habe ich die Liste der Personen gelesen: Winde, Amoretti, Zeffiretti, Sirenen sind die handelnden Personen, und folglich müßte ich viele Sopranstimmen nehmen; dann haben die Winde, die Zeffiri und Boreali aber auch zu singen[6]. Wie in aller Welt soll ich aber die Rede der Winde nachahmen, wenn sie doch eben überhaupt nicht reden? Und wie soll ich mit solchen Mitteln die Gemüter bewegen? Arianna erregt Mitgefühl, weil sie ein Weib ist, und Orfeo[7], weil er ein Mann ist, und nicht ein Wind. Der Gesang ahmt eben sie selbst nach und nicht mit dem Geräusch von Winden, dem Grunzen der Schweine, dem Wiehern der Pferde usw., aber sie ahmen nicht die Sprache der Winde nach, weil es so etwas nicht gibt. Auch die Tanzchöre, die hier und da eingestreut sind, haben nicht den rechten Tanzrhythmus; das ganze Stück überhaupt läßt mich vollständig kühl. [. . .] Arianna bewegte mich zu einer wahren Klage, Orfeo zu einer warmen Bitte, aber was für Musik hier nützt, das will mir nicht in den Sinn.

A. W. Ambros: Geschichte der Musik. Bd. 4. Hrsg. v. H. Leichtentritt. Leipzig: Leuckart ³1909, S. 581f.

Anmerkungen

1 *Im Original das Wortspiel „aria" in der Doppelbedeutung Luft und Gesang*
2 *Chitarrone: Generalbaßinstrument, sechschörige Laute in Baßlage*
3 *Tritonen: fischleibige Meergötter im Gefolge Poseidons*
4 *Cornetti: Zinken*
5 *Die Kithara hat in der Stadt, die Flöte auf dem Feld ihren Platz. – Plato meint statt einer Flöte allerdings ursprünglich den Aulos, ein Rohrblattinstrument.*
6 *Amoretti: Liebesgötter; Zeffiretti: Windgottheiten (Zephir ist der milde [Süd-]Westwind); Boreali: Windgottheiten des rauhen Nordwinds*
7 *Die Stelle bezieht sich auf den „Lamento", die Klage der Ariadne über den Verlust des Theseus, das einzige noch erhaltene Stück der Oper „Arianna" von 1608, und auf die Titelgestalt des Orpheus aus Monteverdis „Orfeo" von 1607*

Literatur

Redlich, H.F.: Claudio Monteverdi. Bd. I: Das Madrigalwerk. Berlin: Adler 1932
The Monteverdi Companion. Hrsg. v. D. Arnold u. N. Fortune. London: Faber & Faber 1968 (hier: S. 133–226)

Lettner und Kanzel von San Marco in Venedig. Links und rechts des Lettners die Orgelemporen, auf denen Chöre räumlich voneinander getrennt zum mehrchörigen Musizieren aufgestellt werden konnten.

Concerto und Mehrchörigkeit

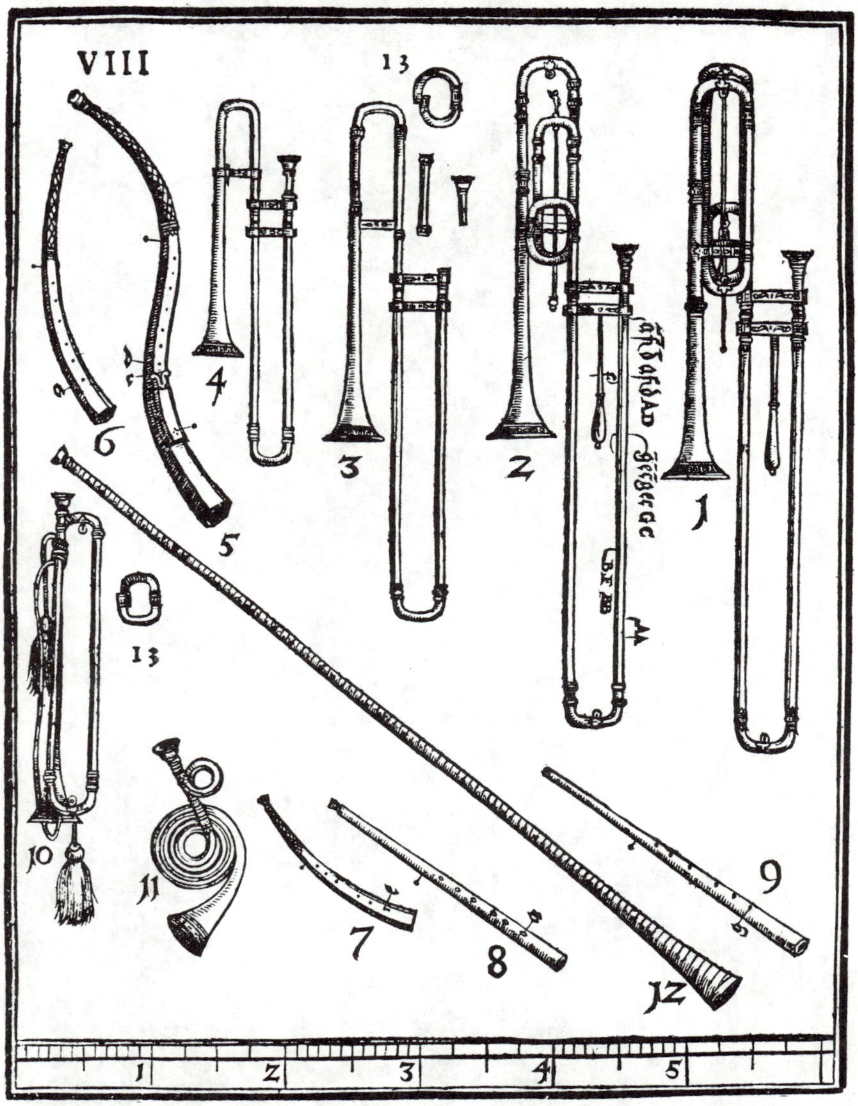

1. 2. Quart-Posaunen. 3. Rechte gemeine Posaun. 4. Alt-Posaun. 5. Corno/Groß Tenor-Cornet. 6. Recht Chor Zinck. 7. Klein Discant Zinck/so ein Quint hoeher. 8. Gerader Zinck mit eim Mundstueck. 9. Still Zinck. 10. Trommet. 11. Jaeger Trommet. 12. Hoelzern Trommet. 13. Krumbbuegel auff ein ganz Thon.

Posaunen, Zinken und Trompeten um 1620. Der Grundton der Zinken ist dem untersten Griffloch beigeschrieben. Die Altposaune steht eine Quinte über, die Quartposaune eine Quinte unter der „Rechten gemeinen Posaun". Die Größenverhältnisse sind maßstäblich genau wiedergegeben, die Meßleiste am unteren Bildrand entspricht 6 Fuß (1 Fuß = 28 cm). (Michael Praetorius, Theatrum Instrumentorum. Wolfenbüttel 1620, Tf. VIII)

Der Begriff Concerto (Konzert) hat für die Epoche des Barock in der Musik solch zentrale Bedeutung, daß man versucht hat, das gesamte 17. und 18. Jahrhundert als Zeit des konzertierenden Stils zu bezeichnen. Im weitesten Sinne beinhaltet der Begriff Concerto ein

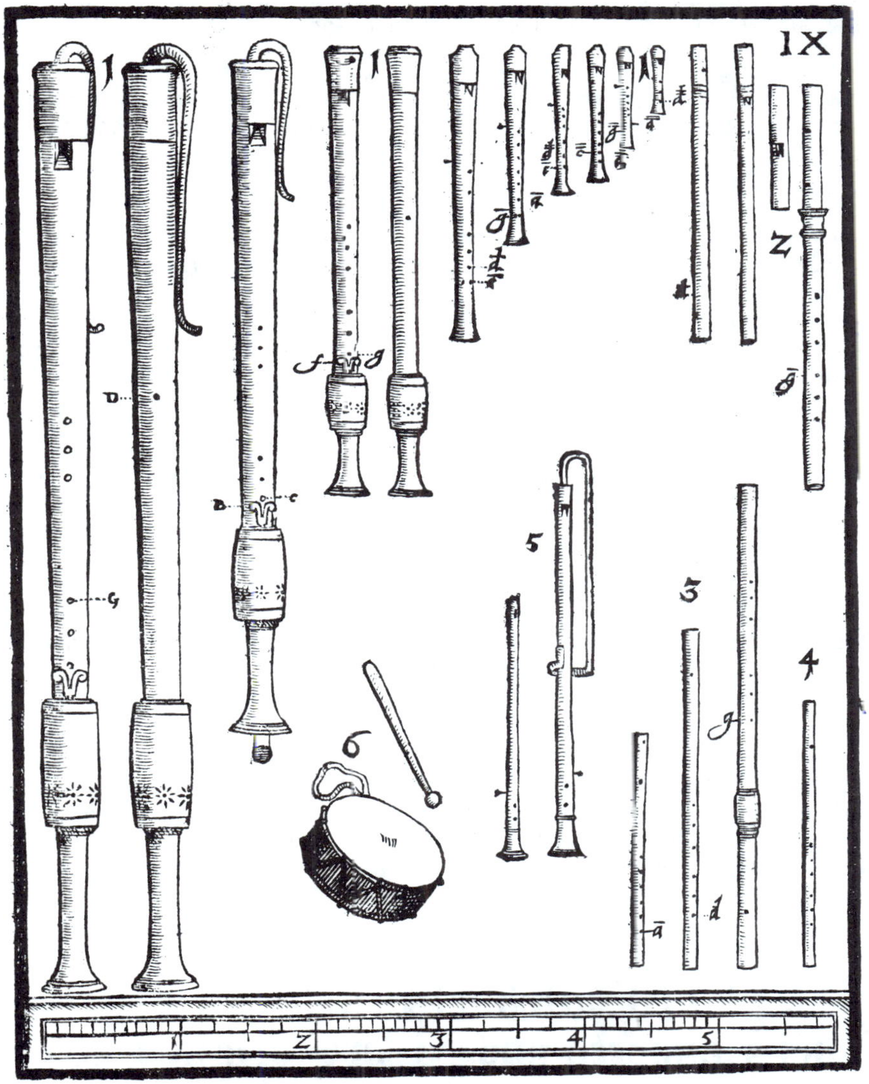

1. Blockfloeiten/ganz Stimwerck. 2. Dolzfloeit d g. 3. Querfloeiten/ganz Stimwerck. 4. Schweizer Pfeiff. 5. Stamentien-Baß und Discant. 6. Klein Paeucklin: zu den Stamentien Pfeifflin zu gebrauchen.

Flöteninstrumente um 1620. Stimmwerk von Blockflöten (die Grundtöne sind F, B, f, c^1, g^1, c^2, d^2, a^2), Dolzflöten (mit Blockflötenlabium, aber quer angeblasen), Querpfeife (g^1?), Querflöten (a^1, d^1, g) und Schwegel (d^1 und g). Der Großbaß der Blockflötenfamilie mißt etwa 2 Meter!
(Michael Praetorius, Theatrum Instrumentorum. Wolfenbüttel 1620, Tf. IX)

Zusammenwirken verschiedenartiger Elemente bzw. Gruppierungen im Werk bzw. Ensemble. Im einzelnen ist er recht vieldeutig; um und nach 1600 lassen sich unterscheiden:
a) ein mehrchöriges Prinzip; durch Hervortreten einer kleineren Gruppe gegenüber einem größeren Ensemble kann hier schon die spätere Konzertgruppierung vorgebildet sein;
b) eine Reduzierung auf solistisches Singen mit Begleitung des Generalbasses (Prototyp dieser Musizierform sind die ,,Kleinen geistlichen Konzerte" von Heinrich Schütz).

Reale Mehrchörigkeit, d.h. getrennte Aufstellung zweier oder auch mehrerer Chöre im Raum, wurde bereits seit der Mitte des 16. Jahrhunderts in Venedig praktiziert, wo die zwei einander gegenüberliegenden Orgelemporen von San Marco sich für diese Art der Aufführung anboten.

Michael Praetorius, 1571–1621, war Organist in Gröningen bei Halberstadt, dann Hofkapellmeister in Wolfenbüttel. In seinen kirchenmusikalischen Werken bearbeitete er den gesamten Bestand an lateinischen und deutschen Gesängen der protestantischen Liturgie. Sein dreibändiges Lehrwerk ,,Syntagma musicum" (1614–1620) gibt einen vollständigen Überblick über Musizierstil und Aufführungspraxis, Instrumente und Kompositionslehre seiner Zeit.

Im III. Band des ,,Syntagma musicum" erörtert Praetorius ausführlich die Neuerungen der italienischen – insbesondere venezianischen – Musikpraxis, den konzertierenden Stil und die Mehrchörigkeit. Praetorius war zwar nie selbst in Italien gewesen, war aber mit Hans Leo Hassler und Heinrich Schütz bekannt, die beide in Venedig bei Gabrieli den neuen Stil kennengelernt und studiert hatten.
Als praktisches Exempel auf die theoretischen Erläuterungen des Syntagma veröffentlichte Praetorius im selben Jahr 1619 eine Anzahl mehrchöriger geistlicher Konzerte unter dem Titel ,,Polyhymnia caduceatrix et panegyrica". Jedes der dort verzeichneten Stücke steht für eine bestimmte ,,Art und Manier" konzertierender Praxis. Zu den Anweisungen im Syntagma treten hier noch weitere differenzierte Aufführungsvorschläge.
So gibt Praetorius Ratschläge für mehrchöriges Musizieren in kleinen Kirchen: ,,Fürs dritte ist sonderlich zumercken: Das in kleinen Kirchen/oder engen Gemächern fast besser sey/die Capellam Fidicinam [= den Chor der Saiteninstrumente] und Instrumenta, sonderlich im anfang/aussen zulassen/darmit die Concertat-Vocal-Stimmen desto besser können gehört/und der Text eigentlicher verstanden werden. Oder man muß die Instrumenta ziemlich weit darvon absondern/oder gar sanfft und still musiciren lassen."

10. Michael Praetorius: Über Concerto und Mehrchörigkeit (1619)

[1. Concert – Concerto]

1. Cantio, Concentus, seu Symphonia, est diversarum vocum modulatio. Italis vocatur Concetto vel Concerto, quod Latinis est Concertatio, qua Variae Voces aut Instrumenta Musica ad concertum faciendum committuntur: Suavitas enim non tàm in artificio, quàm in ipsa variatione consistit: Germanicé ein Concert.[1]
Usurpatur autem hoc Vocabulum Concert 1. in genere, quo quavis. Cantione Harmonicae: Wie davon ein vornehmer Musicus in Italia, Ludovicus Viadana seine Cantiones[2], uff die

newe von ihm erfundene sehr anmutige und nutzbare Art gerichtet/mit dem Namen Concert intituliret, und in der vorhergesetzten Praefation unter andern dieses angedeutet: Daß es gar fleissig dahin gesehen/damit nicht gar zu viel Pausen inseriret wuerden/besondern/daß diese Concerten mehr Liebligkeit/Cadentien und Passaggien in sich hetten/Auch ein jegliches Wort/und dessen Syllaben exacté seinen Noten respondiren moege/damit die Zuhoerer alle Wort und Sententias desto leichter einnehmen und verstehen koendten.[3] Es habe ihn aber hierzu sonderlich bewogen/dieweil er gesehen/daß offtmals eine Mutet von 5. 6. oder mehr Stimmen in die Orgel gesungen worden/der Saenger oder Cantorn aber/sonderlich in den Kloestern/selten ueber zwey oder drey gewesen/und also aus mangel der andern Stimmen der Symphony an Liebligkeit und Zierde viel entzogen/sonderlich/weil die außgelassene Stimmen mit fugis, Clausulis, &c. Welchen in den andern Stimmen/so mit Musicanten bestellet/lange Pausen zu respondiren pflegen / erfuellet seyn: Und denn das nachlangen und vielen Pausen der Text mutiliret unnd zerstuemmelt den Auditoren viel Verdruß/und den Cantoribus muehe und arbeit zuwege bringet.[4] Habe derowegen Hand an die Feder geleget/und etliche Mutetten auff eine sonderliche Concertatweise mit einer/zwo. drey und 4. Stimmen gesetzet/und sonderlich zur Orgel accommodiret[5]: Welche anderen so viel Lust und Beliebung gemacht/daß sie nicht allein in den Haupt Kirchen zu Rom oeffentlich in grosser frequentz gesungen/sondern auch viel vornehme ingenia zur imitation excitiret[6] und angereitzet haben.

Wie es denn auch am Tage/daß jetziger zeit in Italia fast alle/oder ja die meisten Componisten gar wenig von Madrigalien, meistentheils aber uff diese und dergleichen Art gerichtete sehr herrliche Sachen/welche sie mit einer einzigen/zwo/dreyen und vier Stimmen cum Basso generali pro Organo in druck herfuer kommen lassen/Concertos, concentus ac Motettas indifferenter nennen und inscribirn.[7]

Und wiewol sie die Lateinische Cantiones oder Motetten, so uber 4. mit 5. 6. 7. 8. Stimmen gesetzt/meistentheils Sacras Cantiones, sacros Concentus & Motettas intituliren.[8] So befinde ich doch/daß diese Woerter Concert, Cantiones, Concentus, Motettas eins wie das andere vor Geistliche Lateinische Gesaenge und Cantiones verstehen. Wie dann der Steffano Nasimbenij nicht allein seine Missen und Psalmen uff 3. Choren mit 12. Stimmen; sondern auch die andern mit 9. 5. und wenigern Stimmen/Concertos Ecclesiasticos intituliret.[9]

2. Inspecie à Concertando, Wenn man unter einer ganzen Gesellschafft der Musicorum etzliche/und bevorab die besten und fuernembsten Gesellen heraus sucht/daß sie voce humana, und mit allerley Instrumenten, als Zincken/Posaunen/Block- und Querfloeiten/Krumbhoerner/Fagotten oder Dolcianen/Racketen/Violen de Gamba, groß und kleine Geygen/Lautten/Clavicymbeln/Regal/Positiffen/oder Orgeln/etc.[10] und wie die Namen haben oder erfunden werden moegen einer nach dem andern Chorweise umbwechseln/und gleich gegen einander streitten/also/daß es immer einer dem andern zuvor thun/und sich besser hoeren lassen wil.

Daher auch das Wort Concerti sich ansehen lest/als wann es von Lateinischen verbo Concertare, welches mit einander scharmuetzeln heist/seinen Ursprung habe. Fuernemlich und eigendlicher aber ist dieser Gesang ein Concert zu nennen/wenn etwa ein niedriger oder hoher Chor gegen einander/und zusammen sich hoeren lassen: Welche art/ob sie wol auch in Cantionib. Sex. vocum[11] gebraucht wird/kan es doch nirgend besser/als in denen/so mit vielen Stimmen uff 2. 3. 4. 5. oder mehr Chor gesetzt seyn/angeordnet werden.

Die Engellaender nennens gar appositè à consortio ein Consort[12]. Wenn etliche Personen mit allerley Instrumenten, als Clavicymbel oder Großspinnet/groß-Lyra/Doppelharff/Lautten/Theorben/Bandorn/Penorcon/Zittern/Viol de Gamba einer kleinen Discant Geig/einer Querfloeit oder Blockfloeit/bißweilen auch einer stillen Posaun oder Rakket zusammen in einer Compagny unnd Gesellschafft gar still/sanfft und lieblich accordiren, und in anmutiger Symphonia mit einander zusammen stimmen.[13]

[2. Capella]

Das Wort Capella wird uff dreyerley Art gerichtet befunden.

Dann 1. So ist es im anfang/meines erachtens/von den Italiaenern allein dahin verstanden worden/wenn in den Kaeyserlichen/Oesterreichischen und andern Catholischen weitlaeufftigen Capellen oder Music, etliche unterschiedene Chor mit allerley Instrumenten und Menschen Stimmen angestellet werden/daß alsdenn noch ein absonderlicher Chorus aus diesen allen heraus gezogen/und Chorus pro Capella[14] genennet worden/darumb daß der ganze Chorus Vocalis, oder die ganze Capella denselben im Chor/und von den andern Choren ganz abgesondert/musiciret, und gleichsam als uff einer Orgel das volle Werck/mit einstimmet. Welches dann ein trefflich Ornamentum, Pracht und Prangen in solcher Music von sich gibt: Dieweil dieser Chorus fast meistentheils zugleich mit einfaellet/wenn die andern Chor alle zusammen kommen.

Und wird solche Harmonia noch mehr erfuellet/und mit groesserer Pracht erweitert/wenn man dabey einen grossen Baß Pommer/doppelt Fagott[15]/oder grosse BaßGeygen/(Italis, Violone) Auch wol andere Instrumenta, wo deren uberig verhanden/zu den Mitteln und OberStimmen ordnet. Solche Capellen aber koennen unterschiedlich/eine/zwo oder drey aus einem jeden Concert heraus gezogen/ein jede insonderheit nur mit vier oder mehr Personen/wenn man die haben kan/besetzet/und an abgesonderte oerther in der Kirchen gestellet; Auch in mangelung der Personen/gestalten Sachen nach/ganz und gar außgelassen werden: Dieweil diese Capella fast als die Ripieni, allein zur erfuellung und besterkkung der Music, ein Chorus ascititius aus den andern Choren extrahiret und heraus gezogen ist.[16]

Und solcher Capellen habe ich in etlichen des Iohan Gabrielis abgeschriebenen Concerten viel und unterschiedlich gesehen: Welche aber in denen jetzt newlich im vergangenen Jahren im druck publicirten nicht verhanden.[17]

2. In denselben aber/so wol auch in seinen ersten Anno 1597. publicirten Cantionibus sacris[18] befindet sich/daß das Wort Capella, ihme so viel heisset und bedeutet/als wenn ich setze/Chorus Vocalis, Chorus Vocum; das ist/der Chorus, welcher mit Cantoribus und MenschenStimmen muß besetzet werden; als wenn in einem Concert der eine Chor mit Cornetten[19], der ander mit Geigen/der dritte mit Posaunen/Fagotten/Floeitten und dergleichen Instrumenten, doch daß bey jedem Chor zum wenigsten eine Concertat- das ist/eine MenschenStimme darneben geordnet: So ist meistentheils noch ein Chor darbey/do alle vier Stimmen mit Cantoribus besetzt werden: Denselben nun nennet I. Gabriel Capellam. Und kan ein solcher Chor oder Capella, weil sie mit unter die PrincipalChor gehoeret/durchaus nit aussen gelassen/auch alsobald an den Clavibus Signatis erkant/und bißweilen auch mit Violn de Gamba, oder de braccio musiciret werden.[20]

In meinen Concerten, sonderlich in den Lateinischen/wie auch etlichen Teutschen/do ich keinen Chorum pro Capella dabey setzen wollen/habe ich meistentheils die Woerter/Omnes und Solus, oder Voce, Instrumento, Trombone, &c. darbey gezeichnet: Welches dann ein jeder leicht verstehen/und sich darinn richten kan. Dañ wo fernen an Voce & Trombone, oder Voce & Violono, &c. stehet/do muß man ein Vocalisten und Instrumentisten mit einer Posaun oder Geigen darbey stellen: Wo nun Voce allein gefunden wird/doselbsten singt der Vocalist allein; Wo Trombone, do gehet die Posaun allein; Wo omnes, do musiciren sie zugleich alle beyde. Gleicher gestalt wird es auch gehalten/wenn anderer Art Instrumenta darbey notiret befunden werden. Und kan also nicht allen aus solchen abgetheilten/sondern auch allen andern Concerten, ein jeder nach seinem gefallen/wenn er anderst mit ubriger Gesellschafft von Cantoribus und Instrumentisten versehen ist/eine oder zwo Capellen mit 4. Stimmen herausserziehen/und das jenige/darvor das Wort omnes oder Chorus gezeichnet stehet/oder aber do ohne das alle Chor mit einander zugleich einstimmen/oder do es sich sonsten schicken wil/uff absonderliche Bletter/heraus schreiben lassen. So bald aber das Wort Solus, oder Voce Instrumento, &c. folget/an dessen statt muessen so viel Pausen gesetzt; Und derselbe Chorus pro Capella alsdann zum musiciren an einen absonderlichen ort geordnet und gestellet werden.

Ich habe vor etlichen Jahren allbereit die Woerter omnes und solus in meinen Cantionibus zu gebrauchen angefangen: Befinde aber/daß jetzo die Italiaener in ihren Concerten das Wort Ripieni gebrauchen.

3. Numehr aber nennen etliche auch dieses eine Capellam, wenn man zu einem Choro Vocali, einen Chorum Instrumentalem componiret und setzet. Doselbsten wird der Chorus Instrumentalis, welcher tanquam minus Principalis[21], in mangelung der Instrumentisten gar wol aussen gelassen werden koendte/vom Choro Vocali, welcher Principalis, und vor sich selbsten ohne zuthun der Instrumentisten, doch daß ein Organist mit einem Positiff oder Regal darbey/den Sachen eine gnuege thun kan/abgesondert/und etwa gegenueber/oder an ein hoehern/oder aber niedrigern ort und stelle geordnet: Welchs in Italia auch Palchetto[22] genennet wird/da sie bißweilen mehr als einen Chor pro Capella, und immer einen uber den andern stellen: Gleich wie vielleicht zu Davids zeiten die Musici im Tempel uff unterschiedene hoehere und niedrige Chore gestellet und abgetheilet worden sind: Daher etliche sonderliche Psalmen/als der 120. biß uff den 134. Lieder im hoehern Chor genennet werden.
Es kan aber das Wort Palchetto aus nachfolgendem kurzen Bericht/so viel besser verstanden werden/weil man in etlichen Kirchen/und bevorab Fürstl. Capellen unten bey der Erden/oder sonsten an einem bequemen Ort/do die Musici von den Zuhoerern ungehindert bleiben koennen/einen gewissen stand/einem Theatro gleich/von Balcken und Bretern auffzubawen/oder aber die Breter uber etliche Stuele/do sichs leiden wil/zulegen/und oben mit Lehnen und Tappezereyen zubeschmuecken und außzustaffiren pflegt. Wie man dann auch wol/do man wil/gar einen sonderlichen Ort in die hoehe/einer kleinen Poerkirchen[23] gleich/dahin unterschiedene Chor von den anderen weit abgesondert und gestalt werden koennen/auffbawen kan: Inmassen dann dergleichen fuegliche oerther in alten Kirchen/und zuvoraus hinten in den Choren/deren man zu jetztverstandener behuff gebrauchen/und daher Palchetto nennen kan/offtmals gefunden werden.

M. Praetorius: Syntagma musicum. Bd. III: Termini musici. Wolfenbüttel 1619, S. 4f. und 133ff. Faksimilenachdruck, hrsg. v. W. Gurlitt. Kassel: Bärenreiter 1958 (Documenta musicologica, 1. Reihe, XV)

Anmerkungen

1 *Cantio („Gesangsstück"), Concentus („Zusammentönen") oder Symphonia, ist das harmonische Zusammenwirken verschiedener Stimmen. Auf italienisch Concetto oder Concerto, lateinisch Concertatio („Wettstreit"), in dem sich verschiedene Stimmen oder Instrumente zu einem Concert zusammentun: Der liebliche Wohlklang besteht aber nicht so sehr im kunstgemäßen Satz, sondern in der Abwechslung als solcher: zu deutsch ein Concert.*

2 *Dieses Wort Concert wird aber 1. allgemein gebraucht im Sinne eines harmonischen Gesangsstücks. Ludovico Viadana (1564–1645) hatte in seinen „Centi Concerti ecclesiastici" (1602ff.) als einer der ersten das konzertierende Prinzip und den Generalbaß angewandt.*

3 *Praefation: Vorrede; inseriret: eingefügt; respondiren: entsprechen; sententias: Bedeutung (Sätze)*

4 *Mutet: Motette; fugis: Imitationen; clausulis: Schlußformeln, Kadenzen; mutiliret: verstümmelt*

5 *accomodiret: eingerichtet (Die Motetten wurden mit Orgelbegleitung, d.h. mit dem neuartigen Generalbaß, versehen.)*

6 *Viele vornehme (bedeutende) Männer von Geist wurden zur Nachahmung angeregt.*

7 *Madrigal: die bevorzugte weltliche Vokalgattung im 16. Jahrhundert; cum Basso generali pro Organo: mit einem durch die Orgel auszuführenden Generalbaß ... (Diese Stücke werden) ohne Unterschied Concerto, Concentus oder Motette genannt und bezeichnet.*

8 *... geistliche Gesänge, Gesangsstücke und Motetten betiteln*

9 *Von Stefano Nascimbeni (Kapellmeister an S. Barbara zu Mantua) erschienen 1610 Messen, Psalmen und andere geistliche Gesänge unter dem Titel „Concerti ecclesiastici a dodeci voci, divisi in tre cori" (Kirchenkonzerte zu 12 Stimmen, geteilt in drei Chöre).*

[10] *Inspecie à Concertando: was das Konzertieren betrifft; voce humana: mit menschlicher Stimme; Dolcian: Dulzian, Fagott oder auch Sordun; Racket: „Wurstfagott", Doppelrohrblattinstrument mit gewundener Röhre, die in einen zylindrischen Korpus eingelagert ist; Regal: kleine „Orgel" mit Zungenpfeifen; Positiff: Positiv, meist eine kleinere Orgel ohne Pedal (Im II. Band des „Syntagma musicum" werden alle Instrumente der Praetorius-Zeit ausführlich behandelt und abgebildet.)*

[11] *im sechsstimmigen Satz*

[12] *Praetorius bezeichnet hier eine Gruppierung verschiedenartiger Instrumente als „consort"; meist werden ein „broken consort" (verschiedene Instrumente) und ein „whole consort" (Instrumente derselben Familie) unterschieden.*

[13] *Clavicymbel, Großspinett: Formen des Cembalos; Doppelharff: Große Harfe mit Saiten für alle chromatischen Halbtöne; Theorbe: Baßlaute mit 16 Saiten, davon 8 Bordunsaiten; Bandorn (Pandora), Penorcon: Zupfinstrumente in Baßlage mit 5–7 bzw. 9 Saitenchören; Zitter: Cister, Zupfinstrument mit birnenförmigem Korpus*

[14] *Chorus pro capella: Kapellchor. Die mehrchörige Praxis unterscheidet einen Vokalchor (capella vocalis, auch Favorit-Chor), Instrumentalchor (capella instrumentalis), Kapellchor (Chorus pro capella, vokal oder instrumental, besonders bei Tutti-Stellen eingesetzt) und Concertatstimmen (Solostimmen der Chöre).*

[15] *GroßBaßPommer: konisches Doppelrohrblattinstrument in Baßlage (^1F); doppelt Fagott: tiefes Fagott (^1F).*

[16] *Ripieni: Füllstimmen (ital. ripieno: voll); Chorus ascititius („herbeigezogener Chor"): Zusatzchor, aus Stimmen anderer Chöre gebildet*

[17] *Giovanni Gabrieli, 1557–1613; Praetorius bezieht sich hier wohl auf die „Sacrae Symphoniae II" von 1615.*

[18] *Giovanni Gabrieli, „Sacrae Symphoniae I" zu 6, 7, 8, 10, 12, 14 und 15 Stimmen, Venedig 1597*

[19] *Cornetten: Zinken*

[20] *Clavibus signatis: an den vorgezeichneten Schlüsseln kenntlich; Violn de Gamba, de braccio: mit Gamben oder Violen (Kniegeigen oder Bratschen). Zur Besetzung nach der Schlüsselvorzeichnung äußert sich Praetorius auch in der „Ordinanz" der Polyhymnia: „So zeichnet Johann Gabriel den Discant im Choro pro Capella meistentheils mit dem c^1 unten uff der 2. Lini / vor die Capauner (Kastraten) oder gute Altisten, die das c^2 erreichen können. Und ein solcher Chor schickt sich auch recht zu den Violen de Gamba!"*

[21] *tanquam minus Principalis: gleichsam weniger Principalis (hauptsächlich)*

[22] *palchetto (ital.): Bühne, Tribüne*

[23] *Poerkirchen: Empore, auch Chor oder Predigerstuhl*

Literatur

Brodde, O.: Heinrich Schütz. Weg und Werk. Kassel: Bärenreiter 1972

Ehmann, W.: Heinrich Schütz: Die Psalmen Davids 1619 in der Aufführungspraxis. In: Musik und Kirche 26 (1956), Heft 4

Forchert, A.: Das Spätwerk des Michael Praetorius. Berlin 1959 (Berliner Studien zur Musikwissenschaft, Bd. 1)

Winter, P.: Der mehrchörige Stil. Frankfurt am Main: Peters 1964

Heinrich Schütz zum Generalbaß und zum strengen Satz

Die „Musarum Sioniar(um) motectae et psalmi latini" des Michael Praetorius (Magdeburg 1606) sind eine Sammlung von 52 late nischen Motetten und Psalmen. Das Titelblatt zeigt die Praxis des mehrchörigen Musizierens bei der Aufführung eines Concerto für 12 bis 21 Stimmen mit drei Chören.

Zwei Studienreisen führten Schütz (1585–1672) nach Italien. Auf der ersten zwischen 1609 und 1613 erhielt er eine intensive Ausbildung bei Giovanni Gabrieli, der bereits im August 1612 starb. 1628 unternahm Schütz eine weitere Reise nach Venedig; sie diente im wesentlichen dazu, den neuen Stil Monteverdis kennenzulernen.
In der Vorrede zum 1647 erschienenen zweiten Teil der „Symphoniae sacrae" weist Schütz darauf hin, daß er in einem der Konzerte („Es steh Gott auf") einem Madrigal („Armato il cor", 1632) und einer Vokal-Ciacona von Monteverdi „in etwas nachgegangen sei". Der Einfluß seines Lehrers Giovanni Gabrieli wird in den 1619 veröffentlichten konzertierenden zwei- bis vierchörigen Psalmen Davids deutlich, die Schütz folgendermaßen charakterisiert: „Deutsche Psalmen auf italienische Manier, zu welcher ich von meinem lieben und in aller Welt hochberühmten Praeceptore Herrn Johann Gabrieln, so lange in Italia ich mich bei ihm aufgehalten, mit Fleiß angeführet worden".
Die bereits zu seinen Lebzeiten erkannte Bedeutung des Musikers und Komponisten Heinrich Schütz kommt in folgender, nach einer Quelle des 18. Jahrhunderts überlieferten Grabinschrift zum Ausdruck: „Henricus Schützius/Seculi sui Musicus excellentissimus/Electoralis Capellae Magister/MDCLXXII" (Heinrich Schütz/hervorragendster Musiker seines Jahrhunderts/Leiter einer auserlesenen Capella/1672).
Unter seinen zahlreichen Schülern ragt Christoph Bernhard hervor, der mit seinem „Tractatus compositionis augmentatus" wahrscheinlich Schützens Kompositionslehre der Nachwelt hinterlassen hat.

Hans Heinrich Eggebrecht bezeichnet die Kompositionen von Heinrich Schütz als „das Hauptbuch der Musica poetica im 17. Jahrhundert". Ausgangspunkt für die musikalische Erfindung bei Schütz ist die Nachahmung des rhetorischen Sprechens, die sich in einer musikalisch-deklamatorischen Gestalt niederschlägt. Er hat als einziger Luthers Forderung, daß „Text und Noten, Akzent, Weise und Gebärde aus rechter Muttersprache und Stimme kommen", musikalisch realisiert.
Die Veröffentlichung der „Geistlichen Chormusik" fiel in das Jahr des Westfälischen Friedensschlusses, der den Dreißigjährigen Krieg beendete. Vergebliche Eingaben an den sächsischen Königshof, in denen Schütz auf die Mißstände in der Hofkapelle und auf die bittere Not seiner Musiker hinwies, war wohl die Ursache dafür, daß er als eine Art versteckter Kritik an den Dresdner Zuständen sein Werk dem Rat der Stadt Leipzig widmete. In der Gruppierung der Werke ist eine deutliche De-tempore-Beziehung zum ersten Quartal des Kirchenjahres zu erkennen. Forschungen haben ergeben, daß die verschiedenen Stücke nicht zur selben Zeit entstanden sind.
Ungewöhnlich ist, daß der in den Singstimmen korrekte Originaldruck einen auffallend fehlerhaften und zuweilen geradezu Sinnloses bietenden Generalbaß besitzt. Da Schütz in seiner Vorrede ausdrücklich von einem „Wercklein ohne Bassum Continuum" spricht, ist nicht ausgeschlossen, daß ein Schüler im Auftrag von Schütz einen Generalbaß angefertigt hat, der von diesem vor der Drucklegung nicht mehr durchgesehen und verbessert wurde.

11. Heinrich Schütz: Vorrede zur „Geistlichen Chormusik“ (1648)

Musicalia ad Chorum Sacrum, / Das ist: / Geistliche Chor-Music // Mit 5. 6. und 7. Stimmen // beydes Voca- / liter und Instrumentaliter zugebrauchen // Auffgesetzet / Durch / Heinrich Schützen //
Churfürstl. Durchl. zu Sachsen Capellmeistern // worbey der Bassus Generalis, auff Gutachten und Begehren // nicht aber aus Nothwendigkeit // zugleich auch zu befinden ist //

Erster Theil.
M. DC. [Wappen] XL. VIII.
Opus Undecimum.
Dresden//

In Verlegung Johann Klemmens / Churfürstl. Sächs. Hof-Organisten daselbst. Gedruckt bey Gimel Bergens // Churfürstl. Sächs. Hof-Buchdruckers Seel. Erben.

Günstiger Leser:

Es ist bekand und am Tage / das nach dem der über den Bassum Continuum[1] concertirende Stylus Compositionis,[2] aus Italia auch uns Deutschen zu Gesichte kommen und in die Hände gerathen / derselbige gar sehr von uns beliebet worden ist / und dahero auch mehr Nachfolger bekommen hat / als vorhin kein anderer iemahls mag gehabt haben / davon dann die bißhero unterschiedliche in Deutschland hin und wieder ausgelassene / und in denen Buchläden befindliche Musicalische Opera, genugsam Zeugnüß geben. Nun tadele ich zwar solch Beginnen keines weges; Sondern vermercke vielmehr hierunter auch unter unserer Deutschen Nation / allerhand zu der Profession der Music wohlgeschickte und geneigte Ingenia,[3] denen ich auch ihr Lob gerne gönne / und selbst zugeben willig bin: Weil es aber gleichwohl an dem / auch bey allen in guten Schulen erzogenen Musicis auser zweifel ist / daß in dem schweresten Studio Contrapuncti niemand andere Arten der Composition in guter Ordnung angehen / und dieselbigen gebührlich handeln oder tractiren könne / er habe sich dann vorhero in dem Stylo ohne den Bassum Continuum[4] genugsam geübet / und darneben die zu einer Regulirten[5] Composition nothwendige Requisita wohl eingeholet / als da (unter andern) sind die Dispositiones Modorum; Fugae Simplices, mixtae, inversae; Contrapunctum duplex: Differentia Styli in arte Musicâ diversi: Modulatio Vocum: Connexio subiectorum, &c.[6] Und dergleichen Dinge mehr; Worvon die gelehrten Theorici weitleufftig schreiben / und in Scholà Practicâ die Studiosi Contrapuncti mit lebendiger Stimme unterrichtet werden; Ohne welche / bey erfahrnen Componisten ja keine eintzige Composition (ob auch solche denen in der Music nicht recht gelehrten Ohren / gleichsam als eine Himmlische Harmoni fürkommen möchte) nicht bestehen / oder doch nicht viel höher als einer tauben Nuß werth geschätzet werden kann / etc.

Als bin ich hierdurch veranlasset worden derogleichen Wercklein ohne Bassum Continuum auch einsten wieder anzugehen / und hiedurch vielleicht etliche / insonderheit aber theils der angehenden Deutschen Componisten anzufrischen / das /ehe Sie zu dem concertirenden Stylo schreitten /Sie vorher diese harte Nuß (als worinnen der rechte Kern / und das rechte Fundament eines guten Contrapuncts zusuchen ist) auffbeissen / und darinnen ihre erste Proba ablegen möchten: Allermassen dann auch in Italien / als auff der rechten Musicalischen hohen Schule (als in meiner Jugend ich erstmahls meine Fundamenta in dieser Profession zulegen angefangen) der Gebrauch gewesen / das die Anfahenden iedesmahl derogleichen Geist- oder Weltlich Wercklein / ohne den Bassum Continuum, zu erst recht ausgearbeitet / und also von sich gelassen haben / wie denn daselbsten solche gute Ordnung vermuthlichen noch in acht genommen wird. Welche meine zum Auffnehmen der Music / auch Vermehrung unserer Nation Ruhm / wohlgemeinte Erinnerung dann / ein iedweder im besten / und zu niemands Verkleinerung gemeinet / von mir vermercken wolle.

Es ist aber mit Stillschweigen ferner nicht zuübergehen / das auch dieser Stylus der Kirchen-Music ohne den Bassum Continuum (welche mir dahero Geistliche Chor-Music zu tituliren beliebet hat) nicht allezeit einerley ist / sondern das etliche solcher Compositionen eigentlich zum Pulpet[7]/ oder zu einem / beydes mit Vocal- und Instrumental-Stimmen besetzten vollen Chore gemeinet / theils aber derogestalt auffgesetzet seyn / das mit besserm Effect die Partheyen[8] nicht dupliret, Tripliciret, &c. Sondern in Vocal- und Instrumental-Partheyen vertheilet / und auff solche Weise mit gutem Effect in die Orgel auch wohl gar per Choros[9] (wann es eine Composition von Acht / Zwölff oder mehr Stimmen ist) Musiciret werden können. Von welcher beyderley Gattung dann auch im gegenwärtigen meinem mit wenig Stimmen vor dißmahl nur heraus gegebenen Wercklein (und bevorab unter den Hintersten / bey welchen ich dahero auch den Text nicht habe unterlegen lassen) anzutreffen seyn; Gestalt der verständige Musicus in etlichen vorhergehenden dergleichen selbsten wohl vermercken / und dahero mit dero Anstellung gebührlich zuverfahren wissen wird.

Worbey ich dann zugleich hiermit offentlich protestiret und gebethen haben will / das niemand / was ietzo gedacht worden / dahin ziehen wolle / als ob dieses oder eintziges meiner ausgelassenen Musicalischen Wercke ich iemand zur Information oder gewissen Modell vorstellen und recommendiren[10] wolte / (deren Wenigkeit ich dann selbst gerne gestehe.) besondern will ich vielmehr alle und iede / an die von allen vornehmsten Componisten gleichsam Canonisirte Italianische und andere / Alte und Newe Classicos Autores[11] hiermit gewiesen haben / als deren fürtreffliche und unvergleichliche Opera denen jenigen / die solche absetzen[12] und mit Fleiß sich darinnen umbsehen werden; In einem und dem andern Stylo als ein helles Liecht fürleuchten / und auff den rechten Weg zu dem Studio Contrapuncti anführen können. Wie dann über dieses ich noch der Hoffnung lebe / auch allbereit hievon in etwas Nachrichtung habe / das ein / mir wohlbekandter / so wohl in Theoriâ als Praxi hocherfahrner Musicus[13] hiernechst der gleichen Tractat an das Tage-Liecht werde kommen lassen / der hierzu / insonderheit uns Deutschen auch sehr zuträglich und nutzbar wird seyn können: Welches / das es erfolgen möge / dem allgemeinen Studio Musico zum besten / ich mit Fleiß zu sollicitirn[14] dann nicht unterlassen will.

Endlich: Da auch iemand von den Organisten etwa in dieses mein ohne Bassum Continuum eigentlich auffgesetztes Wercklein / wohl und genaw mit einzuschlagen Beliebung haben / und solches in die Tabulatur oder Partitur abzusetzen sich nicht verdriessen lassen wird: lebe ich der Hoffnung / daß der hierauff gewandte Fleiß und Bemühung ihn nicht allein nicht gerewen / sondern auch diese Art der Music desto mehr ihren gewüntschten Effect erreichen werde.

Gott mit uns sampt und sonders in Gnaden!

Author

H. Schütz: Sämtliche Werke. Bd. 8. Hrsg. v. Ph. Spitta. Leipzig: Breitkopf & Härtel 1889, S. 5f.

Anmerkungen

[1] *Generalbaß*

[2] *Kompositionsstil. Gemeint ist der monodische Stil, der im Zusammenhang mit der italienischen Oper um 1600 entstand. Vgl. auch die „seconda pratica" Monteverdis, S. 34 ff.*

[3] *Begabungen, Talente*

[4] *kontrapunktischer Stil*

[5] *ordentlichen*

[6] *Schütz zählt im folgenden einige der wichtigsten kontrapunktischen Formen bzw. Kompositionstechniken auf. „Fuga" bedeutet dabei soviel wie Kanon. Neben der Lehre von den Kirchentonarten und dem tonartlichen Gefüge des Satzes („Dispositiones modorum") geht es ihm vor allem um die verschiedenen Formen des Kanons. Er unterscheidet zwischen „fuga simplex" und „fuga mixta". Formen der „fuga simplex" können sein „aequisona" (im Einklang), „consona" (in der Oktave, Quinte, Quarte) oder „dissona" (in den noch nicht genannten Intervallen), „recta" und „contra-*

ria" (gewöhnlicher Kanon und Umkehrungskanon), letzterer auch „fuga inversa" genannt, u.a. Die „fuga mixta" besteht aus einer Kombination mehrerer der genannten Arten. Contrapunctum duplex: doppelter Kontrapunkt, d.h. Thema und Kontrapunkt sind so gearbeitet, daß sie vertauscht werden können; Differentia Styli in arte Musica diversi: die unterschiedliche Anwendung verschiedener musikalischer Stilarten; Modulatio Vocum: Führung der Stimmen im musikalischen Satz; Connexio subjectorum: Verknüpfung der Themen

7 *(zur) Orgel (eigentlich: Windsack)*

8 *Stimmen*

9 *auf zwei oder mehr Chöre verteilt*

10 *empfehlen*

11 *klassische Autoren*

12 *aus den Stimmen in Partitur bzw. in Tabulatur bringen*

13 *möglicherweise Christoph Bernhard, vgl. S. 50*

14 *sorgen*

Literatur

Brodde, O.: Heinrich Schütz. Weg und Werk. Kassel: Bärenreiter 1972

Eggebrecht, H.H.: Musicus poeticus. Göttingen: Vandenhoeck & Ruprecht 1959

Georgiades, Th. G.: Musik und Sprache. Das Werden der abendländischen Musik. Berlin, Göttingen, Heidelberg: Springer 1954, S. 53 ff.

Kirchner, G.: Der Generalbaß bei Heinrich Schütz. Kassel: Bärenreiter 1960

Die Kompositionslehre Heinrich Schützens in der Fassung seines Schülers Christoph Bernhard. Eingeleitet und herausgegeben von J.M. Müller-Blattau. Leipzig: Breitkopf & Härtel 1926

Moser, H.J.: Heinrich Schütz. Sein Leben und Werk. Kassel: Bärenreiter 1936, ²1954

Schütz, H.: Gesammelte Briefe und Schriften. Hrsg. v. E.H. Müller (von Asow). Regensburg: Bosse 1931

Musiktheoretische Vorlesung um 1500. An der Wand Orgelpfeifen verschiedener Mensuren. Dem Theoretiker ist eine Definition der harmonia beigegeben: Harmonie ist das Zusammenstimmen von Entgegengesetztem.
(Gafurius, De harmonia musicorum instrumentorum opus. Mailand 1518, Titelblatt)

Zur Theorie von Konsonanz und Dissonanz im 17. Jahrhundert

Schulunterricht um 1500. Der Magister mit der Zuchtrute vor einer Klasse mit acht Schülern, an der Wand eine Tafel mit Notenlinien und Choralnoten. (Druckstock von Hieronymus Höltzel. Nürnberg, Stadtbibliothek, 2 an Phil. 600. 4°)

Konsonanz (consonantia, concordantia, symphonia = Zusammentönen, Übereinstimmung) und Dissonanz (dissonantia, discordantia, diaphonia = Auseinandertönen, Nichtübereinstimmung) können entweder mathematisch (als einfacheres oder komplizierteres Zahlenverhältnis), akustisch (als Schwingungsfrequenz) oder tonpsychologisch (als Wahrnehmung des Verschmelzungsgrades) bestimmt werden.

Als Konsonanzen werden seit der griechischen Antike die das Tonsystem konstituierenden Intervalle Oktave (Proportion 2:1), Quinte (3:2), Quarte (4:3), große Terz (5:4) und

kleine Terz (6:5) angesehen. Die Quarte gilt zwar mathematisch und akustisch als Konsonanz, sie wird aber in der Kontrapunktlehre seit dem 14. Jahrhundert als Dissonanz behandelt (vgl. dagegen Quelle 3). Hieraus ergeben sich – wie auch im nachfolgenden Text – je nach Betrachtungsweise gewisse Unstimmigkeiten.
Die Abhandlung des Wolffgang Caspar Printz über die Konsonanzen und Dissonanzen rechnet mit ihrer Unterscheidung des großen und kleinen Ganztones bzw. Halbtones mit der sogenannten reinen Stimmung. Es werden im einzelnen unterschieden:
Reine Stimmung: Alle Oktaven, Quinten, große und kleine Terzen sind harmonisch-rein gestimmt; gewisse Differenzen ergeben sich z. B. beim Ton d (entweder als Quinte über g oder als Quinte unter a; a wird gewöhnlich als Terz über f gewonnen).
Mitteltönige Stimmung: Große Terzen werden harmonisch-rein gestimmt, jede Quinte ist um einen geringen Betrag kleiner, die Differenz zwischen großem und kleinem Ganzton wird ausgeglichen.
Unsere heute übliche *zwölfstufig gleichschwebende Temperatur* hat sich auf Tasteninstrumenten erst im Laufe des 18. Jahrhunderts durchgesetzt. Alle 12 chromatischen Halbtöne werden gleich gestimmt, mit Ausnahme der Oktave wird aber kein Intervall wirklich harmonisch-rein, sondern nur als brauchbarer Mittelwert intoniert. Erst mit der gleichschwebenden Temperatur wurde ein gleichermaßen befriedigendes Spiel in allen – auch entfernten – Tonarten ermöglicht.

Wolffgang Caspar Printz (1641–1717), Hofkomponist, später Kantor in Sorau/Niederlausitz, ist uns heute nur noch durch seine musiktheoretischen Schriften und Romane bekannt. In dem teilweise sehr humorvoll geschriebenen „Phrynis oder satyrischen Componisten" von 1676 stellt sich Printz unter dem Namen des antiken Kitharoden Phrynis (um 450 vor Chr.) vor: „Mein Name ist Phrynis, mein Vaterlande die Insul Lesbus, die GeburthsStadt Mytilene". Halb Roman, halb musiktheoretischer Traktat, berichtet er von seinem musikalischen Werdegang, indem er von einem ungeschickten zu einem ordentlichen Komponisten „bekehrt" wird. Als ungeschickten Komponisten charakterisiert er sich wie folgt:
„Meine gantze Kunst bestunde darinnen / daß ich nicht zwey Octaven und zwy Quinten nach einander setzen solte / und doch konte ich solche vielmahls nicht vermeiden. Von den Modis und Tonis wuste ich dieses / daß man in dem Clave (Tonart), in welchem man angefangen / auch aufhoeren und schliessen solte. Umb das uebrige kuemmerte ich mich nicht ein Haar: Was mir gerathen wolte / das mochte mir gerathen."

12. Wolffgang Caspar Printz: Über Konsonanz und Dissonanz (1676)

Das XII. Capitel

Von denen Consonantibus
§ 1. Wenn zwey Soni Musici zugleich hervorgebracht und gehoeret werden / so entstehet dyas Musica.[1]
§ 2. Dieselbe ist entweder consonans oder dissonans.
§ 3. Dyas consonans oder harmonica ist / wenn zwey wohl zusammen klingende soni oder Klaenge leicht unterschieden / und mit einer Annehmligkeit und Liebligkeit ins Gehoer fallen.
§ 4. Dyades harmonicae, welche man auch consonantias oder concordantias nennet / seyn entweder simplices oder compositae.[2]
§ 5. Simplices seyn / welche die Octav nicht überschreiten. [. . .]
§ 7. Dyades simplices harmonicae seyn entweder perfectae oder imperfectae.[3]
§ 8. Perfectae seyn / Unisonus,[4] Octava, Quinta und Quarta. [. . .]

§ 13. Quarta wird von etlichen nicht für eine consonanz, sondern vor eine dissonanz gehalten: Wie sehr sie aber irren / wird kuenfftig bewiesen werden; Jedoch gestehen wir gerne / daß sie / wenn ihr groesserer sonus nicht fundamentalis ist / als eine dissonantia gebraucht werde. Ihre proportio ist sesquitertia: Denn der groessere oder tieffere Klang verhaelt sich gegen den kleinen / wie 4. gegen 3.[5]

§ 14. Imperfectae concordantiae seyn tertia major; tertia minor; sexta major und sexta minor.[6]

Das XIX. Capitel
Von denen Dissonantiis

§ 1. Ein Componist soll die Natur und Wesen der Dissonantien billich rechtschaffen wissen / nicht nur allein / daß er sie vermeiden / sondern auch / daß er sie zu rechter Zeit setzen koenne: Denn ihr Gebrauch ist nicht geringe in der Composition; Sintemal ein Musicalisches Stücke nicht wenig dadurch gezieret wird. Sie seyn die Finsternis; die Consonantiae das Licht: Das Licht würde uns so angenehm nicht seyn / wenn es immer Tag und niemals Nacht waere. Sie seyn das Bittere / die Consonantiae das Suesse: Das Suesse wuerde uns nimmermehr so wohl schmaecken / wenn wir das Bittere nicht gekostet haetten. Sie seyn das Schwartze / die Consonantiae das Weisse: Nimmermehr ist die blosse weisse Farbe den Augen so angenehm / als wenn sie mit der schwartzen schattiret ist. Dannenhero handeln wir hier billich von denen Dissonantien / nach dem uns die Consonantien bekant seyn / weil jene diese rechtschaffen angenehm machen.

§ 2. Dissonantiae (Dyades dissonantes oder Discordantiae) seyn / welche ihr Wesen haben in proportionibus disconvenientibus,[7] und deren Soni sich mit einander nicht vertragen koennen / sondern dem Gehoer einen Verdruß verursachen.

§ 3. Der Dissonantien seyn unzehlich viel: Denn alle Intervalla, so nicht consoniren / seyn dissonantiae. Wir wollen aber hier allein handeln von denen Dissonantiis, so in Compositione und fuernemlich in Syncopatione[8] ihren Nutzen und Gebrauch haben.

§ 4. Zuvorher aber muß ich die Herren Orgel-bauer freundlich erinnern / daß sie ihre gebauete oder renovirte Orgelwercke fein rein stimmen. Denn so sie dieses unterlassen / versuendigen sie sich beydes an GOTT / und an ihren Nechsten. An GOTT versuendigen sie sich / 1. weil sie die Kirchen betruegen / und ihnen Dissonantien fuer Consonantien / ein abscheuliches Geheule / für eine wohlklingende Music umb grosses Geld verkauffen: 2. Weil sie GOTTes Ehre hintertreiben / indem sie die Devotion, so eine reine / wohlgestimmte und wohl/gespielte Orgel verursachen kan / vernichten / und den Auditoribus, an statt der Andacht einen Verdruß und Widerwillen machen. An ihren Nechsten versuendigen sie sich: 1. Weil sie demselben an seinem Christenthum hinderlich seyn / und ihm die Andacht verstoeren: 2. Weil sie mit ihren unreinen Pfeiff- oder vielmehr Heul/werck zu wege bringen / das die Organisten und Directores Musices verachtet werden / als ob sie falsch musicirten / und nichts denn lauter Saeue machten. Welchem Unheil allem ein gewissenhaffter Orgel-bauer mit einem ziemlichen Fleiß und weniger Mühe vorkommen kann.

§ 5. Die Herren Musici Instrumentales werden ingleichen freundlich erinnert / daß sie ihre beseytete Instrumenta rein und wohl stimmen / recht greiffen / und auf den Posaunen rechte Zuege machen wollen / damit die Music, so zu GOTTes Ehren angestellet wird / nicht verschimpffet werde.

§ 6. Die Herren Cantores moegen gleicher Weise acht haben / daß ihre Vocalisten die Stimme nicht unter sich oder ueber sich ziehen / sondern fein rein und recht singen. Denn gewißlich alle diejenigen / so ein Musicalisches Stueck mit sothanen Dissonantien verderben / seyn nicht Musicanten / sondern Mausicanten zu nennen / weil sie demselben alle Annemligkeit mausen. Unter diesen Mausicanten haben die jenigen Orgel-bauer / welche ihre Wercke nicht rein stimmen / demselben nicht gnugsamen Wind geben / und sonst verhuempeln und verstuempeln / billich die Oberstelle und den Vorzug / weil sie mit ihren unreinen und verhuempelten Orgelwercken beydes Instrumentisten und Vocalisten confundiren / und ihnen alle Kunst wegmausen.

§ 7. Aber zur Sachen; Die Dissonantiae, so in Compositione, celeri progressu[9] vorkommen / werden einem Musico Practico leicht zur Gnuege bekant seyn: darumb wollen wir uns nicht lang damit aufhalten: Jedoch wollen wir etwas weniges sagen von denselben / so in Syncopatione ihren sonderlichen Nutzen und Gebrauch haben / welche seyn Secunda, Semidiapente, Septima und Quarta Non-fundata.[10]

§8. Secunda ist entweder Semitonium oder Tonus.[11]

§9. Semitonium ist Majus und Minus. Majoris Proportio ist Sesquidecima-quinta: Minoris sesquivigesima quarta, dieses wird in syncopatione nicht gebraucht / aber wohl jenes.[12]

§10. Tonus ist auch Major und Minor: Majoris Proportio ist sesquioctava: Minoris sesquinona.[13]

§11. Der Unterschied unter einem Tono majore und minore ist Comma, dessen Proportio ist Sesquioctogesima.[14]

§12. Was etliche Ignoranten von dem Commate für albere Grillen haben / als daß Semitonium majus 5; minus 4 Commata haben solle / und dergleichen / wollen wir kuenftig mit einer zuechtigen und erbaren refutation[15] erwehnen: Itzt will die beliebte Kuertze solches nicht leyden.

§13. Semidiapente oder die falsche Quint ist umb ein Semitonium minus kleiner / als die rechte Quint. Ist also ihre proportio superpartiens undecim vigesimas quintas.[16]

§14. Septima ist entweder major oder minor.

§15. Septimae majoris proportio ist superpartiens septem octavas: Minoris superpartiens quatuor quintas.[17]

§16. Quarta ist eigentlich keine Dissonantz, sondern vielmehr eine Consonantz / wird aber / wenn sie non-fundata ist / das ist, wenn ihr unterer Sonus in der unterste Stimme sich befindet / nicht anders als eine Dissonantia tractiret / wiewohl sie wenig mehr Freyheit hat.[18]

§17. Von den uebrigen Dissonantien / als semidiatessaron, Tritono, Quinta superflua, semidiapason, Octava superflua[19] und andern ist nicht noethig viel Worte zu machen / entweder weil sie einem Musico Practico schon bekant / oder doch leicht bekant koennen werden.

Das XXste Capitel

Wie die Dissonantiae in celeri progressu zugebrauchen.

§1. Die Dissonantiae werden auf zweyerley Weise in Musica Poetica[20] gebraucht / entweder in celeri progressu, wenn die Noten geschwinde fortgehen / oder in Syncopatione.

§2. In celeri progressu koennen halbe Tacte / Viertel-geschwaentzte und geschwinde Noten dissoniren / nicht aber ein gantzer Tact, viel weniger eine groessere Note.[21]

§3. Die obgesagten kleinen Noten / wofern sie dissoniren moegen / muessen ordentlich fortgehen / nicht springen.[22]

Wolffgang Caspar Printzens... Phrynis oder Satyrischer Componist... Erster Theil. Quedlinburg: Christian Okel 1676, Cap. XII, XIX, XX. (Im Original sind alle fremdsprachlichen Termini gesperrt gedruckt.)

Anmerkungen

1 Durch gleichzeitiges Erklingen zweier „musikalischer Töne" entsteht, ein „musikalischer Zweiklang" (griech. dyas = Zweiheit).

2 „Harmonische Zweiklänge" sind „einfach oder zusammengesetzt" (Beispiel: Eine Duodezime ist aus Oktave und Quinte zusammengesetzt).

3 Einfache harmonische Zweiklänge sind entweder vollkommen oder unvollkommen.

4 Unisonus = Einklang, Prime (Die Quarte wird gewöhnlich nicht zu den vollkommenen Konsonanzen gezählt.)

5 Proportio = Verhältnis der Saitenteilung bzw. Schwingungsverhältnis; sesqui- (lat. = semique) eigentlich halb, um die Hälfte mehr. Zur konsonanten Behandlung der Quarte vgl. Cap. XIX, § 16

6 unvollkommene Zusammenklänge: Große Terz, kleine Terz, große und kleine Sexte

7 nicht übereinkommende Zahlenverhältnisse

8 Dissonanzen, die als Vorhalt gebraucht werden. Vgl. z. B. Sept-Vorhalt: a) konsonante Vorbereitung, b) dissonanter Vorhalt auf betonte Zeit, c) Lösung in Konsonanz

9 Dissonanzen im schnellen Durchgang, vgl. Cap. XX

10 Vorhaltsdissonanzen: Sekunde, verminderte Quinte, Septe und „nicht gegründete Quarte", d. h. eine Quarte, die nicht von einer tieferliegenden Quinte oder Terz gestützt wird, also eine Quarte in der untersten Stimme

11 Halbton oder Ganzton

12 Semitonium majus: diatonischer (natürlich-harmonischer) Halbton, z. B. h-c, Proportion 16:15. Semitonium minus: chromatischer Halbton, z. B. c-cis, Proportion 25:24.

13 Großer Ganzton (= pythagoräischer Ganzton), Proportion 9:8 (Ein großer Ganzton ist die Differenz zwischen Quinte und Quarte). Kleiner Ganzton: Proportion 10:9 (Ein kleiner Ganzton ist die Differenz zwischen großer Terz und großem Ganzton, bzw. zwischen großer Sexte und Quinte.)

14 Differenz zwischen großem und kleinem Ganzton = syntonisches Komma, Proportion 81:80

15 Refutation = Widerlegung
5 syntonische Kommata = 5 mal 21,5 Cent = 107,5 Cent; diatonischer Halbton = 111,7 Cent. Maßeinheit: 1200 Cent = 1 Oktave, 100 Cent = temperierter Halbton

16 Semidiapente/falsche Quinte: verminderte Quinte, Proportion 36:25

17 große Septe, 15:8; kleine Septe, 9:5

18 Im drei- und mehrstimmigen Satz gilt eine Quarte in den oberen Stimmen als Konsonanz, mit der unteren Stimme (quarta non-fundata) aber als Dissonanz (vgl. die Dreiklangsumkehrungen Sextakkord und Quartsextakkord).

19 verminderte Quarte, übermäßige Quarte, übermäßige Quinte, verminderte Oktave, übermäßige Oktave

20 Musica poetica: allgemein Kompositionslehre, insbesondere auch musikalische Figurenlehre

21 Im (schnellen) Durchgang können unbetonte Töne – Achtel, Viertel, im $^4/_2$-Takt auch 2. und 4. Halbe – dissonieren.

22 Dissonante Töne (auf unbetonter Zeit und in kleinen Notenwerten) sind nur erlaubt im Durchgang (a) oder als Drehdissonanz (b); vgl. das Notenbeispiel. Die Quarte (c) wäre eigentlich „non-fundata", sie springt jedoch ab.

Literatur

Dahlhaus, C.: Artikel „Konsonanz – Dissonanz". In: Die Musik in Geschichte und Gegenwart, Bd. 7. Kassel: Bärenreiter 1958, Sp. 1500–1516

Musikalische Rhetorik und Figurenlehre

Nachtmusik Leipziger Studenten. Das Spruchband lautet: Die Nacht, die Liebe und der Wein raten nicht zu gemäßigtem Tun (nach Ovids „Amores“ 1, 6, 59) (Picander, Ernst-, Schertzhaffte und Satyrische Gedichte, I, Leipzig 1729)

Johann Sebastian Bach (1685–1750) schrieb eine größere Anzahl von Choralvorspielen, die zumeist in Sammlungen überliefert sind. Deren bekannteste ist das 1717 in Weimar entstandene „Orgelbüchlein", das den im folgenden von Arnold Schmitz besprochenen Orgelchoral „Durch Adams Fall ist ganz verderbt" enthält.
Affektgehalt und Bildlichkeit als das besondere und eigentliche Wesensmerkmal des Orgelchorals „Durch Adams Fall ist ganz verderbt" bestimmten jeweils Verfahren und Zielsetzungen der verschiedenen Analysen und Interpretationen dieses Werkes.
Der Versuch, ausgehend vom Sinngehalt des Textes, nach musikalischen Entsprechungen zu fahnden, führte zur Tonsymbolik Scherings, die auch der Annahme Spittas und Schweitzers, es handle sich um Tonmalerei, zugrunde lag. Vor allem der Text der ersten Choralstrophe bildete stets den Ausgangspunkt für tonmalerische oder tonsymbolische Deutungen. Er lautet:

Durch Adams Fall ist ganz verderbt
menschlich' Natur und Wesen,
dasselb' Gift ist auf uns geerbt,
daß wir nicht konnt'n g'nesen

ohn' Gottes Trost, der uns erlöst
hat von dem großen Schaden,
darein die Schlang' Evam bezwang,
Gott's Zorn auf sich zu laden.

Ausgangspunkt für die Untersuchungen von Arnold Schmitz zur Bildlichkeit der wortgebundenen Musik Johann Sebastian Bachs ist die Annahme, daß „Bildlichkeit" ein Wesensmerkmal Bachscher Musik sei und daß „das Problem der Bildlichkeit in der wortgebundenen Musik Bachs und seiner Epoche mit der musikalischen Oratorie aufs engste zusammenhängt und nur von dort her gelöst werden kann".
Den bildhaften Charakter der wortgebundenen Musik Bachs führt Schmitz auf die konsequente Verwendung musikalischer Figuren wie Saltus und Passus duriusculus, Tmesis, Parrhesia und Antitheton im Sinne einer musikalischen Oratorie zurück. Unter Oratorie versteht Schmitz die angewandte musikalische Rhetorik, wobei diese in Analogie zur sprachlichen Rhetorik zu sehen ist. Historisch betrachtet reichte die musikalische Oratorie als kompositorischer Lehrgegenstand bis Bach und Händel, ja sogar über diese hinaus. Sie wurde mündlich vom Lehrer dem Schüler weitergegeben; daneben ist sie aber auch in schriftlicher Form in Traktaten und Lexika überliefert. „Sie entwickelte sich in Anlehnung an die Rhetorik. In den Lateinschulen und an den Universitäten vorzugsweise auf der Grundlage der Institutiones oratoriae des Quintilian gelehrt, war sie ein selbstverständliches Bildungsgut auch der Musiker. Dabei wurden die Mittel musikalischer Rhetorik ebenso angewandt wie die Mittel der sprachlichen Rhetorik und nicht etwa bloß sinnbildlich gehandhabt."
Auf hermeneutischer Grundlage versucht Schmitz durch das Aufzeigen musikalischer Figuren, die zugleich „Träger des Affektausdrucks" sind, den Beweis für die eingangs zitierte These zu erbringen.
Die quellenkritisch abgesicherte Begründung für sein Vorgehen sieht der Verfasser einmal in den Werken Bachs selbst und zum anderen in der bei Scheibe (Critischer Musikus, 1745) wiedergegebenen Äußerung des Magister Johann Abraham Birnbaum, Dozent der Rhetorik an der Universität Leipzig. Dieser bestätigt ausdrücklich dem befreundeten Thomaskantor Bach Sicherheit im Umgang mit der „ars oratoria": „Die Theile und Vortheile, welche die Ausarbeitung eines musikalischen Stücks mit der Rednerkunst gemein hat, kennet er so vollkommen, daß man ihn nicht nur mit einem ersättigenden Vergnügen höret, wenn er seine gründlichen Unterredungen auf die Aehnlichkeit und Uebereinstimmung beyder lenket; sondern man bewundert auch die geschickte Anwendung derselben in seinen Arbeiten."
Der nachfolgend abgedruckten Besprechung des Orgelchorals „Durch Adams Fall ist ganz verderbt", die als in sich geschlossener Abschnitt innerhalb der Arbeit von Arnold Schmitz gelten kann, gehen Untersuchungen zu verschiedenen anderen Werken Bachs voraus.

13. Arnold Schmitz: Die Bildlichkeit der wortgebundenen Musik Johann Sebastian Bachs, dargestellt am Orgelchoral „Durch Adams Fall ist ganz verderbt"

Das nächste Beispiel sei der Orgelchoral „Durch Adams Fall ist ganz verderbt" aus dem Orgelbüchlein. Dieser Satz ist einer der merkwürdigsten, die Bach geschrieben. Seine verzwickte Harmonik hat schon viel Kopfzerbrechen verursacht, seine starke Bildhaftigkeit wurde früh bemerkt; Spitta genierte sich fast, auf das Fallmotiv im Pedalbaß noch besonders hinweisen zu müssen.[1] Schweitzer nennt den Tonsatz ein „grausiges Lied von der Ursünde", bezeichnet aber nur das „äußerliche Bild" von Adams Fall im ostinaten Fallmotiv und von der Schlange in den Windungen der Mittelstimme.[2] Luedtke meint außerdem zeigen zu müssen, „wie in den Mittelstimmen durch das Schillern und Schwanken zwischen Dur und Moll die verführerische Schlange gemalt wird", und er wundert sich mit Recht, „wie stark gefühlsmäßig Bachs Musik trotz dieser malerischen Grundlage wirkt".[3] Nach Goldschmidt zeigt dieser Orgelchoral bei Bach den Übergang von der Tonmalerei in die Tonsymbolik: „In der Choralbearbeitung des „Falls Adams" ist die tonmalerische Grundlage zur freien Charakteristik ausgebaut ... Die Rhythmik und die fallende Tonbewegung schildern den Vorgang des Fallens, die verminderten Septimen haben natürlich nichts Tonmalerisches, sind vielmehr eine freie Charakteristik des Begriffes Sünde. Auch diese Wendung gehört also zu einem Teil in die freie Charakteristik tonsymbolischer Art".[4] Dietrich spricht symbolisch von der „Sündenchromatik" in der Kontrapunktik der Mittelstimmen.[5] Nach Rahner ist „der durch die chromatische Linienführung erreichte Dur-Moll-Wechsel, der zu Anfang ... immer von Dur nach Moll geht, im zweiten Teil aber ... das Moll ins Dur überführt" ein Symbol der „christlichen Erlösungsidee".[6] Keller findet in der von Dur nach Moll „alterierten" Terz die „Verderbnis" gemalt.[7] Die Liste dieser Urteile könnte noch verlängert werden, Neues würde sie nicht bringen. Sie zeigt besonders deutlich, wo die Hypothese vom „Malerischen" bei Bach stecken bleibt und wohin die ungesicherte „Symbol"-Hypothese führt. Wir wollen gerade an diesem Schulbeispiel sehen ob wir mit der Figuren-These nicht doch erheblich weiter, d. h. näher an Bach herankommen. Selbstverständlich kann man sich auch von der Figurenlehre aus vergreifen, aber nur, wenn man die Figuren zu eilfertig anspricht oder die verwandten nicht scharf genug auseinanderhält bzw. nicht mit berücksichtigt. Würde man z. B. in diesem Tonsatz das Fallmotiv schlechthin als eine Hypotyposis[8] ansprechen und sich damit begnügen, so wäre in der Tat noch nichts gewonnen. Ob ich hier einfach sage „Fallmotiv" oder anspruchsvoller „Hypotyposis", bleibt noch unerheblich. Aber Adams Fall ist kein beliebiger Fall. Dies Fallmotiv bei Bach zeigt bestimmte Eigenschaften. Es verwendet nur dreimal den reinen Quintensprung a–d abwärts, im übrigen aber ist es stets ein Saltus duriusculus[9] der verminderten oder der kleinen oder der großen Septime abwärts. Man muß daran denken, daß der Saltus duriusculus, obwohl an sich nur eine musikalische Figur,[10] d. h. eine Figur, die in ihrer Bezeichnung nicht auf eine namens- und bedeutungsgleiche Figur der Rhetorik hinweist, dennoch rhetorisch verwendet werden konnte, und daß er als rhetorische Figur Bildlichkeit und Affektausdruck annehmen kann. Die Richtung, in der dies beim Saltus duriusculus erfolgen kann, ist durch die Benennung der Figur angedeutet. Die gehäufte Anwendung des Saltus duriusculus hintereinander im Pedalbaß erzwingt geradezu den Eindruck „hart". Dieser Fall ist hart. Der große Septimensprung abwärts (h–C, a–B, dis–E) kann aber noch in einem anderen Sinne bildhaft wirken. Charakteristisch für diesen Sprung ist, daß der obere Leitton (h, a, dis) nicht seine natürliche Auflösung einen Halbton höher findet, sondern daß es, abkippend, in die untere Oktav dieses natürlichen Auflösungstones geht. Das kann eine besondere Hypotyposis sein, eng verbunden mit dem Saltus duriusculus, und bezeichnet dann einen Sprung kopfüber. Solche Sprünge finden sich allerdings häufig bei Bach, besonders in instrumentaler Faktur und im Baß. Sie finden sich auch bei anderen Meistern seines Zeitalters, und zwar auch in der textgebundenen Musik. Einem besonders interessanten Beispiel begegnet man in der Luzifer-Arie „Caddi ver“ aus Händels „Resurrezione“:

(1)

Auch hier handelt es sich zweifellos um den Saltus duriusculus, angewendet zugleich als bildhafte und stark affekthaltige Figur. Bach betont den Saltus duriusculus im Pedalbaß seines Orgelchorals noch auffallender und nachdrücklicher. In anschaulicher Weise beschreibt er mit dieser Figur Adams Fall als hart und als einen Sturz kopfüber. Die Vorstellung „kopfüber“ findet sich zwar nicht im Choraltext, konnte aber Bach von jener orthodoxen Theologie her vertraut sein, in der seine Frömmigkeit geschichtlich wurzelt.[11] In der Erklärung des Status corruptionis heißt es bei Quenstedt: „St. corrupt. est status, in quem homo voluntarie sua a summo bono defectione se praecipitem dedit . . .“[12] ‚Praeceps' ist überaus anschaulich.

Der Ansatz des Saltus duriusculus im Pedalbaß ist des öfteren eine Dissonanz, von der abgesprungen und die wider die Grundregel aufgelöst wird, so das B im 4., das h im 5., das d im 6., das c im 9. Takt (vgl. Notenbeispiel 2). Das ist die Anwendung der Katachresis[13], die nach ihrem Namen und nach der Erklärung der Figurenlehre (J. G. Walther) uneigentlichen Gebrauch, „Mißbrauch“ bedeutet. Auf Adams Fall bezogen heißt das: mit ihm ist Mißbrauch verbunden. Man versteht das in diesem Zusammenhang leicht als Mißbrauch des freien Willens (vgl. das „voluntarie“ in Quenstedts Definition).

Die Eigenart des Pedalbasses ist nicht allein durch den Saltus duriusculus, die Hypotyposis und die Katachresis bezeichnet, auch die mit Pausen durchsetzte Pedalmotivik will beachtet werden. Dies wiederum ist nicht mit dem Hinblick auf ein stilgeschichtliches Vorbild (Buxtehude) erklärt.[14] Die Pausen verraten den Gebrauch einer Figur. Es ist die Tmesis, die in der musikalischen Figurenlehre bei Vogt und Spieß erwähnt und ähnlich wie die Suspiratio gedeutet wird.[15] Bach gebraucht sie hier wörtlich und bildhaft im Sinne der Zerschneidung oder „Zerteilung“ (Vogt). Eine Suspiratio hätte er nicht gerade im Baß, sondern natürlicher in einer höher liegenden Stimme angesetzt. Die Tmesis greift nun tief in das Gefüge des Tonsatzes ein. Zerschnitten – und zwar durch Pausen – ist nicht nur der Pedalbaß, wie er im Notenbild sichtbar wird, er erscheint auch herausgeschnitten aus der unteren Randstimme des Tonsatzes. Das wird sofort deutlich, wenn man sich die übergeordnete Zweistimmigkeit des ganzen Satzes vergegenwärtigt.

(2)

Hier erweist sich die untere Randstimme (auf Achtelbewegung reduziert) als in sich aufgespalten, und zwar in zwei Spaltstimmen, von denen ich die eine nach oben, die andere nach unten gestielt habe, dies durchgehend in Notenbeispiel 2; die nach unten gestielte ergibt den Pedalbaß. Nun greift aber auch noch die eine Spaltstimme in den natürlichen Duktus der andern über. Der natürliche Duktus in der oberen Spaltstimme ist mit –, der unteren mit * bezeichnet; diese Bezeichnung ist in Notenbeispiel 2 nur an der ersten Choralzeile durchgeführt. Das Übergreifen einer Stimme in den Duktus der anderen macht die Figur der Heterolepsis[16] aus. Heterolepsis heißt, das andere ergreifen, Übergriff. Tmesis (Spaltung) und Heterolepsis (Übergriff), eng vereint, bezeichnen Adams Fall als Abfall, und da diese Figuren an der Fundamentstimme und von deren Wurzel her angesetzt sind, ist er als ein fundamentaler und radikaler Abfall (defectio) charakterisiert. Das berührt sich wiederum mit Quenstedts Definition vom Status corruptionis.
Was die Behandlung der Mittelstimmen angeht, so darf man bei der gewundenen Linienführung eine Hypotyposis annehmen (Bild der Schlange). Allein das ist nicht die einzige Figur in den Mittelstimmen. Gerade hier wurde auch Chromatik angesprochen. Dietrich führt diese vermeintliche Chromatik ebenso wie die Chromatik des Chorals „Das alte Jahr vergangen ist“ (Orgelbüchlein) auf die Technik der ‚partite cromatiche‘ zurück, und stellt beide Stücke der Variation 8 aus Bachs „Partite diverse sopra O Gott, du frommer Gott“ an die Seite.[17] Als Figur liegt der Anwendung der Chromatik in dieser Variation wie auch in dem Choral „Das alte Jahr vergangen ist“ die Pathopoeia zu Grunde, verstanden nach Burmeister und Thuringus.[18] Im Klangbild des Satzes „Durch Adams Fall“ erscheint aber

die Pathopoeia nicht überzeugend genug, da die für sie bezeichnenden Halbton-Schritte zu oft durch Wechseltöne umgangen oder durch Ganzton-Schritte überholt werden:

(3)

Viel klarer zeigen sich in den Mittelstimmen der Saltus duriusculus und jener Passus duriusculus, den Bernhard Tract. Cap. 29 unter Ziffer 4 beschreibt („wenn der Gang zur Secunde allzugroß oder zur Tertie zu klein, oder zur Quarta und Quinta zu groß oder zu klein ist").[19]

(4)

Das ist keine Chromatik. Wenigstens will noch Bernhard den Passus duriusculus von Chromatik unterschieden wissen. Passus und Saltus duriusculus machen das gesamte Klangbild hart und rauh. Dazu gesellt sich eine Parrhesia (harmonisch) in Takt 11, gebildet in der Verbindung $VI\text{-}III_1$ durch das querüber gestellte dis-d' und fis'-f (‚relatio non harmonica', vgl. Notenbeispiel 5). Die Anwendung dieser Figuren entspricht offenbar dem Textwort „ganz verderbt" (1. Strophe).

Passus und Saltus duriusculus sowie die Parrhesia dringen jedoch nicht in den harmonischen Stufengang dieses Tonsatzes ein. Wie die Skizze des stellenweise sehr komplizierten akkordlichen Satzgefüges im Notenbeispiel 2 zeigt, bleibt der harmonische Stufengang erstaunlich einfach, klar und kräftig. (Notenbeispiel 5)[20]

Fragen wir nach der Rangordnung der bisher festgestellten Figuren in diesem Tonsatz, so fällt eine Entscheidung schwer. Tmesis und Saltus duriusculus sind Hauptfiguren, nicht nur weil sie klanglich besonders auffallend hervortreten, sondern vor allem auch, weil sie am Fundament des Satzes erscheinen. Zudem greift die Tmesis besonders tief in das Gefüge ein. Der in den Mittelstimmen hervortretende Passus duriusculus ist aber ebenfalls wichtig, und vielleicht kann man nur von der Hypotyposis sagen, daß sie hier eine Nebenrolle spielt.

Nur eine Hypotyposis, Passus und Saltus duriusculus in den Mittelstimmen und Parrhesia[21] sind in unserm Orgelchoral auf den Sinn bestimmter Wörter („Schlange", „ganz verderbt") gerichtet. Die anderen Figuren erklären, sich in ihrer Bildlichkeit ergänzend, was Adams Fall ist. Wir hören sehend – wie die Zeit Bachs und Händels – nachdem wir die Figuren mit Hilfe der geschichtlichen Figurenlehre angesprochen haben und durch ihren Namen auf die Bildlichkeit gelenkt wurden, daß Adams Fall ein harter Fall verbunden mit Mißbrauch ist, ein Sprung kopfüber, ein Übergriff, vor allem aber radikaler Abfall. Das ist kein musikalischer Reflex tiefsinniger theologischer Spekulation, sondern einfacher christlicher Wahrheit.

(5)

Dasselbe sagt auch der Choraltext, zwar nicht durchweg mit dem Wortsinn seiner Strophen, wohl aber mit seinem Scopus.[22] Sein Scopus ist, über Adams Fall zu belehren, zugleich allerdings auch über Gottes Trost durch das göttliche Wort. Eben dies ist auch Bachs Scopus. Durchaus nicht einseitig ist nämlich Bachs Tonsatz mit seinen Figuren nur auf Adams Fall gerichtet. Er kontrastiert kontrapunktisch zu der ungebrochenen Choralmelodie der Oberstimme die stark gebrochene unterste Stimme. Das ist wiederum die Anwendung einer Figur, des Antitheton[23], verstanden nach der strengen Definition der musikalischen Figurenlehre als kontrapunktischer Gegensatz. Das Antitheton bestimmt in diesem Tonsatz das Verhältnis der beiden Randstimmen zueinander und ist daher die übergeordnete Figur. Sie besagt hier in ihrer Anwendung, daß Gottes Wort – das ist die gesungene Choralmelodie – Adams Fall gegenüber steht. Der Scopus des Tonsatzes deckt sich also mit dem Scopus des Textes.

Das Beispiel zeigt uns, wie wichtig es ist, bei Bach nicht nur auf den Sensus zu achten, wobei sich allerdings meist eine Beziehung zu einer bestimmten Strophe ergibt, sondern auch auf den Scopus, wodurch sich die Beziehung zum Ganzen ergibt. Weiter zeigt uns dieses Beispiel besonders eindringlich, daß Bach in seiner musikalischen Oratorie nicht nur „ergreift" und „ergötzt", sondern auch „belehrt". Von den drei Hauptaufgaben des Redners, dem docere, movere, delectare[24] hat er hier das docere sogar besonders betont. Der Choral von Adams Fall ist an sich schon ein Lehrstück. Man möge sich aber auch erinnern, daß Bach im Titel des Orgelbüchleins auf das Belehren besonders anspielt („Dem Höchsten Gott allein zu Ehren, dem Nechsten draus sich zu belehren"). Der Nächste ist hier nicht der Kunstjünger, der „anfahende Organist", den Bach ja schon vorher eigens angesprochen hat, sondern der Hörer dieser Stücke überhaupt. Und das Belehren heißt im Sinne Bachs: durch musikalische Oratorie belehren.

A. Schmitz: Die Bildlichkeit der wortgebundenen Musik Johann Sebastian Bachs. Mainz: Schott 1950, S. 68–75. Nachdruck Laaber: Laaber-Verlag 1976

Anmerkungen

1 *Spitta, J. A. Ph.: J. S. Bach. Bd. I. Wiesbaden: Breitkopf & Härtel ³1949, S. 593*

2 *Schweitzer, A.: J. S. Bach. Wiesbaden: Breitkopf & Härtel 1908, S. 264 und 450*

3 *Luedtke, H.: J. S. Bachs Choralvorspiele. In: Bach-Jahrbuch 15 (1918), S. 60*

4 *Goldschmidt, H.: Tonsymbolik. In: Zeitschrift für Aesthetik und allgemeine Kunstwissenschaft XV (1921), S. 10f.*

5 *Dietrich, F.: J. S. Bachs Orgelchoral und seine geschichtlichen Wurzeln. In: Bach-Jahrbuch 26 (1929), S. 47*

6 *Rahner, H. B.: Max Regers Choralfantasien für die Orgel. Kassel: Bärenreiter 1936, S. 16f.*

7 *Keller, H.: Die Orgelwerke Bachs. Leipzig: Breitkopf & Härtel 1948, S. 164*

8 *Hypotyposis (griech., Abbildung): Sammelbezeichnung für eine Reihe von speziellen musikalisch-rhetorischen Figuren*

9 *Saltus duriusculus (lat., ein etwas harter Sprung): ein Melodiesprung über eine Sexte, Septime oder ein vermindertes oder übermäßiges Intervall*

10 *Vgl.: Die Kompositionslehre Heinrich Schützens in der Fassung seines Schülers Christoph Bernhard. Eingeleitet u. hrsg. v. J. M. Müller-Blattau. Leipzig: Breitkopf & Härtel 1926, S. 71*

11 *Besch, H.: J. S. Bach. Frömmigkeit und Glaube. Kassel: Bärenreiter 1930, S. 202ff.*

12 *„Der Stand der Sünde ist der Stand, in den sich der Mensch freiwillig durch seinen Abfall vom höchsten Gut kopfüber hineinbegibt." Zitiert nach Schmid, H.: Die Dogmatik der Evangelisch-Lutherischen Kirche. Frankfurt am Main: 6 (1876), S. 166*

13 *Katachresis (griech., Mißbrauch): wider die Regel, aber dennoch kunstvoll aufgelöste Dissonanz*

14 *Vgl. Dietrich, F.: a. a. O., S. 50f.*

15 *Tmesis (griech., Einschnitt): Unterbrechung des Melodie- bzw. Sprachflusses durch eine oder mehrere Pausen; wird auch als Suspiratio bezeichnet.*
Mauritius Johann Vogt (1669–1730), Geistlicher, der in seinem „Conclave thesaurum artis musicae" (Prag 1719) ein vollständiges Kompendium der Tonkunst seiner Zeit vorlegte.
Meinrad Spieß (1683–1761), Prior in Kloster Irsee, galt in seiner Zeit als musikalische Autorität.
Vgl. auch Unger, H. H.: Die Beziehungen zwischen Musik und Rhetorik im 16.–18. Jh. In: Musik und Geistesgeschichte IV (1941)

16 *Heterolepsis (griech., Ergreifen eines anderen Gegenstandes): unregelmäßige Dissonanzbildung oder -auflösung durch Springen zu einem Ton, der nach den Regeln des strengen Satzes nur in einer anderen Stimme erscheinen kann. Zum Begriff der Heterolepsis vgl. auch Bernhard (a. a. O., S. 87ff. und „Ausführlicher Bericht", a. a. O., S. 152)*

17 *Dietrich, F.: Geschichte des deutschen Orgelchorals im 17. Jahrhundert. In: Heidelberger Studien zur Musikwissenschaft I. Kassel: Bärenreiter 1932, S. 69*

18 Pathopoeia (griech., Erregung der Leidenschaften): Verwendung von Halbtönen, die nicht zur Tonart des Stückes gehören
Vgl. Unger, H. H.: a. a. O., S. 86. Möglicherweise ist Pathopoeia identisch mit der Figur, die Bernhard (a. a. O., S. 77 f.) als Passus duriusculus beschreibt („Passus duriusculus, einer Stimmen gegen sich selbst, ist, wenn eine Stimme ein Semitonium minus steiget, oder fället").
Joachim Burmeister (1566–1629) und Joachim Thuringus, deutsche Musiktheoretiker des 16. und 17. Jahrhunderts

19 Passus duriusculus (lat., ein etwas harter Gang): ein unnatürlicher melodischer Gang. Am häufigsten tritt der Passus duriusculus als chromatischer Quartgang auf.

20 Erläuterung der Akkordsymbole (vgl. P. Hindemith: Unterweisung im Tonsatz):

A Klänge ohne Tritonus

- I Ohne Sekunden/Septimen
  - 1 Grundton = Baßton
  - 2 Grundton höher
- III Mit Sekunden und Septimen
  - 1 Grundton = Baßton
  - 2 Grundton höher
- V Klang unbestimmbar

B Klänge mit Tritonus

- II Ohne kleine Sekunden/große Septimen
  - a Nur mit kleiner Septime
  - b Mit großer Sekunde/kleiner Septime
    - 1 Grundton = Baßton
    - 2 Grundton höher
    - 3 Mehrere Tritoni
- IV Mit kleinen Sekunden/großen Septimen
  - 1 Grundton = Baßton
  - 2 Grundton höher
- VI Unbestimmbar. Tritonus übergeordnet

21 Parrhesia (griech., Redefreiheit): hier Gebrauch gut zusammenklingender verminderter und übermäßiger Intervalle

22 Scopus (griech.): Absicht

23 Antitheton (griech., das Entgegengesetzte), kann durch die verschiedenen, musikalisch möglichen Gegensätze (Dur-Moll, Chromatik-Diatonik, homophone-polyphone Schreibart usw.) ausgedrückt werden

24 docere, movere, delectare (lat.): lehren, bewegen, ergötzen
Volkmann, R.: Die Rhetorik der Griechen und Römer in systematischer Übersicht. Leipzig (^{2}1885). Nachdruck Hildesheim: Olms 1963

(Die originalen Anmerkungen wurden zum Teil übernommen.)

Literatur

Burmeister, J.: Musica poetica. Rostock: Stephanus Myliander 1606. Faksimilenachdruck, hrsg. v. M. Ruhnke. Kassel und Basel: Bärenreiter 1955

Kircher, A.: Musurgia universalis. Bd. II. Rom: Franciscus Corbelletti 1650. Faksimilenachdruck, hrsg. v. U. Scharlau. Hildesheim: Olms 1970, S. 144 f. (§ VIII)

Mattheson, J.: Der vollkommene Capellmeister. Hamburg: Christian Herold 1739, S. 474 ff. („Orgelchoral"). Faksimilenachdruck, hrsg. v. M. Reimann. Kassel und Basel: Bärenreiter 1954

Müller-Blattau, J. M.: Die Kompositionslehre Heinrich Schützens in der Fassung seines Schülers Christoph Bernhard. Kassel: Bärenreiter ^{2}1963

Schering, A.: Die Lehre von den musikalischen Figuren. In: Kirchenmusikalisches Jahrbuch XXI (1908), S. 106 ff.

Schmitz, A.: Die Bildlichkeit der wortgebundenen Musik Johann Sebastian Bachs. Mainz: Schott 1950

Spitta, J. A. Ph.: J. S. Bach. Wiesbaden: Breitkopf & Härtel ^{3}1949

Unger, H. H.: Die Beziehungen zwischen Musik und Rhetorik im 16.–18. Jahrhundert. In: Musik und Geistesgeschichte IV (1941)

Walther, J. G.: Musicalisches Lexicon. Leipzig: Wolffgang Deer 1732. Faksimilenachdruck, hrsg. v. R. Schaal. Kassel und Basel: Bärenreiter 1953

Die Fuge: Johann Sebastian Bach

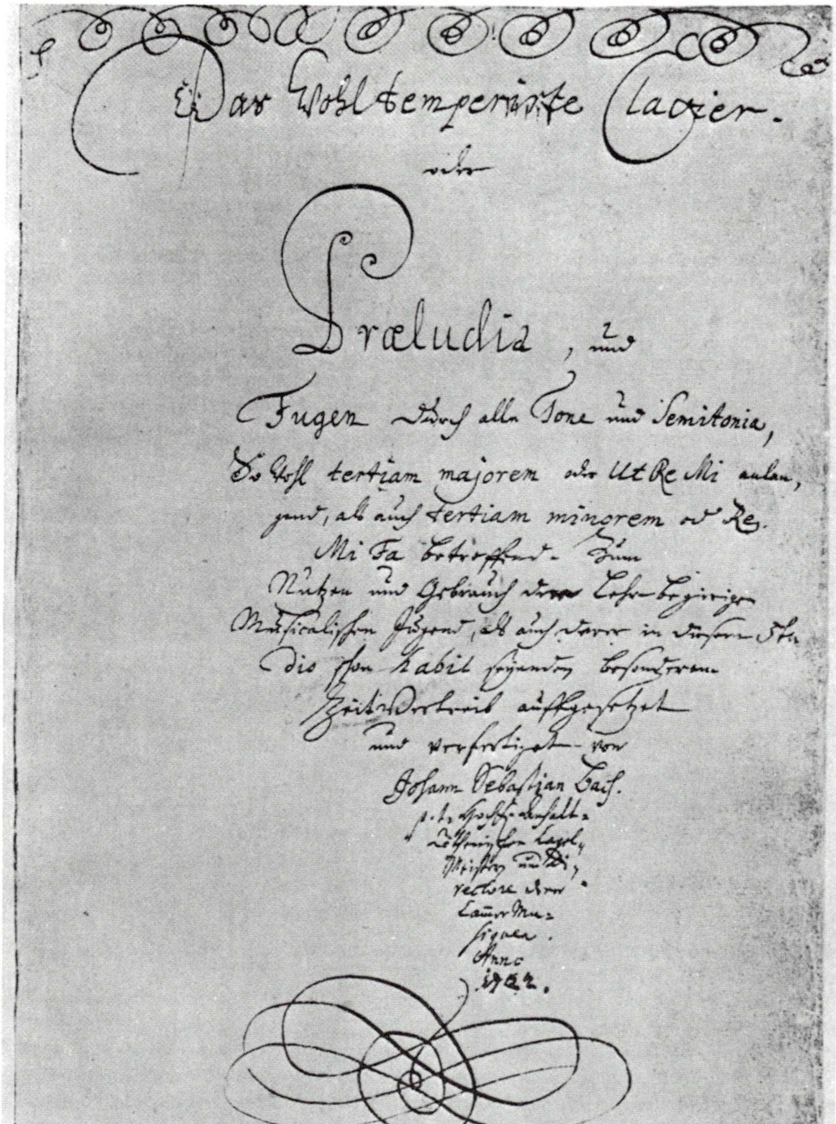
Das Wohltemperirte Clavier.
oder
Praeludia, und
Fugen durch alle Tone und Semitonia,
So wohl tertiam majorem oder Ut Re Mi anlangend,
als auch tertiam minorem oder Re
Mi Fa betreffend. Zum
Nutzen und Gebrauch der Lehr-begierigen
Musicalischen Jugend, als auch derer in diesem stu
dio schon habil seyenden besonderem
ZeitVertreib auffgesetzet
und verfertiget von
Johann Sebastian Bach.
p. t: HochFürstlich Anhalt-
Cöthenischen Capel-
Meistern und Di-
rectore derer
CamerMu-
siquen.
Anno
1722.

Titelblatt von Johann Sebastian Bachs „Wohltemperirtem Clavier“, Autograph.
(Berlin, Deutsche Staatsbibliothek, Mus. ms. Bach P 415)

Den Höhepunkt der Fugenkomposition bildet das Werk Johann Sebastian Bachs, darunter vor allem die beiden Sammlungen des „Wohltemperierten Claviers“ mit je 24 Präludien und Fugen durch alle Dur- und Molltonarten (Köthen 1722 und Leipzig 1744), ein Kompendium der Fugenkunst. Bach schreibt auf dem Titelblatt des ersten Bandes: „Das Wohltemperirte Clavier. oder Praeludia, und Fugen durch alle Tone und Semitonia, so wohl ter-

tiam majorem oder Ut Re Mi anlangend, als auch tertiam minorem od Re Mi Fa betreffend. Zum Nutzen und Gebrauch der Lehrbegierigen Musicalischen Jugend, als auch derer in diesem Studio schon habil seyenden besonderen Zeitvertreib aufgesetzet und verfertiget ...".
Als theoretische Fugenlehrwerke des 18. Jahrhunderts sind vor allem J.A. Scheibes „Compendium Musices" (ca. 1730), Matthesons „Vollkommener Capellmeister" (1739) und F.W. Marpurgs „Abhandlung von der Fuge" (1753/54) wichtig.

Johann Mattheson: Zur Fugenkomposition

Johann Mattheson (1681–1764), Komponist und Kapellmeister in Hamburg, von 1718 bis 1728 Musikdirektor am Hamburger Dom, ist uns heute vor allem durch sein schriftstellerisches Werk geläufig. Seine Arbeiten weisen ihn als den bedeutendsten deutschsprachigen Musiktheoretiker der Bachzeit aus. Seine „Grundlage einer Ehren-Pforte" (1740) ist als biographisches Quellenwerk heute noch wichtig, sein „Vollkommener Capellmeister" ist als „gründliche Anzeige aller derjenigen Sachen, die einer wissen, können, und vollkommen inne haben muß, der einer Capelle mit Ehren und Nutzen vorstehen will", eine Enzyklopädie der Musikpraxis seiner Zeit.

Matthesons Urteil über J.S. Bach ist relativ verhalten, er schätzte ihn in erster Linie als Orgelspieler. Georg Friedrich Händel, den Mattheson aus dessen Hamburger Zeit kannte, wird als Komponist und Organist gerühmt: „Insbesondere gehet wol Händeln so leicht keiner im Orgelspielen über; es müsste Bach in Leipzig seyn: Darum auch diese beyde, ausser der Alphabetischen Ordnung, oben an stehen sollen." Besonderer Wertschätzung erfreut sich der „weitberühmte" Telemann, wie der Zweizeiler in der „Ehren-Pforte" ausweist: „Ein Lulli wird gerühmt, Corelli läßt sich loben; Nur Telemann allein ist übers Lob erhoben."

14. Johann Mattheson: Von einfachen Fugen (1739)

§. 1.

Die Fuge ist ein kuenstliches Sing- oder Spiel-Stueck, oder beides zugleich, mit verschiedenen Stimmen, zwo oder mehr, da die eine der andern in gewissen Schritten nacheilet, und eben denselben Haupt-Satz wiederschlagend ausfuehret.[1]

§. 2.

Solche Kunst-Stuecke werden darum Fugen genennet, weil eine Stimme vor der andern gleichsam wegfliehet, und auf solcher Flucht, welche Lateinisch fuga heisset, so lange auf eine angenehme Art verfolget wird, bis sie sich endlich freundlich begegnen und vergleichen.

§. 3.

Es gibt gebundene und freie Fugen. Gebundene sind, wenn sich der Setzer daran bindet, daß alle Noten vom Anfange des Unterwurffs oder Fugen-Satzes, welches man Thema nennet, bis zum Ende desselben, ohne Ausnahm, nachgesungen oder nachgespielet werden sollen. Das geschiehet bisweilen mit, am meisten aber ohne Wiederschlag. Das gantze harmonische Kunst-Stueck ist dabey lauter Thema, und das Thema macht den ganzen Gesang aus. Und das sind die Canones, Kreis- und Circul-Melodien, Fughe legate, in conseguenza ec.[2]

§. 4.

Freie oder ungebundene Fugen aber sind zwar ihres Nahmens halber nicht so gaentzlich ohne Einschraenckung, als etwa die blossen Nachahmungen oder imitationes; sondern so beschaffen, daß nur eine gewisse Clausul[3], von gehoerigen Stimmen, in ihrer Ordnung nachgesungen werden darff, und also vieles dazwischen koemmt. Diese Fughe sciolte, oder ungebundene Fugen sind wiederum dreierley: einfache, vielfache, und Gegen-Fugen.

§. 5.

Was einfache Fugen sind, ist leicht zu ermessen, nehmlich: wenn nur ein Subjectum, ein Haupt-Satz, ein Thema, ohne Verkehrung, oder andre Kunstgriffe, regelmaessig im Wiederschlage durch- und ausgefuehret wird. Vielfache Fugen sind, wo mehr Subjecta, zwey, drey bis vier, doch ebenfalls ohne Verkehrung vorkommen.

§. 6.

Gegen-Fugen aber haben zwar nur einen einzigen Unterwurff[4]; doch wird derselbe auf vielfaeltige Art gehandhabet, umgekehrt und gedrehet. Diese letztern Kunst-Stuecke gehoeren eigentlich zum doppelten Contrapunct; die mittlere Art zu den Doppel-Fugen, die ersten aber, nehmlich die einfachen, sind und bleiben die vornehmsten, gebraeuchlichsten und leidlichsten, aus welchen hernach alle andre entspringen. [. . .]

§. 8.

Eine jede Fuge hat so zu reden zween Haupt-Kaempffer, welche die Sache mit einander ausmachen muessen. Der eine heißt Dux, der andre Comes. Es sind aber weder Herzoge noch Grafen. Der anhebende Satz ist der Fuehrer, auf italienisch la Guida; derselbe muß, wenn die Fuge recht ordentlich und der Ton-Art gemaeß seyn soll, entweder im Endigungs- oder im herrschenden Klange, d. i. in der Quint anheben. Andre Intervalle, als diese beiden vollkommenen, Octave und Quint, werden sonst nicht dazu gebraucht, es waere denn ausserordentlich, in der Mitte eines Stückes oder Zusammensatzes, nachdem man schon das ordentliche Wesen vernommen und gnugsam gefasset hat. Wiewohl dieses ausserordentliche Verfahren offt mehr Gefallen erwecken kan, als das gar zu ordentliche.

§. 9.

Den Anfuehrer, oder Ducem, begleitet sein Gefaehrte, oder Comes. Doch geschiehet diese Nachfolge oder Begleitung in unterschiedlichen Klaengen, um dadurch eine gewisse Nacheiferung, eine aemulationem oder einen Lust-Streit auszudruecken, als worin fast der gantze Unterschied zwischen dem Fuehrer und Gefaehrten bestehet. Hat nun jener in seinem Satze den herrschenden Klang zur Anfangs-Note; so nimmt dieser den Endigungs-Ton dazu: und umgekehrt.

[. . .]

§. 15.

Das allerbeste ist, wenn der Fugen-Satz so eingerichtet wird, daß man die foermlichen Schluesse lieber gar dabey vermeidet, und die Schrancken desselben so zu setzen weiß, damit kein recht-eigentlicher Absatz erfolge: maassen die Ruhestellen in Fugen und Contrapuncten gar nicht zu Hause gehoeren; sondern solche Fremdlinge sind, daß sie sich schwerlich eher melden, noch in eigner Gestalt sehen lassen duerffen, als bis die ganze Jagt zu Ende laeufft. Ich nehme mit Fleiß ein Gleichniß vom Jagen: weil dasselbe auch wenig vom Ruhen oder Stillhalten weiß. Mein geehrter Freund, Walther, sagt, die Fuge habe den Nahmen a fugando, weil eine Stimme die andre gleichsam jaget.[5]

[. . .]

§. 21.

Wer sollte wol dencken, daß diese acht kurtze Noten so fruchtbar waeren, einen Contrapunct von mehr, als einem gantzen Bogen, ohne sonderbare Ausdehnung, gantz natuerlich hervorzubringen?

Und dennoch hat solches der kuenstliche, und in dieser Gattung besonders glueckliche Bach jedermann vor Augen geleget: ja, noch dazu den Satz hin und wieder ruecklings eingefuehret.[6]

[. . .]

§. 35.

Es mag nun der Fuehrer in dem herrschenden Klange einer Ton-Art, d. i. in deren Quinte, oder im End- und Haupt-Ton anheben; er mag dabey auf- oder niederwaerts gehen und springen; so richtet sich doch immer der Gefaehrte nach ihm, und trifft einen ordentlichen, reinen Wiederschlag, so wie er mit der Ton-Art am foermlichsten uebereinkommen mag. Die Beispiele werden es erlaeutern:[7]

§. 36.

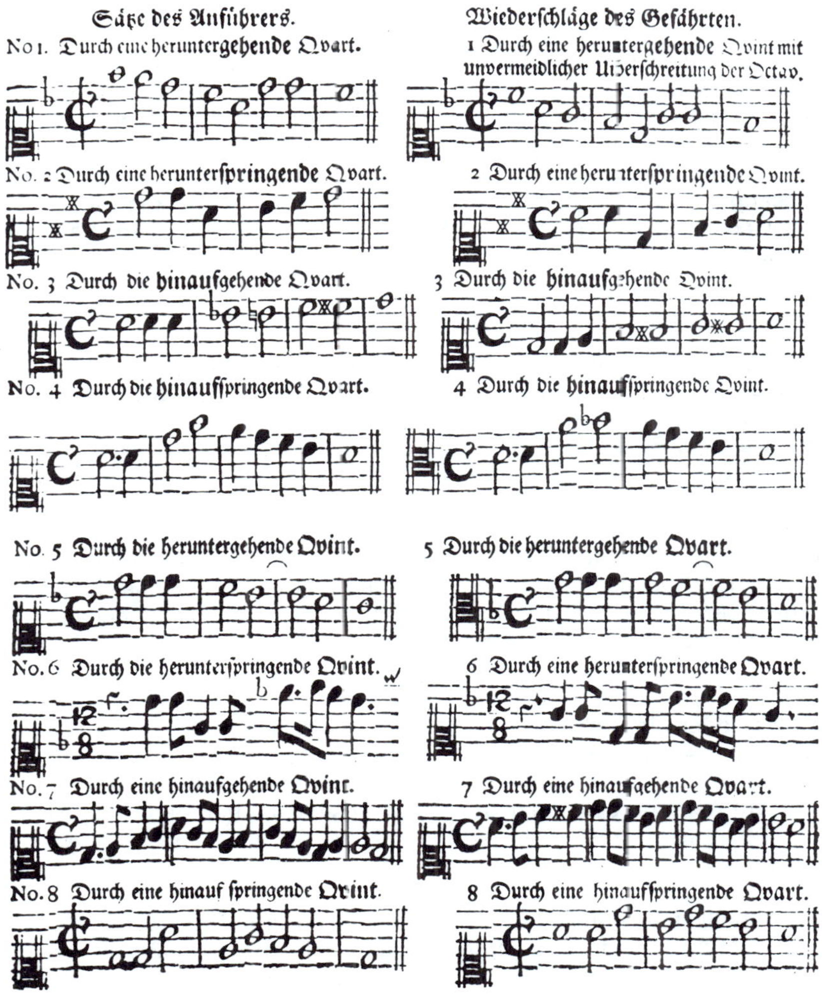

§. 37.

Da siehet man deutlich und in allen Faellen, daß aus der Quart die Quint, und aus der Quint die Quart, in den ordentlichen Wiederschlaegen, werden muß. Das fuenffte Exempel weiset noch ueber dies, daß aus der fallenden Secunde bey dem Gefaehrten der fortgesetzte Einklang entstehe. Und das siebende Thema zeiget in seinem Nachsatze nicht nur, daß die Schritte sich halbiren lassen, sondern daß ebenfalls daselbst die fallende Secunde zum Unisono werden muesse: es hebe der Fuehrer im herrschenden oder Endigungs-Klange an.

[...]

§. 94.

Weil ein Fugensatz sehr offt wiederholet wird, soll derselbe nicht nur feine, liebliche Gaenge und Fuehrungen der Melodie, sondern auch, so viel moeglich, unterschiedliche harmonische Figuren und Rueckungen haben oder zulassen, damit er, bey so oeffterm Wiederschlage, dem Gehoer nicht verdrießlich falle. Hierzu ist nun nicht viel buntes oder tanzmaeßiges noethig, sondern nur ein melodisches, natuerliches Wesen, welches mit seiner edlen und singbaren Einfalt insgemein die besten Fugen abgibt; dahingegen es in den gezwungenen und gekuenstelten Saetzen an nichts so sehr, als an der Melodie zu gebrechen pfleget.

[...]

§. 100.

Je naeher sich demnach, bey der zwoten oder dritten Durchfuehrung, die Stimmen, so zu reden, auf den Fersen folgen, oder gar ins Gehaege kommen, es sey nun durch die gewoehnlichen, vorgesetzten Intervalle, oder auf canonische Art durch den Einklang und Octave, und je unvermutheter diese Uiberraschung, bald oben, bald in der Mitte, bald unten vernommen wird, ohne sich an die Reihe zu binden, je angenehmer wird ein solcher Wechsel-Gesang zu hoeren seyn. Man moegte gleichsam in Gedancken zum Themate sagen: Siehe! bist du schon wieder da; das dachte ich nicht; an diesem Orte haette ich dich wol nicht gesucht!

[...]

§. 104.

Bey dreistimmigen Fugen laeßt es gar fein, wenn das Thema, nachdem es die beiden aeussersten Stimmen schon gehabt haben, unvermuthet mitten eintritt, entweder im Alt oder Tenor, ohne daß sich jene deswegen im geringsten irre machen, noch ihre vorhabenden melodischen Gaenge, Bindungen oder Rueckungen unterbrechen lassen. Dieses muß all'improvisto, wie ein Uiberfall geschehen: naechst welchem fast die groesseste Kunst der Fugen in Vermeidung der Cadentzen, und in verkuerzter Anbringung der Wechsel-Saetze bestehet;

Findet man nun diese drey Stuecke in einer Fuge nicht, nehmlich den unerwarteten Eintritt bey Bindungen und Rueckungen, die Entwischung foermlicher Schluesse, und die Annaeherung der Saetze zu ihrer Zeit, so darff ein jeder nur sicherlich gedencken, daß es nur eine Noten-Kleckerey, und der Fugenmacher nicht weit her sey.

§. 105.

Noch ein kleiner, doch nicht auszusetzender Kunstgriff ist die woleingetheilte Abwechselung des Haupt-Satzes einer Fuge in ihren verschiedenen Stimmen, und die dazwischen einzuschaltende kurtze Schmueckungen. Ich sage kurtze Zierathen: damit die Nebendinge nicht mehr Achtung gewinnen, als die Sache selbst, um deren willen sie da sind.

[...]

§. 129.

Wir schlagen schlißlich unsern Kunstbefliessenen die Partituren der wenigen guten Contrapunctisten zu Mustern in der Ausuebung vor, deren Arbeit man fleißig nicht nur spielen (denn viele koennen eine erlernte Fuge gut spielen, und wissen doch kaum, worin sie bestehet) sondern genau durchgehen, untersuchen, und nach obiger Anleitung in eine Zergliederung bringen muß, damit man ihnen die Kuenste ablerne, solche nachahme und unsre gegebene Grund-Saetze wol anwende. Die mir bekannten grossen Meister in Fugen sind vor andern, Bach, Fux, Haendel, J. Krieger, Kuhnau, Theile, Teleman, Walther ec. Niemand zu nahe geredet.[8]

J. Mattheson: Der vollkommene Capellmeister. Hamburg 1739. III. Teil, 20. Hauptstück, S. 366ff. Faksimilenachdruck, hrsg. v. M. Reimann. Kassel: Bärenreiter 1954

Johann Sebastian Bach, Beginn der d-moll-Fuge aus dem 1. Band des Wohltemperierten Klaviers, Autograph. Die Systeme sind im Sopran- und Baßschlüssel notiert.
(Berlin, Deutsche Staatsbibliothek, Mus. ms. Bach P 415)

Anmerkungen

[1] Haupt-Satz: Thema; Wiederschlag (frz. réponse, ital. riposta): Beantwortung des Themas in der folgenden Stimme

[2] Kreis- und Circul-Melodien (canon circularis = Zirkelkanon): Kanon, dessen Stimmen in den Anfang einmünden und somit unendlich sind (vgl. Bach, Musikalisches Opfer, Nr. 2)

[3] Clausul: hier kurzer melodischer Abschnitt

[4] Unterwurff: Thema (deutsche Übersetzung von lat. subjectum)

[5] Matthesons „geehrter Freund Walther“ ist Johann Gottfried Walther, der Verfasser des „Musicalischen Lexicons“, 1732

[6] vgl. J.S. Bach, Sonata a-moll für Violine solo, BWV 1003, Beginn 2. Satz

[7] Mattheson bringt hier mehrere Beispiele für tonale Beantwortung des Themas (Schlüsselung C1 und C3).

[8] Neben Bach, Händel und Telemann werden u.a. Johann Kuhnau, der Vorgänger Bachs als Thomaskantor in Leipzig, und Johann Joseph Fux, der Autor des großen Kontrapunkt-Lehrwerks „Gradus ad parnassum“ (1725), genannt.

Johann Sebastian Bach: Fuge d-moll aus dem „Wohltemperierten Klavier“, Band I

Keine der beiden im folgenden abgedruckten Erläuterungen der Bachschen d-moll-Fuge will eine streng wissenschaftliche Analyse sein. Hermann Keller wendet sich vor allem an den Spieler; die Kenntnis des Fugenbaus und das Verstehen satztechnischer Details sollen Voraussetzung für eine werkgerechte Interpretation sein.
Johann Nepomuk Davids Anliegen ist das Aufzeigen von Zusammenhängen zwischen Präludium und Fuge. Für ihn ist das Präludium die „Stätte der Zubereitung des Fugenthemas“. Durch Reduktion auf das melodische Kernmaterial versucht er den Nachweis einer Verwandtschaft nicht nur zwischen Präludium und Fuge, sondern auch zwischen d-moll- und D-Dur-Fugen (und Präludien) beider Bände des „Wohltemperierten Klaviers“.

15. Hermann Keller: J.S. Bach, Fuge d-moll

Die Fuge ist in ihrer kontrapunktischen Arbeit eine der strengsten des W. Kl. Sie scheut vor keiner Dissonanz zurück und legt auf Wohlklang so wenig Wert, daß man es verstehen kann, wenn die Spieler sie nicht besonders lieben. Aber wieviel hat sie dem zu geben, der sich vor ihren Dornen nicht fürchtet! Das Thema erhebt sich gemessen schreitend, dann mit Schwung sich abstoßend zur Sexte, bricht ab und wendet sich zur Quinte zurück. Daß auf dieser Sexte b' ein Staccatozeichen steht – das einzige autographe im W. Kl. I –, ist bedeutungsvoll; ebenso, daß Bach, entgegen seiner sonstigen Gewohnheit, die Staccatozeichen durch die ganze Fuge durchführt (sie stehen auch in den Sequenzen der Takte 9–11). Das zeigt, daß er das Thema heftig, aggressiv aufgefaßt haben wollte. Der Anhang des Themas , der die Verbindung zum Kontrapunkt herstellt:

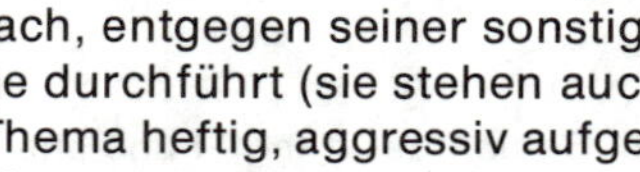

ist, als Krebs gelesen, gleich dessen Anfang (e–g–f–e–d rückwärts = d–e–f–g–e). Auch der obligate Kontrapunkt

stammt aus dem Thema, verliert aber durch die bald einsetzenden Engführungen etwas von seiner Bedeutung. Die Fuge ist genau zweiteilig in einer Weise, die nur noch durch die der e-moll-Fuge überboten wird. Beide Teile (T. 1–21 und 21–42, dazu zwei Takte Schlußverlängerung) sind nicht nur genau gleich lang, sondern auch weithin gleich gebaut. Genau gleich sind die vier abschließenden Takte jeder Hälfte (T. 17–20 in a-moll und T. 39–42 in d-moll). Darüber hinaus gibt es noch eine Fülle formaler Entsprechungen. Die Takte 6 und 7 (Thema im Baß) haben ihr Gegenbild in T. 27 und 28 (Thema im Sopran in der Umkehrung), T. 8 und 9 (Thema im Sopran) in T. 29 und 30 (Thema in der Umkehrung im Baß), der verschleierte Themeneinsatz im Baß (T. 11)

tritt in T. 32 im Sopran auf, der Doppeleinsatz von Alt und Baß zugleich (Alt in der Umkehrung) in T. 14 kehrt in T. 35 (Sopran und Alt) wieder. Engführungen gibt es in mannigfacher Art und Weise: in der Oktave nach einem Takt (T. 17/18 und 39/40), in der Unterquinte und in Umkehrung der nachahmenden Stimme: T. 13 (Sopran) und 14 (Alt), zwischen dem Sopran in Umkehrung und Alt (T. 27/28), und dem Alt mit dem umgekehrten Baß in der Unterquarte (T. 28/29), zwischen Baß und dem umgekehrten Sopran (T. 21/22), und zwischen diesem und dem umgekehrten Baß in der Septime (!) in T. 22/23, von unvollständigen Einsätzen ganz abgesehen. Daß alle diese Künste nicht um ihrer selbst willen gebraucht werden, sondern die Kräfte noch verstärken, mit denen das Thema geladen ist, braucht nicht gesagt zu werden; wir erleben eine Auseinandersetzung des Künstlers mit seinem Stoff auf kleinstem Raum und mit sparsamsten Mitteln. Da im Thema nach dem staccato auf b′ der Triller frei einsetzt, kann er mit der Hauptnote beginnen, ebenso die den Triller ersetzenden Doppelschläge T. 9–11. In T. 15, 16, 28 und 29 sind die Trillerzeichen zu ergänzen. Die Achtel des Themas verlangen ein betontes legato, nach f′ in T. 2 ist eine kleine Zäsur angebracht. Das Zeitmaß ist ein gezügeltes Allegro marcato. ♩ = 72

H. Keller: Das Wohltemperierte Klavier von Johann Sebastian Bach. Werk und Wiedergabe. Kassel: Bärenreiter 1965, S. 60 f.

16. Johann Nepomuk David: J. S. Bach, Präludium und Fuge d-moll

Zweistimmiges Präludium: 26 C-Takte. Dreistimmige Engführungsfuge recti et inversi: 44 C-Takte.

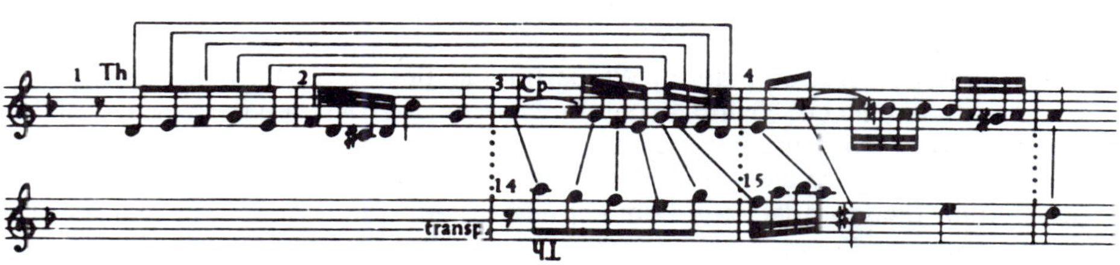

Das Thema mit dem aus ihm laufenden Kontrapunkt, wie auch die Umkehrung des Themas, wie sie ab Takt 14 auftritt und mitarbeitet, sind in einem dargestellt, um deutlich sehen zu lassen, daß der Kontrapunkt in kleineren Werten die gleichen Noten mitzählt wie die Umkehrung, die im Rhythmus des Themas offenkundig ist; daß aber auch der rückwärts gelesene Kontrapunkt die ersten sechs Noten des Themas widerspiegelt. (In diesem Falle kann man mit Recht sagen, daß die Endnoten des Kontrapunkts nichts anderes sind als der abwärtssteigende Sekundgang, der notwendig eintreten mußte, da der Sextsprung des zweiten Taktes die nachherige Ausfüllung fordert.) Der Sextsprung im 4. Takt und die darauffolgenden Sechzehntel melismieren das zweite Themenmotiv, bezeichnen den Terzsprung und führen die Sechzehntel als Mitarbeiter in die Fuge ein. Mit dem eben geformten Sechzehntelmotiv wird auch im Takt 11 der Themenanstieg

verdeckt. Bevor die Engführungen eingeführt werden, kommt es im Sopran zu einem melodischen Enthusiasmus, der zwar ohne weiteres aus dem Kontrapunkt abgelesen werden kann, aber in der Lesart des Krebses

doch den, der Sinn dafür hat, die Themenanlage in ihrer Auswirkung noch mehr bewundern läßt. Auch die Beteuerungen des Taktes 35/36 sowie die Interjektionen

im 20. bzw. 42. Takt beziehen sich alle auf das Thema.
Lehrreich sind in dieser Fuge die Proportionen, die sich an der Placierung der Zwischenspiele äußern: Die Takte 30–33 entsprechen den Takten 9–11; 37 leitet sich von 15 her, 42 spiegelt sich in 20, – die nochmalige Bestätigung der Takte 17/18 durch die Wiederholung in 39/40 –: das alles weist auf eine nahezu didaktische Disposition hin, die mit Nachdruck und Liebe alles aufzeigt und durch Wiederholung bestätigt. Die gleichlautenden Abschlüsse der Kadenzen bei 20 und 42 betonen die genauen Hälften der Form; und der kadenzierende Takt 43 sagt durch seine ausgeterzte Gegenbewegung des Themakopfes wie ein Itemissa est: Das war eine Engführungsfuge in motu recti et inversi.
Das quellenhaft plaudernde Präludium schwätzt gleich vom Anfang an nur von seiner Verwandtschaft zum Fugenthema.

Auch die Achtelbässe

versichern uns aufs gewissenhafteste ihrer Abkunft. – Zum Schlusse steigt der Geist aus der Flasche.

J. N. David: Das Wohltemperierte Klavier. Der Versuch einer Synopsis. Göttingen: Vandenhoeck & Ruprecht 1962, S. 28–30

Literatur

Czaczkes, L.: Analyse des wohltemperierten Klaviers. 2 Bde. Wien: Österreichischer Bundesverlag 1965

Keller, H.: Das wohltemperierte Klavier von Johann Sebastian Bach. Kassel: Bärenreiter 1965

Misch, L.: Zwei Fugen aus dem Wohltemperierten Klavier in neuer Beleuchtung. In: Die Musikforschung 5 (1952), S. 179–190 (abgedruckt in: Schuhmacher, G.: Zur musikalischen Analyse. Darmstadt: Wissenschaftliche Buchgesellschaft 1974, S. 10 ff.)

Ratz, E.: Über die Bedeutung der funktionellen Formenlehre für die Erkenntnis des Wohltemperierten Klaviers. In: Die Musikforschung 21 (1968), S. 17–29

Musikanschauung im 18. Jahrhundert: Johann Joachim Quantz

Konzert in der Züricher „Gesellschaft auf dem Musiksaal", 1777. Es musizieren ein konzertierendes Cembalo, 2 Violinen, 2 Flöten, 2 Waldhörner und ein Violoncello.
(Kupferstich von J.R. Holzhalb. Zürich, Zentralbibliothek)

Johann Joachim Quantz (1697–1773) gehört zu den zahlreichen Komponisten des Übergangs vom Barock zur Klassik. Anders als der nur vierzehn Jahre ältere Johann Sebastian Bach begnügt sich Quantz nicht mit der musikalischen Ausbildung, die ihm in seiner engeren Heimat zuteil wird. Er bemüht sich vielmehr, ähnlich wie Adolf Hasse, J. Christian Bach oder Mozart, auf ausgedehnten Studienreisen durch Europa mit Aufenthalten in den bedeutendsten Musikmetropolen (z.B. Wien, Neapel, Venedig, Paris, London) die verschiedenen musikalischen Stilrichtungen seiner Zeit kennenzulernen.

Zurückgekehrt nach Dresden, wo er in der Hofkapelle als Flötist angestellt war, lernte ihn Kronprinz Friedrich von Preußen kennen. Dieser engagierte Quantz als Flötenlehrer und verpflichtete ihn schließlich nach der Thronbesteigung im Jahr 1741 als Kammermusiker und Hofkomponist vollends nach Berlin.

Wenn von der Musik des galanten bzw. empfindsamen Stils die Rede ist, so denkt man in erster Linie an die Instrumentalmusik der Söhne Johann Sebastian Bachs, an die Musik von Johann und Carl Stamitz, an die berühmten Mitglieder der Mannheimer Hofkapelle und an den Wiener Johann Christoph Wagenseil. In der musikgeschichtlichen Forschung wird die Zeit um 1750 als typische Übergangszeit angesehen, deren eigentliche Bedeutung in der Vorbereitung des sogenannten „Wiener klassischen Stils" liegt.
Nicht nur die Musik der genannten Komponisten, sondern auch musiktheoretische Schriften aus den fünfziger Jahren des 18. Jahrhunderts enthalten Hinweise auf diesen musikalischen Stilwandel.
Drei Instrumentalschulen nehmen hier einen besonderen Platz ein. Es sind dies der „Versuch über die wahre Art das Clavier zu spielen" (1. Teil 1753, 2. Teil 1762) von Carl Philipp Emanuel Bach, der „Versuch einer gründlichen Violinschule" (1756) von Leopold Mozart und der „Versuch einer Anweisung die Flute traversiere zu spielen" (1752) von Johann Joachim Quantz.
Die Schrift von Quantz enthält grundlegende Aussagen zur Instrumentaltechnik, Aufführungspraxis sowie zu musikästhetischen Anschauungen der Zeit und stellt damit eine der wichtigsten Quellen für unser Verständnis der Musik der Vorklassik dar.
Bei dem gewählten Text handelt es sich um einen Ausschnitt aus dem XI. Hauptstück, das „Vom guten Vortrage im Singen und Spielen überhaupt" handelt. Soll der musikalische Vortrag befriedigen, so müsse er „rein und deutlich" (10. §), „rund und vollständig" (11. §), „leicht und fließend" (13. §), „mannigfaltig" (14. §), „ausdrückend, und jeder vorkommenden Leidenschaft gemäß seyn" (15. §). Quantz vergleicht den musikalischen Vortrag mit dem Vortrag eines Redners. Beide, der Musiker wie der Redner, verfolgen nach Quantz' Meinung dieselbe Absicht, „nämlich: sich der Herzen der Zuhörer zu bemeistern, die Leidenschaften zu erregen oder zu stillen, und die Zuhörer bald in diesen, bald in jenen Affekt zu versetzen" (XI. Hauptstück, 1. §). Um die gewünschte Wirkung zu erzielen, fordert Quantz den „gemischten Geschmack", d.h. eine Verschmelzung des italienischen und französischen Stils, indem er italienische Verzierungskunst, französische Architektur und Rhythmik mit dem „gearbeiteten Stil" der deutschen Kontrapunktik zu einem neuen Stil verbinden will.

17. Johann Joachim Quantz: Vom guten Vortrag im Singen und Spielen überhaupt (1752)

15. §.

Der gute Vortrag muß endlich: ausdrueckend, und jeder vorkommenden Leidenschaft gemaeß seyn. Im Allegro, und allen dahin gehoerigen muntern Stuecken muß Lebhaftigkeit; im Adagio, und denen ihm gleichenden Stuecken aber, Zaertlichkeit, und ein angenehmes Ziehen oder Tragen der Stimme herrschen. Der Ausfuehrer eines Stueckes muß sich selbst in die Haupt- und Nebenleidenschaften, die er ausdruecken soll, zu versetzen suchen. Und weil in den meisten Stuecken immer eine Leidenschaft mit der andern abwechselt; so muß auch der Ausfuehrer jeden Gedanken zu beurtheilen wissen, was für eine Leidenschaft er in sich enthalte, und seinen Vortrag immer derselben gleichfoermig machen. Auf diese Art nur wird er den Absichten des Componisten, und den Vorstellungen, so sich dieser bey Verfertigung des Stueckes gemacht hat, eine Gnuege leisten. Es giebt selbst verschiedene Grade der Lebhaftigkeit oder der Traurigkeit. Z. E.[1] Wo ein wuetender Affect herrschet, da muß der Vortrag weit mehr Feuer haben, als bey scherzenden Stuecken, ob er gleich bey beyden lebhaft seyn muß: und so auch bey dem Gegentheile. Man muß sich auch mit dem Zusatze der Auszierungen, mit denen man den vorgeschriebenen Gesang, oder eine simple Melodie, zu bereichern, und noch mehr zu erheben suchet, darnach richten. Diese Auszierungen, sie moegen nothwendig oder willkuehrlich seyn, muessen[2] niemals dem in der Hauptmelodie herrschenden Affecte widersprechen; und folglich muß das Unterhaltene und Gezogene, mit dem Taendelnden, Gefaelligen, Halblustigen und Lebhaften, das Freche mit dem Schmeichelnden, u. s. w. nicht verwirret werden. Die Vorschlaege machen die Melodie an einander hangend, und vermehren die Harmonie; die Triller und uebrigen kleinen Auszierungen, als: halbe Triller, Mordanten, Doppelschlaege und battemens[3], muntern auf. Das abwechselnde Piano und Forte aber, erhebt theils einige Noten, theils erreget es Zaertlichkeit. Schmeichelnde Gaenge im Adagio duerfen im Spielen mit dem Zungenstoße und Bogenstriche[4] nicht zu hart; und hingegen im Allegro, lustige und erhabene Gedanken, nicht schleppend, schleifend, oder zu weich angestoßen werden.

16. §

Ich will einige Kennzeichen angeben, aus denen zusammen genommen, man, wo nicht allezeit, doch meistentheils wird abnehmen koennen, was für ein Affect herrsche, und wie folglich der Vortrag beschaffen seyn ob er schmeichelnd, traurig, zaertlich, lustig, frech, ernsthaft, u. s. w. seyn muesse. Man kann dieses erkennen 1) aus den Tonarten, ob solche hart oder weich sind. Die harte Tonart wird gemeiniglich zu Ausdrueckung des Lustigen, Frechen, Ernsthaften, und Erhabenen: die weiche aber zur Ausdrueckung des Schmeichelnden, Traurigen, und Zaertlichen gebrauchet; s. den 6. § des XIV. Hauptstuecks.[5] Doch leidet diese Regel ihre Ausnahmen: und man muß deswegen die folgenden Kennzeichen mit zu Huelfe nehmen. Man kann 2) die Leidenschaft erkennen; aus den vorkommenden Intervallen, ob solche nahe oder entfernet liegen, und ob die Noten geschleifet oder gestoßen werden sollen. Durch die geschleiften und nahe an einander liegenden Intervalle wird das Schmeichelnde, Traurige, und Zaertliche; durch die kurz gestoßenen, oder in entfernten Spruengen bestehenden Noten, ingleichen durch solche Figuren, da die Punkte allezeit hinter der zweyten Note stehen, aber, wird das Lustige und Freche ausgedruecket. Punktirte und anhaltende Noten druecken das Ernsthafte und Pathetische; die Untermischung langer Noten, als halber und ganzer Tacte, unter die geschwinden, aber, das Praechtige und Erhabene aus. 3) Kann man die Leidenschaften abnehmen: aus den Dissonanzen. Diese thun nicht alle einerley, sondern immer eine vor der andern verschiedene Wirkungen. Ich habe dieses im VI. Abschnitte des XVII. Hauptstueckes weitlaeuftig erklaeret, und mit einem Exempel erlaeutert. Weil aber diese Erkenntniß nicht den Accompagnisten allein, sondern auch einem jeden Ausfuehrer zu wissen unentbehrlich ist, so will ich mich hier auf den 13. und folgende bis zum 17. § des gedachten Abschnittes beziehen. Die 4) Anzeige des herrschenden Hauptaffects ist endlich das zu Anfange eines jeden Stueckes befindliche Wort, als: Allegro, Allegro non tanto, – assai, – di molto, – moderato, Presto, Allegretto, Andante, Andantino, Arioso, Cantabile, Spiritoso, Affetuoso, Grave, Adagio, Adagio assai, Lento, Mesto, u. a. m. Alle diese Woerter, wenn sie mit gutem Bedachte vorgesetzet sind, erfodern[6] jedes einen besondern Vortrag in der Ausfuehrung: zugeschweigen, daß, wie ich schon gesaget habe, jedes Stueck von oben bemeldeten Charakteren, unterschiedene Vermischungen von pathetischen, schmeichelnden, lustigen, praechtigen, oder scherzhaften Gedanken in sich haben kann, und man sich also, so zu sagen, bey jedem Tacte in einen andern Affect setzen muß, um sich bald traurig, bald lustig, bald ernsthaft, u. s. w. stellen zu koennen; welche Verstellung bey der Musik sehr noethig ist. Wer diese Kunst recht ergruenden kann, dem wird es nicht leicht an dem Beyfalle der Zuhoerer fehlen, und sein Vortrag wird also allezeit ruehrend seyn. Man wolle aber nicht glauben, daß diese seine Unterscheidung in kurzer Zeit koenne erlernet werden. Von jungen Leuten, welche gemeiniglich hierzu zu fluechtig und ungeduldig sind, kann man sie fast gar nicht verlangen. Sie koemmt aber mit dem Wachsthume der Empfindung und der Beurtheilungskraft.

17. §.

Es muß sich ein jeder hierbey auch nach seiner angebohrnen Gemuethsbeschaffenheit richten, und dieselbe gehoerig zu regieren wissen. Ein fluechtiger und hitziger Mensch, der hauptsaechlich zum Praechtigen, Ernsthaften, und zu uebereilender Geschwindigkeit aufgeleget ist, muß beym Adagio suchen, sein Feuer, so viel als moeglich ist, zu maeßigen. Ein trauriger und niedergeschlagener Mensch hingegen thut wohl, wenn er, um ein Allegro lebhaft zu spielen, etwas von jenes seinem ueberfluessigen Feuer anzunehmen suchet. Und wenn ein aufgeraeumter oder sanguinischer Mensch, eine vernuenftige Vermischung der Gemuethsbeschaffenheiten der beyden vorigen bey sich zu machen weis, und sich nicht durch die ihm angebohrne Selbstliebe und Gemaechlichkeit, den Kopf ein wenig anzustrengen, verhindern laeßt: so wird er es im guten Vortrage, und in der Musik ueberhaupt, am weitesten bringen. Bey wem sich aber von der Geburt an eine so glueckliche Mischung des Gebluets befindet, die von den Eigenschaften der drey vorigen, von jeder etwas an sich hat, der hat alle nur zu wuenschenden Vortheile zur Musik: denn das Eigenthuemliche ist allezeit besser, und von laengerer Dauer, als das Entlehnte.

18. §.

Ich habe oben gesaget, daß man durch den Zusatz der Manieren die Melodie bereichern, und mehr erheben müsse. Man huete sich aber, daß man den Gesang dadurch nicht ueberschuette, oder unterdruecke. Das allzu bunte Spielen kann eben sowohl, als das allzu einfaeltige, dem Gehoere endlich einen Ekel erwecken. Man muß deswegen nicht nur mit den willkuerlichen Auszierungen, sondern auch mit den wesentlichen Manieren, nicht zu verschwenderisch, sondern sparsam umgehen. Absonderlich ist dieses in sehr geschwinden Passagien, wo die Zeit ohnedem nicht viel Zusatz erlaubet, zu beobachten: damit dieselben nicht undeutlich und widerwaertig werden. Einige Saenger, deren der Triller nicht schwer zu machen wird, sollte er auch nicht allemal der beste seyn, haben diesen Fehler des allzuhaeufigen Trillerns stark an sich.

19. §.

Ein jeder Instrumentist muß sich bemuehen, das Cantabile so vorzutragen, wie es ein guter Saenger vortraegt. Der Saenger hingegen muß im Lebhaften, das Feuer guter Instrumentisten, so viel die Singstimme dessen faehig ist, zu erreichen suchen.

20. §.

Dieses sind also die allgemeinen Regeln des guten Vortrages im Singen und Spielen ueberhaupt. Ich will nun dieselben auf die Hauptarten der Stuecke besonders anwenden. Hieraus werden die folgenden drey Hauptstuecke, vom Allegro, von den willkuehrlichen Veraenderungen, und vom Adagio, bestehen. Auch das XVII. Hauptstueck von den Pflichten der Accompagnisten, wird großen Theils hieher gehoeren. Ich will alles mit Exempeln erlaeutern, und dieselben, so viel als moeglich seyn wird, erklaeren.

21. §.

Der schlechte Vortrag ist das Gegentheil von dem, was zum guten Vortrage erfodert wird. Ich will seine vornehmsten Kennzeichen, damit man sie desto leichter mit einander uebersehen, und folglich desto sorgfaeltiger vermeiden koenne, hier in der Kuerze zusammen fassen. Der Vortrag also ist schlecht: wenn die Intonation unrein ist, und der Ton uebertrieben wird; wenn man die Noten undeutlich, dunkel, unverstaendlich, nicht articuliret, sondern matt, faul, schleppend, schlaefrig, grob, und trocken vortraegt; wenn man alle Noten ohne Unterschied schleifet oder stoeßt; wenn das Zeitmaaß nicht beobachtet wird, und die Noten ihre wahre Geltung nicht bekommen; wenn die Manieren im Adagio zu sehr verzogen werden, und nicht mit der Harmonie uebereintreffen; wenn man die Manieren schlecht endiget, oder uebereilet; die Dissonanzen aber weder gehoerig vorbereitet, noch auflоeset; wenn man die Passagien nicht rund und deutlich, sondern schwer, aengstlich, schleppend, oder uebereilend und stolpernd machet, und mit allerhand Grimassen begleitet; wenn man alles kaltsinnig, in einerley Farbe, ohne Abwechslung des Piano und Forte singt oder spielet; wenn man den auszudrueckenden Leidenschaften zuwider handelt; und ueberhaupt, wenn man alles ohne Empfindung, ohne Affect, und ohne selbst geruehret zu werden, vortraegt; so daß es das Ansehen hat, als wenn man in Commission fuer einen andern singen oder spielen mueßte: wodurch aber der Zuhoerer eher in eine Schlaefrigkeit versetzet, als auf eine angenehme Art unterhalten und belustiget wird; mithin froh seyn muß, wenn das Stueck zu Ende ist.

J. J. Quantz: Versuch einer Anweisung die Flute traversiere zu spielen. Berlin 1752. Faksimilenachdruck der 3. Auflage (Breslau: Johann Friedrich Korn 1789) in: Documenta musicologica. Erste Reihe: Druckschriften-Faksimiles II. Hrsg. v. H.-P. Schmitz. Kassel u. Basel: Bärenreiter 1953, S. 107–111 (XI. Hauptstück)

Anmerkungen

1 *zum Exempel*
2 *hier: dürfen*
3 *battement (frz., Schlagen): in der Musik: schnell repetierender Trillerschlag bzw. Vibrato. Auf der Flöte wird das battement durch leichtes Auf- und Abdecken des Grifflochs erzielt.*
4 *Der Zungenstoß beim Bläser und der Bogenstrich beim Streicher richten sich nach dem jeweiligen Tempo und nach der geforderten Artikulation.*
5 *Dort schreibt Quantz: „Amoll, Cmoll, Disdur und Fmoll, drücken den traurigen Affekt viel mehr aus, als andere Molltöne . . . Hingegen werden die übrigen Moll- und Durtöne, zu den gefälligen, singenden, und ariosen Stücken gebrauchet."*
Die Annahme, daß „gewisse Tonarten, sie mögen Dur oder Moll seyn, besonders eigene Wirkungen" besitzen, wurde Mitte des 18. Jahrhunderts entschieden in Frage gestellt. Auf Tasteninstrumenten mit gleichschwebend temperierter Stimmung sind die verschiedenen Dur- bzw. Molltonarten auch lediglich Transpositionen ein und derselben Dur- oder Molltonart. Auf der einklappigen Querflöte des 18. Jahrhunderts allerdings klangen verschiedene Tonarten noch durchaus verschieden: D-Dur konnte ohne Gabelgriffe gespielt werden, Es-Dur brauchte Gabelgriffe für c, f, b, es, as und klang deshalb weicher und gedämpfter. Zudem verlangte Quantz in seinen Grifftabellen für enharmonische Töne (z. B. für fis und ges) verschiedene Griffe.
6 *erfordern*

In der oben abgedruckten Quelle Nr. 17 verweist Quantz einige Male auf die sogenannten „Manieren". Der Begriff „Manier" bezeichnet seit dem Ende des 17. Jahrhunderts u. a. auch die Verzierungen in der Instrumentalmusik. Neben den vom Komponisten ausgeschriebenen Figuren und Passagen („Setzmanieren") begegnen auch improvisatorische Verzierungen („Spielmanieren"), die in der Form den Setzmanieren entsprechen. In der folgenden Quelle erläutert Quantz detailliert die Ausführung von Spielmanieren.

18. Johann Joachim Quantz: Von der Art das Adagio zu spielen (1752)

2. §.

Man kann das Adagio, in Ansehung der Art dasselbe zu spielen, und wie es noethig ist, mit Manieren auszuzieren, auf zweyerley Art betrachten; entweder im franzoesischen, oder im italiaenischen Geschmacke. Die erste Art erfordert einen netten und an einander hangenden Vortrag des Gesanges, und eine Auszierung desselben mit den wesentlichen Manieren, als Vorschlaegen, ganzen und halben Trillern, Mordanten, Doppelschlaegen, battemens[1], flattemens[2], u. d. gl.; sonst aber keine weitlaeufigen Passagien, oder großen Zusatz willkuehrlicher Verzierungen. [...] Die zweyte, naemlich die italiaenische Art besteht darinne, daß man in einem Adagio, so wohl diese kleinen franzoesischen Auszierungen, als auch weitlaeufige, doch mit der Harmonie uebereinkommende gekuenstelte Manieren anzubringen suchet. Das Exempel Tab. XVII, [...] wo diese willkuehrlichen Auszierungen alle mit Noten ausgedruecket sind, und wovon wir weiter unten weitlaeufiger handeln werden, kann hierbey zum Muster dienen. Will man den simpeln Gesang davon pur mit dem Zusatze der wesentlichen, schon oefters genenneten Manieren spielen, so hat man noch ein Beyspiel der franzoesischen Spielart. Man wird aber zugleich gewahr werden, daß sie bey einem so gesetzeten Adagio nicht hinreichend ist. [...]

4. §.

Daß die franzoesischen Componisten die Auszierungen mehrentheils mit hin schreiben; und der Ausfuehrer also auf nichts weiter zu denken habe, als sie gut vorzutragen, ist schon gesaget worden. Im italiaenischen Geschmacke wurden, in vorigen Zeiten, gar keine Auszierungen darzu gesetzet; sondern alles der Willkuehr des Ausfuehrers ueberlassen: da denn ein Adagio ohngefaehr also aussah, wie der simple Gesang bey dem Exempel Tab. XVII. [...] Seit einigen Zeiten aber, haben die, welche sich nach der italiaenischen Art richten, auch angefangen, die nothwendigsten Manieren anzudeuten. Vermuthlich deswegen, weil man gefunden hat, daß das Adagio von manchem unerfahrnen Ausfuehrer sehr verstuemmelt worden; und die Componisten dadurch wenig Ehre erlanget haben. Wie denn nicht zu laeugnen ist, daß in der italiaenischen Musik fast eben so viel auf den Ausfuehrer, als auf den Componisten: in der franzoesischen aber, auf den Componisten weit mehr, als auf den Ausfuehrer ankomme, wenn das Stueck seine vollkommene Wirkung thun soll. [...]

41. §[3].

Tab. XVII. Die erste Note G, wa. Bey (c) (26), die zwo kleinen Noten schwa. C, stae. und wa. Bey (ll) (9) E mit dem Triller sta. und abn. D, C, schwa. Bey (d) (28) D, sta. C, schwa, H. sta. A, G mit dem Triller, schwa. Bey (i) (8) G, schwa. H. D, stae. Bey (f) (26) die zwo kleinen Noten schwa. F, F. wa. Bey (aa) (8) A, G, schwa. F, E, D, stae. Bey (c) (26) die zwo kleinen Noten schwa. Bey (b) (28) E, sta. D, schwa. C, sta. und abn. E, wa. Bey (a) (3) D, wa. F. E. schwa. D, wa. C, mit dem Triller und Nachschlage, schwa. der Vorschlag C, sta. H. schwa. Bey (f) (7) E, sta. C, schwa. G. sta. E, schwa. Bey (k) (3) D, sta. G, wa. D, C, schwa. A, wa. C, schwa. die kleine Note C, wa. H. mit dem Triller abn. Bey (v) (8) D, wa. E, H, E, D, schwa. Bey (c) (6) E, wa. Fis, G. schwa. Bey (g) (6) Fis, sta. D, E, schwa. Fis. sta. G, A, schwa. Bey (b) (23) G mit dem Triller sta. Fis, E. schwa. D. sta. Bey (f) (8) D, sta. E, D, E, schwa. F, sta. Bey (v) (6) F, sta. E, schwa, C, A, E, abn. E, sta. Fis, schwa. D, A, Fis, abn. Fis. sta. G, schwa. Bey (d) (20) G, H, A, wa. G, A, H, abn. C, wa. Bey (ll) (25) die vier kleinen Noten schwa. Bey (m) (25) A und H, sta. und hart gestoßen, die vier kleinen Noten schwa. C, sta. und hart gestoßen, H, schwa. A, mit dem Triller, wa. G, schwa. Bey (g) (20) G, wa. die vier kleinen Noten abn. Bey (g) (20) A, B, H, C, Cis, wa. Bey (b) (2) D, schwa. und wa. E, F, schwa. Bey (k) (2) E, sta. G, F, schwa. E, sta. F, G, schwa. F, mit dem Triller sta. E, schwa. F, wa. G, sta. Bey (b) (23) der Triller sta. und abn. G, F, schwa. Bey (l) (14) E, sta. B, G, E, schwa. D, wa. der Cis-Triller abn. Bey (x) (8) E, wa. D, Cis H, Cis, A, abn. F, A, wa. Bey (c) (13) A, sta., G, F, E, schwa. D, sta. C. schwa. der Vorschlag C, wa. H, mit dem Triller abn. Bey (p) (18) D, kurz und sta. D, E, F, schwa. der E-Triller sta. D, E, schwa. Bey (c) (5) F. sta. D. wa. F, schwa. E. sta. C, wa. E, schwa.

J. J. Quantz: Versuch einer Anweisung die Flute traversiere zu spielen. Berlin 1752. Faksimilenachdruck der 3. Auflage (Breslau: Johann Friedrich Korn 1789) in: Documenta musicologica. Erste Reihe: Druckschriften-Faksimiles II. Hrsg. v. H.-P. Schmitz. Kassel u. Basel: Bärenreiter 1953, S. 136f., 149, Tabelle XVII (XIV. Hauptstück)

Anmerkungen

1 *vgl. Quelle 17, Anm. 3*

2 *flattement: gleichbedeutend mit battement*

3 *Quantz verwendet im Text folgende Abkürzungen:*
wa. = wachsend   abn. = abnehmend   sta. = stark   stä. = stärker   schwa. = schwach

Kavalier mit Querflöte. Das Instrument ist eine dreiteilige, konische Traversflöte. Die einzige Klappe für den Kleinfinger der rechten Hand ist nicht sichtbar. (Johann Christoph Weigel, Musicalisches Theatrum. Nürnberg, um 1720)

Literatur

Bücken, E.: Der galante Stil. In: Zeitschrift für Musikwissenschaft VI (1923/24), S. 418–430

Fischer, W.: Die Entwicklungsgeschichte des Wiener klassischen Stils. In: Studien zur Musikwissenschaft III (1915), S. 24–84

Hoffmann-Erbrecht, L.: Der „galante Stil" in der Musik des 18. Jahrhunderts. In: Studien zur Musikwissenschaft XXV (1962), S. 253–260

Schäfke, R.: Quantz als Ästhetiker. Eine Einführung in die Musikästhetik des Galanten Stils. In: Archiv für Musikwissenschaft VI (1924), S. 213–242

Schmitz, H.-P.: Querflöte und Querflötenspiel in Deutschland während des Barockzeitalters. Kassel: Bärenreiter ²1958

Glucks Opernreform

Bühne und Orchester des Dresdner Opernhauses im Jahre 1719. Das Orchester umfaßt 41 Personen, in der Mitte querstehend das Cembalo; rechts und links drei Ränge mit dicht gefüllten Logen. (Lavierte Tuschzeichnung von Heinrich Christoph Fehling. Dresden, Kupferstichkabinett)

Christoph Willibald Gluck (1714–1787) trat nach einem vierjährigen Studium bei G.B. Sammartini in Mailand als Opernkomponist an die Öffentlichkeit: Seine frühen Opern nach Metastasio-Libretti wurden vor allem in Mailand und Venedig, aber auch in London (Bekanntschaft mit Händel), Dresden, Hamburg, Wien, Kopenhagen und Neapel aufgeführt.

1752 ließ sich Gluck endgültig in Wien nieder. 1762 fand die Uraufführung seiner ersten „Reformoper", der „azione teatrale" „Orfeo ed Euridice" nach einem Text von Calzabigi

statt. Ihr folgten die „tragedia messa in musica" „Alceste" (Wien 1767) sowie der „dramma per musica" „Paride ed Elena" (Wien 1770), jeweils nach Texten Calzabigis.
Die ebenfalls Glucks Reformidee verpflichtete „tragédie opéra" „Iphigénie en Aulide" (Text nach Racines „Iphigénie") löste bei ihrer Uraufführung an der Pariser Oper den Streit zwischen den Anhängern der Opernreform (Gluckisten) und den Verfechtern der „Großen Oper" im traditionellen Stil (Piccinisten) aus. Die Piccinisten benannten sich nach dem Neapolitaner Piccin(n)i, einem zu dieser Zeit sehr angesehenen und erfolgreichen Opernkomponisten in Paris. Mit „Iphigénie en Tauride" setzte sich 1779 Glucks Opernideal, wie es in der Vorrede zur „Alceste" beschrieben ist, auch in Frankreich endgültig durch.

Gluck war sich des Erfolgs seiner Reformbestrebungen keineswegs sicher. Dies geht deutlich aus der Vorrede zur Oper „Alceste" hervor, wo er sich „del patrocinio potentissimo di vostra altezza reale", des allmächtigsten Schutzes Eurer Königlichen Hoheit versichert. Angesprochen ist der habsburgische Großherzog von Toskana, Peter Leopold, der später, nach Josephs II. Tod, als Leopold II. Kaiser wurde. Die Stadt, die ohne Namensnennung in der Vorrede erwähnt wird, ist Wien. Dort wurde das Werk 1767 uraufgeführt. Die Drucklegung des Werkes zusammen mit der Vorrede erfolgte 1769 ebenfalls in Wien
Ein weiteres Mal äußert sich Gluck – ebenfalls in italienischer Sprache – zum Thema Reform der Oper in der Zueignungsschrift von „Paride ed Elena" an den Herzog von Bragança (30. Oktober 1770).
Die Gepflogenheit, Kompositionen hochgestellten Persönlichkeiten zu widmen, fand seit den Anfängen des Notendrucks immer größere Verbreitung. Den Grund für eine solche Widmung nennt der Verfasser der Vorrede zur „Alceste", wenn er den höchsten Schutz für seine Reformideen und sein Werk erbittet, das mit der italienischen Operntradition bricht und damit zahlreiche Gegner auf den Plan gerufen hat. Andere Widmungen aus dieser Zeit zielen auf den königlichen Schutz des Urheberrechts ab, der den Raubdruck und eine nicht autorisierte Verbreitung der betreffenden Komposition verhindern sollte.
Die rühmende Erwähnung eines Librettisten durch den Komponisten dürfte im 18. Jahrhundert die Ausnahme gewesen sein. Um so erstaunlicher ist es, daß Gluck Ranieri da Calzabigi (1714–1795) das Hauptverdienst um seine Opernreform zuschreibt. Gluck lobt an Calzabigis Dichtungen „,die pathetischen, großartigen, schrecklichen, tragischen Züge'", und in einem Brief an den Herausgeber des „Mercure de France" vom Februar 1773 schreibt er: „c'est lui [Calzabigi] qui m'a mis à portée de développer les ressources de mon art" (er [Calzabigi] allein ist es, der mich in den Stand gesetzt hat, die Quellen meiner Kunst zu entwickeln).

19. Vorrede zur Oper „Alceste" von Christoph Willibald Gluck aus dem Jahre 1769

Königliche Hoheit[1]!

Als ich mich daran machte, die „Alceste" in Musik zu setzen, nahm ich mir vor, sie von all den Mißbräuchen freizuhalten, die, eingeführt teils durch die übel angebrachte Eitelkeit der Sänger, teils durch die allzu große Gefälligkeit der Komponisten, die italienische Oper schon so lange Zeit entstellen und das prächtigste und schönste Schauspiel in das lächerlichste und langweiligste verkehren. Ich war darauf bedacht, die Musik wieder zu ihrer wahren Aufgabe zurückzuführen, nämlich der Dichtung in ihrem Ausdruck der Empfindungen und dem Reiz der Situationen zu dienen (servire alla Poesia per l'espressione, e per le situazione della Favola), ohne die Handlung zu unterbrechen oder sie durch unnütze und überflüssige Verzierungen abzukühlen. Ferner war ich der Meinung, die Musik müsse für die Poesie da sein, was in einer sorgfältigen und wohlangelegten Zeichnung die Lebhaftigkeit der Farben und die wohlverteilten Gegensätze von Licht und Schatten bewirken, die dazu beitragen, die Figuren zu beleben, ohne ihre Umrisse zu entstellen. Ich wollte also weder einen Darsteller in der größten Hitze des Dialogs unterbrechen, um ihn ein langweiliges Ritornell abwarten zu lassen, noch wollte ich ihn mitten im Wort auf einem gutliegenden Vokal festhalten, oder ihm Gelegenheit geben, in einer längeren Passage die Beweglichkeit seiner schönen Stimme zur Schau zu stellen, oder ihm durch ein Orchesterzwischenspiel eine Atempause für eine Kadenz zu liefern. Ich hielt es nicht für notwendig, über den zweiten Teil einer Arie, den vielleicht leidenschaftlichsten und wichtigsten, schnell hinwegzugehen, um die Gelegenheit zu haben,, die Worte des ersten Teils nach der Regel viermal zu wiederholen, um die Arie dort zu beenden, wo sie vielleicht dem Sinn nach nicht schließt, nur um dem Sänger Gelegenheit zu geben, zu zeigen, daß er in der Lage ist, ein Passage auf diese oder jene Art willkürlich zu verändern. Kurz, ich habe mich bemüht, alle jene Mißbräuche zu verbannen, gegen die sich der gute Geschmack und die Vernunft seit so langer Zeit vergebens aufgelehnt haben.

Ich bin der Meinung, daß die Ouvertüre (la Sinfonia) die Zuschauer auf die darzustellende Handlung vorbereiten und sozusagen ihren Inhalt zusammenfassen soll und daß das Orchester nach Maßgabe des Interesses und des Affektes behandelt werden muß, ohne daß der Dialog einen einschneidenden Unterschied zwischen Arie und Rezitativ zuläßt, ohne daß ein Satz sinnwidrig zerschnitten wird, ohne die Gewalt und die Glut der Handlung unzeitig zu unterbrechen.

Ich war ferner der Ansicht, daß meine größte Anstrengung sich darauf beschränken müsse, eine schöne Einfachheit (bella semplicità) zu erreichen. Ich habe es vermieden, um die Schwierigkeiten zum Schaden der Klarheit ein Aufhebens zu machen. Ich habe niemals einen neuen Gedanken für wertvoll gehalten, wenn er nicht durch die Situation und den Ausdruck von selbst gegeben war, und da ist keine hergebrachte Regel, die ich nicht glaubte gerne zugunsten der Wirkung opfern zu dürfen.

Dies sind meine Grundsätze. Glücklicherweise kam zu meiner Verwunderung das Textbuch meinem Vorhaben entgegen. In ihm hat der gefeierte Autor – in seinem Kopf eine neue Vorstellung des Dramatischen – an die Stelle der zierlichen Beschreibung, der überflüssigen Vergleiche, der sinnreichen und frostigen Moralsprüche, die Sprache des Herzens, die starken Gemütsbewegungen, die fesselnden Situationen und ein immerfort wechselndes Schauspiel gesetzt. Der Erfolg hat meine Grundsätze gerechtfertigt und die allgemeine Billigung einer so erlauchten Stadt [2] hat deutlich gezeigt, daß Einfachheit, Wahrheit, Natürlichkeit (semplicità, verità et la naturalezza) in den großen Ursprüngen des Schönen und in allen Äußerungen der Kunst sind. Bei alledem, trotz wiederholtem Drängen der achtenswertesten Persönlichkeiten, mich zur Veröffentlichung dieses meines Werkes zu bestimmen, bin ich mir doch des vollen Risikos bewußt, das man mit der Bekämpfung so weitverbreiteter und so tief eingewurzelter Vorurteile eingeht. So habe ich mich genötigt gesehen, mich des allermächtigsten Schutzes Eurer Königlichen Hoheit zu versichern und um die Gnade zu bitten, diesem meinem Werk Ihren erlauchten Namen voranzusetzen, der mit so viel Grund die Stimmen des erleuchteten Europa vereinigt. Der große Beschützer der schönen Künste, der über ein Volk herrscht, das für sich den Ruhm in Anspruch nehmen darf, sie (= die schönen Künste) aus der allgemeinen Unterdrückung wieder erhoben und in jeder [dieser Künste] große Vorbilder geschaffen zu haben, in dieser Stadt, stets die erste, das Joch gemeiner Vorurteile abzuschütteln, um sich den Weg zur Vollkommenheit zu bahnen, kann allein die Reform dieses edlen Schauspiels unternommen werden, an dem alle Künste so großen Anteil haben. Wenn dies glücken sollte, wird mir der Ruhm bleiben, den ersten Stein bewegt zu haben. Mit diesem öffentlichen Beweis seines hohen Schutzes habe ich die Ehre, mich mit untertänigster Ergebenheit zu nennen

Eurer königlichen Hoheit

ergebendsten und gehorsamsten Diener Christoph Gluck

Ch. W. Gluck: Alceste. Wien: Trattner 1769. Abdruck des vollständigen italienischen Originaltextes in: Alfred Einstein: Gluck. Sein Leben – seine Werke. Zürich, Stuttgart: Pan-Verlag o. J. (1954), S. 142–144. Deutsche Übersetzung: Verfasser (unter Verwendung der Übersetzung von A. Einstein)

Anmerkungen

[1] *Peter Leopold, Großherzog von Toskana; später Kaiser Leopold II.*
[2] *Wien*

Literatur

Einstein, Alfred: Gluck. Sein Leben – seine Werke. Zürich, Stuttgart: Pan-Verlag o. J. (1954)
Marx, Adolf Bernhard: Gluck und die Oper. Bd. I. Berlin: Otto Janke 1863
Moser, Hans: Christoph Willibald Gluck. Stuttgart: Cotta 1940, S. 176 ff.
Schäfke, Rudolf: Geschichte der Musik-Ästhetik in Umrissen. Berlin: Max Hesse 1934. Nachdruck mit Vorwort v. W. Korte. Tutzing: Schneider [2]1964

Opernszene auf der Hofbühne von Esterházy, 1775. Vermutlich ist das Finale von Joseph Haydns Dramma giocoso „L'incontro improvviso" dargestellt. Haydn am Cembalo, dazu 13 Violinen und Bratschen, 1 Cello, 2 Kontrabässe, 2 Oboen und ein Fagott.
(Gouache. München, Theatermuseum)

Mozart und das Musiktheater

Theaterzettel der Uraufführung von W. A. Mozarts ,,Entführung aus dem Serail''. (Wien, Österreichische Nationalbibliothek, Theatersammlung)

In der *opera seria* des 18. Jahrhunderts tritt der Mensch als Einzelwesen hinter den Ideen und Gefühlen, deren Verkünder er lediglich ist, völlig zurück. Alles strebt über das Einzelwesen Mensch hinaus ins Typische, Allgemeinmenschliche. Die Handlung verläuft mit ihrem Dialog wie ein Schatten gleichsam nebenbei und wird dem flüchtigen Seccorezitativ anvertraut. Das eigentliche Rückgrat des Kunstwerkes bilden die Arien, die, in ihrer äußeren Form gleich, durch eine rein musikalische Architektonik und den alle Menschen einenden Affekt gleichsam den roten Faden durch das musikalische Kunstwerk bilden.
Einige Jugendwerke Mozarts (z. B. ,,Mitridate'' und ,,Lucio Silla'') sowie die Opern ,,Idomeneo'' und ,,Titus'' gehören diesem Typus der opera seria an. Der Stoff dieser Opern ist zumeist der antiken Sage, Geschichte und Mythologie entnommen.
Neben der opera seria war auf volkstümlichem Boden und teilweise auch als bewußter Gegenschlag gegen den Geist der ernsten Oper in der 1. Hälfte des 18. Jahrhunderts eine neue Gattung entstanden, die in Italien *opera buffa,* in Frankreich *opéra comique* genannt wurde. Gemeinsam ist diesen beiden Typen ein realistischer Grundzug, der bereits in den Themen und Personen, die dem Alltag entnommen sind, deutlich wird. Ein gewisser Hang zur Typisierung, wie er in den Charaktermasken des Pantalone, Dottore oder des Capitano Sparenta zum Ausdruck kommt, macht sich auch in der opera buffa bemerkbar. Es handelt sich dabei jedoch nicht um verstandesmäßig erdachte Eigenschaften, sondern um solche, die man in Wirklichkeit an bestimmten Ständen (z. B. Kaufmann, Gelehrter, Soldat) beob-

achten konnte. Dazu gesellte sich eine Handlung, bei der es weit weniger auf Logik als vielmehr auf schlagkräftige Wirkung ankam.
Dem entspricht auch die musikalische Gestaltung. Kastratenrollen mit ihrem Verfremdungseffekt mußten der „natürlichen" (Frauen-)Stimme weichen; der mehrstimmige Sologesang und großangelegte Ensemblesätze werden zunehmend stärker berücksichtigt. Hauptwerke Mozarts zu dieser Gattung sind: „Le Nozze di Figaro", „Don Giovanni" und „Così fan tutte".
Das *deutsche Singspiel,* wie es von J. G. Standfuß und J. A. Hiller in Verbindung mit dem Dichter Ch. F. Weiße ins Leben gerufen wurde, verrät deutlich das französische Vorbild der opéra comique im kleinbürgerlichen Stoffkreis mit sozialer Tendenz und mit einer Formensprache, die den Schwerpunkt auf volkstümlichen Liedgesang mit verbindendem gesprochenen Dialog legt. In Wien neigte das Singspiel dank der Nachbarschaft der „Maschinenkomödien" zu betont exotischen und märchenhaften Motiven, wie Mozarts beide Hauptwerke auf diesem Gebiet, nämlich „Die Entführung aus dem Serail" und „Die Zauberflöte" zeigen.

In zwei Briefen aus Wien an den Vater in Salzburg, datiert vom 26. September und vom 13. Oktober 1781, schildert Mozart den Fortgang der Arbeit an seiner neuen Oper „Die Entführung aus dem Serail". Die Grundlage bildete ein Textbuch, das von dem Wiener Regisseur Stephanie d.J. eingerichtet wurde. Stephanie legte seiner Textfassung der „Entführung" ein Libretto zugrunde, das Christoph Friedrich Bretzner 1780 unter dem Titel „Belmonte und Konstanze, oder die Verführung aus dem Serail" veröffentlicht hatte und dessen Vertonung durch Johann André im Jahr 1781 in Berlin erstmals zur Aufführung gelangte.

Vor allem im Brief vom 13. Oktober nehmen Ausführungen zum Verhältnis von Musik und Sprache einen breiten Raum ein. Mozarts Auffassung kommt in dem Satz „bey einer opera muß schlechterdings die Poesie der Musick gehorsame Tochter seyn" deutlich zum Ausdruck. Er steht damit im Widerspruch zu der anderen grundsätzlichen Ansicht „L'oratione sia padrona dell'harmonia e non serva", daß nämlich das Wort als Herrin der Musik und nicht als deren Dienerin angesehen werden müsse, eine Ansicht, wie sie beispielsweise von Monteverdi in Zusammenhang mit der „seconda pratica" formuliert wurde (vgl. Quellen 7, 8).
Gut zehn Jahre vor Mozarts Brief hatte Gluck in seiner Vorrede zur Oper „Alceste" es als wahre Aufgabe der Musik bezeichnet, die Dichtung in ihrem Ausdruck der Empfindungen und dem Reiz der Situationen zu unterstützen (vgl. Quelle 19). Bei Mozart wird die Musik nun zum zentralen Mittel des seelischen Ausdrucks. Dementsprechend sind für ihn „verse wohl für die Musick das unentbehrlichste – aber Reime – des reimens wegen das schädlichste".

20. Wolfgang Amadeus Mozart: Brief vom 26. September 1781 an seinen Vater

À / Monsieur / Monsieur Leopold Mozart / maitre de la Chapelle de S: A: R: / l'archeveque de et à / Salzbourg[1].

Vienne ce 26 de Septembre 1781

Mon trés cher Pére!

Verzeihen sie mir, daß ich ihnen lezthin mehr Brief-Porto bezahlen gemacht![2] – allein, ich hatte eben nichts Nothwendiges zu schreiben, – und glaubte ihnen vergnügen zu machen, wenn ich ihnen so eine kleine Idèe von der oper[3] geben würde. – die oper[4] hatte mit einem Monologue angefangen, und da bat ich H: Stephani[5] eine kleine ariette[6] daraus zu machen

– und daß anstatt nach dem liedchen des osmin[7] die zwey zusammen schwätzen, ein Duo[8] daraus würde. – da wir die Rolle des osmin H: fischer[9] zugedacht, welcher eine gewis fortrefliche Bass-stimme hat |: ohngeacht der Erzbischof[10] zu mir gesagt, er singe zu tief für einen Bassisten, und ich ihm aber betheuert er würde mit nächsten höher singen –: |so muß man so einen Mann Nutzen, besonders da er das hiesige Publikum ganz für sich hat. – dieser osmin hat aber im original büchel das einzige liedchen zum singen, und sonst nichts, außer dem Terzett und final. dieser hat also im Ersten Ackt eine aria bekommen, und wird auch im 2:ten noch eine haben.[11] – die aria hab ich dem H: Stephani ganz angegeben; – und die hauptsache der Musick davon war schon fertig, ehe Stephani ein Wort davon wuste. – sie haben nur den anfang davon, und das Ende, welches von guter Wirkung seyn muß – der zorn des osmin wird dadurch in das kommische gebracht, weil die türkische Musick[12] dabey angebracht ist. – in der ausführung der aria habe ich seine schöne tiefe töne |: trotz dem Salzburger Midas[10]: | schimmern lassen. – das, drum beym Barte des Propheten etc: ist zwar im nemlichen tempo, aber mit geschwinden Noten – und da sein zorn immer wächst, so muß – da man glaubt die aria seye schon zu Ende – das allegro aßai – ganz in einem andern zeitmaas, und in einem andern Ton – eben den besten Effect machen; denn, ein Mensch der sich in einem so heftigen zorn befindet, überschreitet alle ordnung, Maas und Ziel, er kennt sich nicht – so muß sich auch die Musick nicht mehr kennen – weil aber die leidenschaften, heftig oder nicht, niemal bis zum Eckel ausgedrücket seyn müssen, und die Musick, auch in der schaudervollsten lage, das Ohr niemalen beleidigen, sondern doch dabey vergnügen muß, folglich allzeit Musick bleiben Muß, so habe ich keinen fremden ton zum f |: zum ton der aria : | sondern einen befreundten dazu, aber nicht den Nächsten, D minor, sondern den weitern, A minor, gewählt.[13] – Nun die aria von Bellmont in ADur. O wie ängstlich, o wie feurig, wissen sie wie es ausgedrückt ist – auch ist das klopfende liebevolle herz schon angezeigt – die 2 violinen in oktaven. – dies ist die favorit aria von allen die sie gehört haben – auch von mir. – und ist ganz für die stimme des Adamberger[14] geschrieben, man sieht das zittern – wanken – man sieht wie sich die schwellende brust hebt – welches durch ein crescendo exprimirt ist – man hört das lispeln und seufzen – welches durch die ersten violinen mit Sordinen und einer flaute mit in unisono ausgedrückt ist. –

der Janitscharen Chor ist für einen Janitscharen Chor alles was man verlangen kann.[15] – kurz und lustig; – und ganz für die Wiener geschrieben. – die aria von der konstanze habe ich ein wenig der geläufigen gurgel der Mad:selle Cavallieri aufgeopfert.[16] – Trennung war mein banges loos. und nun schwimmt mein aug in Thränen – habe ich, so viel es eine wälsche Bravour aria zulässt, auszudrücken gesucht. – das hui – habe ich in schnell verändert also: doch wie schnell schwand meine freude etc: ich weis nicht was sich unsere teutsche dichter denken; – wenn sie schon das theater nicht verstehen, was die opern anbelangt – so sollen sie doch wenigstens die leute nicht reden lassen, als wenn schweine vor ihnen stünden. – hui Sau; –

Nun das Terzett, nemlich der schluß vom Ersten Ackt.[17] – Pedrillo hat seinen Herrn für einen Baumeister ausgegeben, damit er gelegenheit hat mit seiner konstanze im garten zusamm zu kommen. der Bassa hat ihn in diensten genommen; – osmin als aufseher, und der darum nichts weis, ist als ein grober flegel, und Erzfeind von allen fremden impertinent und will sie nicht in dem garten lassen. das erste was angezeigt, ist sehr kurz – und weil der Text dazu anlaß gegeben, so habe ich es so ziemlich gut 3stimmig geschrieben. dann fängt aber gleich das major pianißimo[18] an – welches sehr geschwind gehen muß – und der schluß wird recht viel lärmen machen – und das ist Ja alles was zu einem schluß von einem Ackt gehört – Je mehr lärmen, Je besser; – Je kürzer, Je besser – damit die leute zum klatschen nicht kalt werden. –

Von der ouverture haben sie nichts als 14 Täckt. – die ist ganz kurz – wechselt immer mit forte und piano ab; wobey beym forte allzeit die türkische Musick einfällt. – modolirt so durch die töne fort – und ich glaube man wird dabey nicht schlafen können, und sollte man eine ganze Nacht durch nichts geschlafen haben. – Nun sitze ich wie der Haaß im Pfeffer – über 3 wochen ist schon der Erste Ackt fertig – eine aria im 2.ten Ackt, und das Saufduett[19] |: per li Sig:ri vieneri : |[20] welches in nichts als in meinem türkischen Zapfenstreich besteht:| ist schon fertig; – mehr kann ich aber nicht davon machen – weil izt die ganze geschichte umgestürzt wird – und zwar auf mein verlangen. – zu anfange des dritten Ackts ist ein charmantes quintett oder vielmehr final – dieses möchte ich aber lieber zum schluß des 2:t Ackts haben.[21] um das bewerkstelligen zu können, muß eine grosse veränderung, Ja eine ganz Neue intrigue vorgenommen werden – und Stephani hat über hals und Kopf arbeit da muß man halt ein wenig gedult haben. – alles schmelt über den Stephani – es kann seyn daß er auch mit mir nur ins gesicht so freundschaftlich ist – aber er arrangirt mir halt doch das buch – und zwar so wie ich es will – auf ein haar – und mehr verlange ich bey gott nicht von ihm! – Nun das ist ein geschwätz von der opera; aber es muß doch auch seyn. – ich bitte sie schicken sie mir den Marsch denn ich letzthin angezeigt habe. – gylofsky sagt der Daubrawaick wird bald kommen.[22] – die fl: v: Auerhammer[23] und ich erwarten die 2 DoppelConcert[24] mit sehnsucht – ich hoffe wir werden nicht so fruchtlos darauf warten wie die Juden auf den Meßias. – Nun Adieu – leben sie recht wohl, ich küsse ihnen 1000mal die Hände, und meine liebe schwester |: mit dessen gesundheit, wie ich hoffe, es besser stehen wird :| umarme ich vom herzen, und bin Ewig dero gehorsamster Sohn

W: A: Mozart.

W. A. Mozart. Briefe und Aufzeichnungen. Bd. III: 1780–1786. Hrsg. v. der Internationalen Stiftung Mozarteum Salzburg. Gesammelt und erläutert v. W. A. Bauer u. O. E. Deutsch. Kassel u. a.: Bärenreiter 1963, S. 161 ff. (Nr. 629)

Die
Entführung aus dem Serail.
Ein Singspiel
in drey Aufzügen,
nach Bretznern
frey bearbeitet, und für das k. k. Nationalhoftheater eingerichtet.
In Musik gesetzt
vom
Herrn Mozart.
Aufgeführt im k. k. Nationalhoftheater.
Wien,
zu finden beym Logenmeister, 1782.

Titelblatt des Librettos der „Entführung aus dem Serail". Weder auf dem Theaterzettel noch auf dem Libretto wird der Name Stephanies genannt. (Wien, Stadtbibliothek)

Anmerkungen

1 Kapellmeister seiner fürstlichen Hoheit, des Erzbischofs von und zu Salzburg
2 wegen der Notenbeilagen in den Briefen vom 19. und vom 26. September 1781
3 eine kleine Idèe von der Oper „Die Entführung aus dem Serail"
4 Hier meint Mozart mit „oper" das Textbuch.
5 Johann Gottlieb Stephanie d. J. (1741–1800) arbeitete als Regisseur und Dramaturg an verschiedenen Wiener Theatern.
6 Belmontes Arie „Hier soll ich dich denn sehen" (Nr. 1)
7 „Wer ein Liebchen hat gefunden" (Nr. 2)
8 Duett Nr. 2 Belmonte – Osmin, beginnend mit „Verwünscht seist du samt deinem Liede"
9 Johann Ignaz Ludwig Fischer (1745–1825) trat als Baß an verschiedenen Bühnen in Deutschland, Frankreich und Italien auf. Mozart schrieb für ihn den Osmin. Der Fischer zugeschriebene Stimmumfang von D bis a' wird, was die Tiefe betrifft, durch die Arie „O, wie will ich triumphieren" (Nr. 19) bestätigt. Von Fischer stammt auch die bekannte Arie „Im tiefen Keller".
10 Hieronymus Graf von Colloredo-Waldsee (1732–1812), seit 1772 Fürsterzbischof von Salzburg, war der Dienstherr von Leopold und Wolfgang Amadeus Mozart. Im Verlauf einer Reise nach Wien im Jahre 1781, die W. A. Mozart im Gefolge des Fürsterzbischofs unternahm, kam es zu persönlichen Auseinandersetzungen Mozarts mit seinem Dienstherrn, als dieser ihn nicht öffentlich als Pianist auftreten ließ. Die Folge war, daß Mozart um seine Entlassung eingab, der auch stattgegeben wurde. Dies geschah im Mai/Juni 1781, also kurz bevor Mozart mit der Vertonung der „Entführung" begann. Mit „Salzburger Midas" ist ebenfalls der Fürsterzbischof Hieronymus gemeint.
11 In Bretzners Libretto war für Osmin außer dem Liedchen „Wer ein Liebchen hat gefunden" nur ein Terzett „Marsch! Marsch!", das Duett „Vivat Bachus!" und die durchkomponierte Entführungsszene im dritten Akt vorgesehen. Durch Stephanie kamen die beiden großen Arien (Nr. 3 „Solche hergelaufnen Laffen" und Nr. 19 „O, wie will ich triumphieren") hinzu.
12 „Türkische Musik", auch „Janitscharenmusik" genannt, bezeichnet ursprünglich die Feldmusik der Janitscharen, einer türkischen Elitetruppe, die aus Christen bestand und durch die Türkenkriege in Europa bekannt wurde. Vor allem das dort übliche charakteristische Instrumentarium fand in der Kunstmusik („Türkenopern") Eingang. Mozart beschränkt sich in der „Entführung" auf die Verwendung von Becken, Triangel, großer Trommel und Flauto piccolo.
13 Die Moll-Parallele zur Dur-Tonart F wäre d gewesen; Mozart nimmt jedoch die Dominantparallele (a-moll).
14 Valentin Adamberger (1743–1804) sang als Tenor an den großen Bühnen in Italien, London und Wien. 1780 an die Wiener Hofoper engagiert, schrieb Mozart den Belmonte für ihn.
15 „Singt dem großen Bassa Lieder" (Nr. 5)
16 Katharina Cavallieri (1760–1801), österreichische Sopranistin, die ausschließlich in Wien auftrat. Mozart erwähnt die Cavallieri in einem Brief vom 21. Mai 1785 als eine Sängerin „. . . worauf teutschland Stolz seyn darf". Neben der Partie der Konstanze komponierte Mozart für Katharina Cavallieri die Sopranpartie in „Davidde penitente", die Partie der Mme. Silberklang im „Schauspieldirektor" und „Mi tradì" für die Aufführung des „Don Giovanni" am 7. Mai 1788. Die Arie der Konstanze „Ach ich liebte, war so glücklich" (Nr. 6) wird in besonderem Maß den technischen Fertigkeiten der Sängerin gerecht.
17 „Marsch, marsch, marsch" (Nr. 7)
18 Mit „major pianißimo" bezeichnet Mozart den Beginn des „Allegro assai" aus dem Finale des 1. Aufzugs „Marsch fort" (Nr. 7). Diese Stelle steht in C-Dur (vorher c-moll) und beginnt im Piano, nicht im Pianissimo, wie das Autograph beweist.
19 „Saufduet" von Pedrillo und Osmin: „Vivat Bacchus, Bacchus lebe" (Nr. 14). Der hierzu verwendete „türkische Zapfenstreich" ist nicht bekannt.
20 Mit „li Signori vieneri" sind die bereits oben erwähnten Herren der Wiener Gesellschaft gemeint, die Mozart mit dem „Saufduet" besonders ansprechen wollte.
21 Das ursprünglich von Bretzner als Quintett konzipierte „Ach Belmonte, ach mein Leben" wurde von Mozart und Stephanie zu einem Quartett (Nr. 16) umgearbeitet und an den Schluß des 2. Aktes gestellt.
22 F. W. von Gilowski war Mediziner,
Johann Baptist Anton Daubrawa von Daubrawaick Münzmeister in Salzburg.
23 Fräulein von Aurnhammer (Mozart: Auerhammer) war eine von Mozarts Klavierschülerinnen in Wien.
24 Es handelt sich um die Konzerte in F-Dur, KV 242 (1776), für drei Klaviere, und in Es-Dur, KV 365 (1779), für zwei Klaviere. Daubrawa von Daubrawaick sollte sie offensichtlich nach Wien mitbringen.

(Die originalen Anmerkungen wurden zum Teil verwendet.)

Das Saufduett Osmin – Pedrillo aus der „Entführung aus dem Serail" in der Aufführung des Berliner Nationaltheaters, 1789, in Anwesenheit Mozarts.
(Aquatinta, Stecher unbekannt)

21. Wolfgang Amadeus Mozart: Brief vom 13. Oktober 1781 an seinen Vater

À/Monsieur/Monsieur Leopold Mozart/maitre de la Chapelle de S:/A: R: l'archeveque de et à/Salzbourg.[1]

Vienne ce 13 d'octobre
Mon trés cher Pére! 1781:

Danke ihnen nebst der frl: v: Auerhammer für die Concerten.[2] – M:^{r} Marchal hat mir den Jungen H: v: Mayern gestern vormittags auf mein Zimmer gebracht, und nachmittags bin ich hinaus gefahren, und habe meine Sachen abgehollt.[3] – M:^{r} Marchal hat hofnung zum grafen Jean Esterhatzy[4] als Hofmeister zu kommen – und graf kobenzel[5] hat ihm eine schriftliche Recomandation[6] ann den grafen gegeben. – er sagte mir; J'ai donnè une lettre à Monsieur votre protegè.[7] – und als er wieder mit dem Marchal zu sprechen kamm, sagte er ihm; d'abord que J'aurai de reponse, Je le dirai à M:r Mozart votre protecteur. –[8] Nun wegen dem text von der opera. – was des Stephani[9] seine arbeit anbelangt, so haben sie freylich recht. – doch ist die Poesie dem karackter des dummen, groben und boshaften osmin ganz angemessen – und ich weis wohl daß die verseart darinn nicht von den besten ist – doch ist sie so Passend, mit meinen Musikalischen gedanken |: die schon vorher in meinem kopf herumspatzierten :| übereins gekommen, daß sie mir nothwendig gefallen musste; – und ich wollte wetten daß man bey dessen aufführung – nichts vermissen wird. – was die in dem Stück selbst sich befindende Poesie betrift, könnte ich sie wirklich nicht verrachten. – die aria von belmont; o wie ängtlich etc: könnte fast für die Musick nicht besser geschrieben seyn.[10] – das hui, und kummer ruht in meinem schoos |: denn der kummer – kann nicht ruhen : |ausgenommen, ist die aria auch nicht schlecht; besonders der Erste theil. – und ich weis nicht – bey einer opera muß schlechterdings die Poesie der Musick gehorsame Tochter seyn. – warum gefallen denn die Welschen kommischen opern überall?[11] – mit allem dem Elend was das buch anbelangt! – so gar in Paris – wovon ich selbst ein Zeuge war. – weil da ganz die Musick herscht – und man darüber alles vergisst. – um so mehr muß Ja eine opera gefallen wo der Plan des Stücks gut ausgearbeitet; die Wörter aber nur blos für die Musick geschrieben sind, und nicht hier und dort einem Elenden Reime zu gefallen | : die doch, bey gott, zum werth einer theatralischen vorstellung, es mag seyn was es wolle, gar nichts beytragen, wohl aber eher schaden bringen : | worte setzen – oder ganze strophen die des komponisten seine ganze idèe verderben. – verse sind wohl für die Musick das unentbehrlichste – aber Reime – des reimens wegen das schädlichste; – die herrn, die so Pedantisch zu werke gehen, werden immermit sammt der Musick zu grunde gehen. – da ist es am besten wenn ein guter komponist der das Theater versteht, und selbst etwas anzugeben im stande ist, und ein gescheider Poet, als ein wahrer Phönix[12], zusammen kommen. – dann darf einem vor dem beyfalle des unwissenden auch nicht bange seyn. – die Poeten kommen mir fast vor wie die Trompeter mit ihren Handwercks Possen! – wenn wir komponisten immer so getreu unsern regeln |: die damals als man noch nichts bessers wusste, ganz gut waren :| folgen wollten, so würden wir eben so untaugliche Musick, als sie untaugliche bücheln, verfertigen. –

Nun habe ich ihnen dünkt mich genug albernes zeug daher geschwäzt; nun muß ich mich um das erkundigen was mir am meisten am herzen liegt, nemmlich ihre gesundheit, mein bester vatter! – ich habe ihnen in meinem lezten schreiben zweyerley Mittel für den schwindel vorgeschlagen, die, wenn sie ihnen nicht bekannt sind, ihnen vieleicht nicht tauglich vorkommen werden.[13] – Man hat mich aber versichert daß sie gewiß guten erfolg bringen würden, und das vergnügen sie gesund zu wissen machte mir diese versicherung so glaublich und gewis, daß ich mich ohnmöglich enthalten konnte, selbe so aus gutem herzen, vorzuschlagen, mit dem heissesten Wunsch daß sie deren nicht benöthiget seyn möchten – und im wiedrigen falle daß sie zur gänzlichen herstellung gedeihen sollen. – Meine schwester hoffe ich wird sich täglich mehr erhollen. – ich küsse sie vom ganzen herzen, und ihnen, mein liebster, bester vatter, küsse ich 1000mal die hände und bin Ewig

dero

gehorsamster Sohn
W. A. Mozart

so bald ich die uhr[14] erhalten werde,
werde ich die ihrige dagegen
geben. Adieu.

W. A. Mozart. Briefe und Aufzeichnungen. Bd. III: 1780–1786. Hrsg. v. der Internationalen Stiftung Mozarteum Salzburg. Gesammelt u. erläutert v. W. A. Bauer u. O. E. Deutsch. Kassel u. a.: Bärenreiter 1963, S. 166 (Nr. 633)

Anmerkungen

1 vgl. Anm. 1 zum Brief vom 26. September 1781 (Quelle 20)

2 vgl. Anm. 23 und 24 zum Brief vom 26. September 1781 (Quelle 20)

3 Mr. Marchal war vermutlich der Erzieher des „Jungen H: v: Mayern". Bei letzterem handelt es sich wahrscheinlich um Johann Baptist Mayr von Mayrn (1764–1819).

4 Johann Nepomuk Graf Esterházy (1754–1840), einer der tätigsten Musikfreunde der Wiener Gesellschaft; 1781 Meister vom Stuhl der Loge „Zur gekrönten Hoffnung". Mozart spielte bei ihm erstmals am 1. März 1784.

5 Johann Philipp Graf Cobenzl (1741–1810), Beamter in der Brüsseler Rechnungskammer, ab 1779 Vize-Hof- und Staatskanzler. Mozart war im Sommer 1781 mehrmals in dessen Landhaus auf dem Reisenberg bei Wien.

6 Recommandation: Empfehlung

7 Ich habe Ihrem Herrn Schützling einen Brief übergeben.

8 Bevor ich die Antwort bekam, habe ich sie Ihrem Protecteur Mozart mitgeteilt.

9 vgl. Anm. 5 zum Brief vom 26. September 1781 (Quelle 20)

10 Nr. 4

11 Wien war seit jeher eine Hochburg der italienischen opera buffa und der französischen opéra comique. Von 11 Neuinszenierungen des Jahres 1780 am Wiener Nationalsingspiel waren 4 deutsche und 7 „wälsche" (5 französische und 2 italienische) Werke.

12 Vogel der altägyptischen Sage, der sich im Feuer verjüngt

13 Bereits in seinem Brief vom 6. Oktober 1781 (Nr. 631, S. 164 ff.) an den Vater erwähnt Mozart die „wagenschmier", d. i. Fett, das zum Schmieren der Radnaben verwendet wurde, und „schwindlwurzel", d. i. Radix Arnicae (Arnikawurzel) oder Gemswurz (Doronicum pardalianches).

14 Mozarts „favorit uhr". Mozart bat seinen Vater wiederholt um die Übersendung einiger Kleidungsstücke und eben auch der genannten Uhr. Leopold Mozart zögerte jedoch, da er mit Wolfgangs Übersiedlung nach Wien nicht einverstanden war.

(Die originalen Anmerkungen wurden zum Teil verwendet.)

Literatur

Abert, H.: W. A. Mozart. 2 Bde. und Register. Leipzig: Breitkopf & Härtel [7]1955, 1956, 1966

Conrad, L.: Mozarts Dramaturgie der Oper. Würzburg: Triltsch 1943

Dent, E. J.: Mozarts Opern. Berlin: E. Reiss 1922

Einstein, A.: Mozart. Sein Charakter. Sein Werk. Neuausgabe Frankfurt am Main: S. Fischer 1968

Georgiades, Th. G.: Aus der Musiksprache des Mozarttheaters. In: Mozart-Jahrbuch 1 (1950), S. 76–98

Raeburn, C.: Die Entführungsszene aus „Die Entführung aus dem Serail". In: Mozart-Jahrbuch 13 (1965), 130 ff.

Steglich, R.: „Verse ... für die Musik das Unentbehrlichste". In: Mozart-Jahrbuch 7 (1957), S. 115 ff.

Die Klaviersonate:
L. van Beethoven, op. 31, 2, d-moll

Beethovens Hammerflügel. Der Flügel wurde Beethoven im Sommer 1803 von Sébastien Erard zum Geschenk gemacht. Das Instrument hat Stoßzungenmechanik, dreichörige Besaitung sowie einen Umfang von fünf Oktaven und einer Quinte (F_1 bis c^3). Die Register (Verschiebung, Piano, Dämpfung, Laute) werden durch vier Holzpedale bedient.
(Wien, Kunsthistorisches Museum, Sammlung alter Musikinstrumente)

Die Komposition von Beethovens drei Sonaten op. 31 in G-Dur, d-moll und Es-Dur fällt in die Jahre 1801 und 1802. Es ist dies eine für Beethoven problematische Zeit; sein Ohrenleiden verstärkt sich, im Oktober 1802 schreibt er das „Heiligenstädter Testament". Gleichzeitig setzt eine kritische Reflexion über seine bisher geübte Kompositionsweise ein. Beethovens Ausspruch „Ich bin mit meinen bisherigen Arbeiten nicht zufrieden, von nun an will ich einen anderen Weg beschreiten" ist überliefert; seinen Versuch, einen neuen Weg zu finden, können wir mit einigem Grund auf die 3 Sonaten op. 31 beziehen. Der mittleren Sonate, op. 31, Nr. 2, d-moll, hat von jeher große Aufmerksamkeit gegolten. Die besondere Anlage des Hauptsatzes, ihr Sprachgestus, ihre rezitativische Haltung heben sie von den beiden anderen ab. Nicht von ungefähr wurde sie mit einem quasi programmatischen Titel versehen: „Sturm-Sonate" oder „Rezitativ-Sonate".
Durch Anton Schindler, Beethovens Adlatus seit 1819, ist folgendes überliefert: „Eines Tages, als ich dem Meister den tiefen Eindruck geschildert, den die Sonaten in d-moll und f-moll (op. 57) in der Versammlung bei C. Czerny hervorgebracht und er in guter Stimmung war, bat ich ihn, mir den Schlüssel zu diesen Sonaten zu geben. Er erwiderte: ‚Lesen Sie nur Shakespeares Sturm'. Dort also soll er zu finden sein; aber an welcher Stelle; Frager, lese, rate und errate!" Dieser etwas dunkle Ausspruch Beethovens hat viele Deutungsversuche ausgelöst und nicht wenig zur Mystifizierung der beiden Sonaten beigetragen.
Jeder der nachfolgenden Texte hat den ersten Satz von Beethovens d-moll-Sonate zum Gegenstand. Die Texte geben so ein anschauliches Bild von der Bandbreite der Auffassung und Interpretation Beethovenscher Musik.

Carl Czerny: Zum Vortrag

Carl Czerny (1791–1857) hatte zwischen 1801 und 1803 bei Beethoven Klavierunterricht. Erfolgreich sowohl als Klavierpädagoge als auch als Komponist, unterrichtete er unter anderem auch den jungen Franz Liszt.

Czerny gibt dem 4. Band seiner Klavierschule (1842) einen Abschnitt „Über den richtigen Vortrag der sämmtlichen Beethoven'schen Werke für das Piano allein“ bei. Die Sonate op. 31,2 hat er nach eigener Aussage bei Beethoven selbst studiert, wir dürfen seine Interpretationshinweise als authentisch nehmen. Einige Einzelheiten sind bemerkenswert: Czerny spricht von „Tongemälde“, vom „Romantisch-pittoresken“ die Worte „stürmisch“ und „ferner Donner“ lassen einen Vergleich mit dem Schindler-Zitat zu. Interessant ist die Vorschrift, während des ganzen Rezitativs das Pedal festzuhalten, das sind sechs volle Takte! Auch wenn man berücksichtigt, daß Klaviere der Beethoven-Zeit den Ton weniger lang hielten als unser moderner Flügel, ist der Effekt bedeutend.

22. Carl Czerny: Über den Vortrag der Sonate op. 31, 2, 1. Satz

Erster Satz

Das Arpeggio des ersten Accords langsam, und von dessen höchster Note wird erst der $^4/_4$ Takt gezählt. Die Haltung lange, und das Pedal bis zu Anfang des Allegro gehalten. Das Allegro lebhaft, aber ernst. Vom 21sten Takte Pedal bis zum piano, und so bei jedem forte dieser Stelle bis zum Takt 41. Von da an lebhaft und leicht, aber klagend. Die Accorde (vom Takt 55 an) sehr kräftig und heroisch. Die Basspassage (vom Takt 69) legato, anfangs piano, aber sehr crescendo bis zum forte (Takt 75), welches erst in den Takten 83 bis 86 abnimmt. Die Arpeggios im 2ten Theil langsam, wie oben. Das folgende Allegro sehr stürmisch, mit Pedal bei jedem forte. Beim wiederkehrenden Thema (Largo) wird das Pedal während dem Recitativ fortgehalten, das, wie aus weiter Ferne klagend, ertönen muss. Alles Übrige wie im ersten Theil. Die 10 letzten Takte durchaus mit Pedal und der Bass wie ferner Donner leise und rallentando verhallend.
Diese Sonate ist vollkommen. Die Einheit der Idee und des tragischen Characters, die, durch keine Episode gestörte Kunstform, das Romantischpittoreske des ganzen Tongemäldes werden nie verfehlen, die grösste Wirkung zu machen, wenn die Fantasie des Spielers mit seiner Kunstfertigkeit auf gleich hoher Stufe steht.

C. Czerny: Über den richtigen Vortrag der sämtlichen Beethovenschen Klavierwerke. Hrsg. v. P. Badura-Skoda. Wien: Universal Edition 1963, S. 55

Fritz Volbach: Beschreibung

Fritz Volbachs Buch über Beethovens Klaviersonaten (1919) will „ein Buch für Jedermann“ sein, ein „Führer durch die Schönheit eines der herrlichsten Gärten, die unsere Kunst hat erblühen lassen“. Ohne genauere Analyse wird der musikalische Inhalt poetisch nachvollzogen. Neben der etwas blumigen Diktion stören gelegentlich nationale Züge, die aus der politischen Situation bei Erscheinen des Buches zu verstehen sind: „An der hohen, sittlichen Macht der Kunst Beethovens werden wir uns aufrichten, werden Stolz und Selbstvertrauen wieder finden, werden wieder lernen deutsch zu sein.“

23. Fritz Volbach: Sonate d-moll, 31,2, 1. Satz

Ein ganz anderes Bild zeigt dieses Werk, eine Musik voller Tiefsinnigkeit und glühender, düsterer Leidenschaft. Das Streben nach Eindeutigkeit des Ausdrucks ist hier aufs stärkste angespannt, so stark, daß die Musik wirklich zu reden beginnt. Nur noch ein Schritt, und sie wird die Fessel sprengen und zum Worte, dem Träger *bestimmter* Vorstellungen, greifen. Die Frage, was hat Beethoven mit dieser Musik sagen wollen, wird hier geradezu quälend. Gleich der Anfang; diese auf dem Akkord aufsteigende *Frage*, die ohne Antwort bleibt! Das unruhig dahinhuschende Allegromotiv steigert das Unbestimmte noch mehr, statt es zu erklären. Zweimal erklingt dieses Thema, das zweite Mal in seiner Erweiterung noch glühender und ungewisser. Nun festigt sich die Bewegung. Von wogenden Triolen begleitet steigt im Baß das fragende Akkordmotiv auf. Ihm tritt in der Oberstimme ein neues Motiv, voll tiefen Wehs und klagenden Schmerzes entgegen; das Ganze ein Bild monumentaler Einfachheit und Größe:

T 23

Das Hauptmotiv behält die Oberhand. Das klagende Motiv wird zusammengedrängt zu einem kurzen, scharfen Akzent in der Oberstimme, schrill und hart wie Schmerzensschrei. Aus ihm löst sich das Thema des Seitensatzes los:

T 42

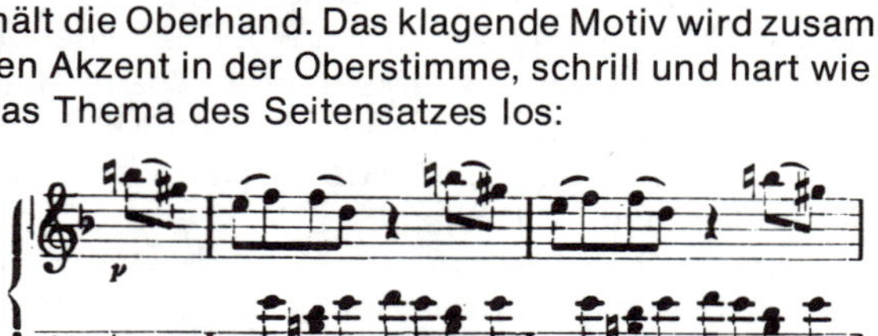

Ruhelos irrt es daher, bis sich ihm das Motiv:

T 55

in den Weg stellt und seinen eilenden Lauf hemmt. Nach achttaktiger Durchführung nimmt die linke Hand dieses neue Motiv auf, die rechte ahmt es frei nach und verleiht ihm durch scharfe Akzente auf dem zweiten Viertel eine besondere Eindringlichkeit:

T 63

Unter Beibehaltung dieses synkopierten Rhythmus der Rechten läuft das Motiv der Linken in eine aufsteigende Achtelbewegung aus:

T 95

die kadenzierend zum Abschluß des 1. Teiles führt.

Der *Durchführungssatz* hebt wieder mit der Eingangsfrage an, die durch dreimalige, sich steigernde Wiederholung noch bedeutungsvoller wirkt. Leise, wie ferner Harfenklang verschwindet der Ton wie in endloser Ferne. Nun bricht mit einem Male ein Sturm der Leidenschaft von geradezu elementarer Gewalt los. Im stärksten ff hebt das Hauptmotiv an, vom Klagemotiv (wie zu Anfang) beantwortet in immer neuem harmonischen Wandel. Wieder zucken die grellen Akzente wie Blitze herein, wie im ersten Teil, nur ist alles noch viel wilder, viel größer und leidenschaftlicher als dort. So eilt der Satz zur Dominante, dem A-dur-Akkord, hin, um dann in schweren Harmonien sich zu beruhigen und zu beschwichtigen.

T 133

Damit gelangen wir zum *Wiederholungsteil.* Von neuem setzt die Frage ein, aber sie wird erweitert zu einem *Rezitativ, die Musik beginnt zu reden.* So schlicht und einfach und doch so ergreifend spricht es zu unserm Herzen, so deutlich, daß man meint, wirkliche Worte zu vernehmen. Und dennoch unausgesprochen bleibt es, was der Meister hier hat ausdrükken wollen, ein stilles Geheimnis, dessen Sinn nur er kannte. Eine Sprache des Herzens, zu fein, um die Belastung des Wortes tragen zu können. Auch die Wiederholung der Frage ist in derselben Weise rezitierend gestaltet. Es ist das erste Mal, daß Beethoven zu diesem Ausdrucksmittel greift; die erste Vorahnung jener urgewaltigen Rezitative, die in der IX. Symphonie zu mächtigster und höchster Bedeutung gelangen. Und nun, nach dem Verklingen des letzten Tones, leise Akkordschläge, kurz und trocken, vorwärts drängend; ein Gang, auf- und abeilend huscht vorüber. Die Akkordschläge werden deutlicher und drohender, ein unerbittliches Schicksal; ein Gang eilt empor und von neuem setzt der *Seitensatz* in seiner unruhigen Hast ein, alles ganz wie im 1. Teil, bis dann der Satz im Grundton zur Ruhe kommt, der dreimal schwer erklingend in einen kurzen *Anhang* weiterführt, dessen Baßmotiv aus der vorhergehenden Baßfigur entstanden ist;

aus:  wird: 

F. Volbach: Die Klaviersonaten Beethovens. Köln: Tonger 1919, S. 160–163

Jürgen Uhde: Analyse

Jürgen Uhdes Analyse stellt musikalische Details fest und fragt nach dem Bezug zum Werkganzen. In der Hoffnung, daß ein geistiges Verstehen des Werks dem praktischen Spiel nützt, wendet er sich insbesondere an den Spieler und Interpreten Beethovenscher Musik.

24. Jürgen Uhde: Beethovens Klaviersonate op. 31,2, 1. Satz

1. Satz Largo, Allegro

Ob nun nähere Beziehungen zu Shakespeares „Sturm" bestehen oder nicht: jedenfalls „spricht" die 2. Sonate, während die 1. „musiziert". Auffällig sind die vielen Dialoge, die sich nicht nur horizontal, also nacheinander, sondern auch vertikal, also gleichzeitig, abspielen. Rede und Gegenrede ist gleich am Anfang als Grundsituation gegeben. Es ist unverständlich, warum so viele Kommentatoren das Hauptthema des 1. Satzes erst T. 21 beginnen lassen, wo doch gerade dort so deutlich die 2. Phase des Hauptthemas, seine aktive „Arbeit", seine Entwicklung beginnt. Die harmonische Labilität der Takte 1–21 ist doch kein Grund, den Beginn der Sonate etwa nicht als Thema anzuerkennen, sondern nur als eine Art Einleitung zu bezeichnen. Wo steht geschrieben, daß ein Hauptthema immer auf der Tonika zu beginnen habe? Folgerichtig begänne ja dann die 3. Sonate gleichfalls mit einer „Einleitung". – Nicht nur ist hier am Beginn – wie immer – der Quellgrund für alle musikalischen Vorgänge innerhalb der Sonate zu erblicken, es wird hier auch gleichsam in großen Lettern, überschriftartig (nämlich in verschiedenen Tempi) die dialogische Grundsituation vor uns hingestellt:

Hier scheint in den ersten beiden Takten „das Objektive" (I) selbst zu sprechen, das Allegro (mit Adagio-Schluß) stellt bereits eine Reaktion (II) dar, klingt persönlich, ist subjektive Antwort. Der Anfangsakkord mit seinen 3 nachfolgenden Dreiklangstönen ist rhythmisch noch nicht profiliert, bietet vielmehr ein Bild des noch Ungestalteten, des In-der-Schwebe-Seins („vager" Dominantsextakkord). Darauf wird in scharfem Kontrast geantwortet, die kleinen Bögen rechts (melodisch abwärts), die Staccati links (Baß aufwärts gerichtet) stellen bereits eine Art von erstem gleichzeitigem Dialog dar, obwohl hier natürlich rechts führt. Doch endet diese Antwort der Takte 3–6 unbefriedigend, zweifelnd, weil wieder nur die Dominante – die ja schon Ausgangsbasis war – erreicht wird und weil damit (und mit dem Adagio-Tempo des 6. Taktes) diese Antwort im Grunde nur in die Frage des 1. Taktes zurückmündet. Wir werden aber sehen, wie wichtig gerade diese melodische Endformel der anfänglichen Thema-Phrase später für den Gang der Handlung wird. – Der 2. Dialog von T. 7 an, eine Sequenz des 1., hat nun doch bereits einen anderen, dramatischeren Inhalt. Mit der F-Dur-Dominante öffnet sich ein neuer Raum, wir bemerken nun, welche Dimensionen diese Bühne hat, und entsprechend gewinnen auch die Antwortgesten (beginnend mit dem Auftakt zu T. 9) freieren Spielraum, den sie mit plötzlich ausbrechendem großem „Passionato“ erfüllen. Die Leidenschaft entzündet sich im Widerstreit von „Zweifel“ (anknüpfend an T. 5/6)

und „Empordrängen“

und so quält sich diese Linie wie gegen heftige Widerstände nach oben (oder wird widerstrebend, gewaltsam emporgerissen). Der Abstieg vom f''' (T. 13ff.), wenngleich in großem Forte, wirkt maßvoller als die rasante Aufwärtsbewegung, weil nun für $7^1/_2$ Takte der d-Moll-Quartsextakkord die Vorgänge an sich bindet. Aber doch immer wieder, wie eine Idée fixe, das Zurückkommen auf jenen Zweifel von T. 5/6, so z. B. in kreisenden Figuren in T. 16–18:

oder in T. 20

Man könnte meinen, eine solch freie Phantasie müsse sich in irrationalen Taktsummen niederschlagen, doch walten hier im Gegenteil überraschend regelmäßige Proportionen; das Thema (T. 1–20) zeigt die folgende Gruppierung:

2 (Largo)𝄐 + 3 (Allegro) + 1 (Adagio)
+ 2 (Largo)𝄐 + 4 + 4 + 4 (Allegro)
also 2 + 4
und 2 + 12 Takte.

Das Ergebnis der beiden Anfangsdialoge ist ein Gespräch auf neuer Ebene (T. 21ff.). Jetzt treten sich wirklich zwei Partner (I und II) gegenüber, wogegen anfangs ja mehr auf einen objektiven Zustand subjektiv reagiert worden war. Aus der Zuständlichkeit der ersten beiden Takte:

hier noch: *portamento*

wird nun handelnde Entschlossenheit:

nun: scharf *staccato*

Die Antwort ist zwar immer noch zweifelnd, aber klingt doch wesentlich gefaßter als in T. 6 (worauf sie abermals anspielt):

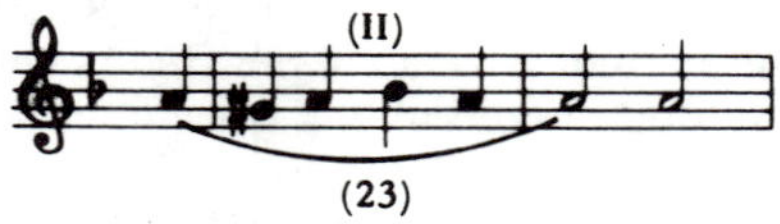

Die Dramatik der neuen Situation wird durch die Triolenbegleitung (T. 21ff.) lebhaft unterstrichen, das Gespräch findet in einer vor Spannung vibrierenden Atmosphäre statt. Als nach einem zweiten Impuls im Baß (T. 25, auf dem Dominantseptakkord) der Partner (T. 27f.) nur wieder die gleiche Antwort zu geben weiß, gerät dieser eben dadurch in akute Bedrängnis; er wird mehr und mehr in die Enge getrieben, es wird ihm keine Zeit mehr zu ausführlichen Erklärungen gelassen. Auf weitere, mit steigender Heftigkeit vorgebrachte Anfragen bzw. „Vorwürfe" antwortet er nur noch mit einem einzigen Ton:

Trotz dieser Einsilbigkeit bleibt aber der Antwortende auch in der sich nun stark zuspitzenden Situation durchaus

auf dem Posten, gibt keineswegs auf, im Gegenteil: Aus dem einen Sforzato-Staccato spricht Unbeugsamkeit, Trotz, und eben diese Tatsache bringt den Initiator dieser Auseinandersetzung förmlich zur Raserei.

Wieder einmal ist der verminderte Septimenakkord der Höhepunkt der Spannung und Dissonanz, wie so oft bei Beethoven. Als selbständiger Klang hat er die damals ihm beigelegte Bedeutung längst verloren, fast ist er als Gegenüber viel dissonanterer Klanggebilde zur Konsonanz geworden. Um so merkwürdiger, daß er im Zusammenhang seine Intentionen bewahrt hat. An dieser Stelle (T. 38ff.) wird übrigens deutlich, was wir auch in allgemeinen Auseinandersetzungen beobachten: Der eine Partner zwingt seinem Gegner die gleiche Äußerungsform auf. Hier ist die Rede beider, so verschieden sie sich auch vorher darstellte, auf einen Klang bzw. Ton reduziert. Offenbar ist nun der Partner I, der die Initiative ergriff und sie bis zu dieser verbissenen Kampfsituation vortrieb, erschöpft, weil er seinen Kontrahenten nicht zum Schweigen bringen konnte. Dieser, T. 41ff., auf der a-Moll-Dominante e plötzlich aus dem Würgegriff befreit, läßt nun seiner Erregung und seinem Zorn freien Lauf, und zwar in der für Ihn so typischen dreifachen Formulierung:

– vgl. Anfang:

(Auch die Konfrontation T. 38–40 ereignete sich ja dreifach.) Diese dreifach gegliederte Phrase, T. 42ff., hat nun ihrerseits zwei Sequenzen, so daß die ganze Rede wieder dreifach gegliedert ist: T. 42–45, T. 46–49, T. 50ff. Obwohl hier nur der Partner II agiert, gibt es doch wieder gleichzeitig eine Art von vertikalem Dialog:

die „Melodie“

und ihre

„Begleitung“
bzw. ihr Partner

sind aufs engste verwandt. – Wohl haben wir bei T. 41ff. das Empfinden, daß hier zunächst geantwortet, reagiert wird. Die Stelle ist ja Folge der vorher bestehenden Spannungen. In dem Maße aber, wie die drei Sequenzen sich fortgesetzt steigern, wird neue Spannung erzeugt (unterstrichen von dem bohrenden Orgelpunkt auf e), verwandelt sich Antwort in neues, höchst dringliches Fragen. So daß wir, wenn nun der „Akkord“partner wieder zu vernehmen ist, es mehr mit einer „Antwort“, einer Reaktion, zu tun haben: Die Rollen erscheinen mithin vertauscht. Und zwar in mehrfacher Hinsicht: Zwar weisen die Sextakkorde diese Stelle

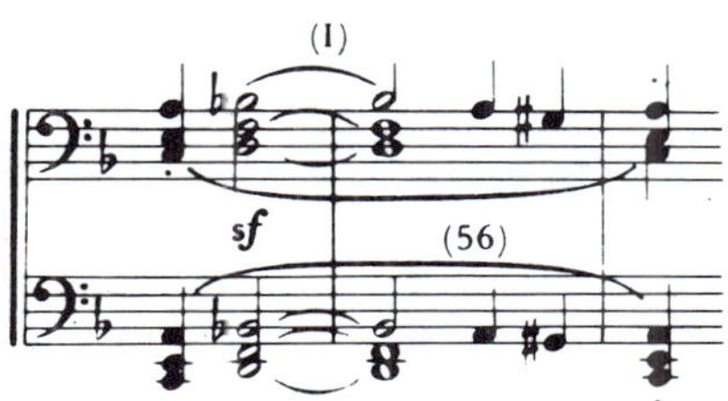

als Partner I aus, jedoch hat er die melodische Linie, die aus T. 5/6 stammt, vom zweiten Partner übernommen und dazu dessen Dreifachgliederung, jetzt durch die Oktaven aufsteigend T. 55–57, 57–59, 59–63. Der neapolitanische Sextakkord in a-Moll (d – f – b) deutet zwar nicht auf endgültige Konfliktlösung hin, aber in seinem Kadenz-Zusammenhang doch auf ein vorläufiges Ende. Dafür spricht ja auch die Tatsache, daß die Formel von T. 55ff. einen Kompromiß zwischen I und II zum Inhalt hat, der noch dazu in der Parallele beider Hände stark herausgestellt wird. Indessen kommt auch ein vorläufiger Abschluß wegen der vorher erregten dramatischen Leidenschaften hier noch nicht in Frage. Lag vorher der Hauptakzent auf dem Dialog nacheinander (horizontal), so verlagert er sich nur auf den gleichzeitigen Dialog (vertikal), wie wir ihn schon in T. 3ff. und in T. 41ff. kennenlernten. (Der vertikale unterscheidet sich übrigens vom horizontalen Dialog dadurch, daß er nicht antithetisch ist, d.h. beide Partner gehen von der gleichen Substanz aus. Darin zeigt sich bereits eine Art von vorläufigem Ergebnis der bisherigen Auseinandersetzungen.) – Die Fortsetzung bei T. 63ff. wird dadurch ermöglicht, daß die antwortende Formel (von T. 55ff.) in ihrer dreimaligen Baßwiederholung (T. 63ff.) neuen Fragecharakter annimmt, der von den immer exaltierteren Gesten des oberen Partners nur noch unterstrichen wird:

Der heftige Widerspruch rechts ist aber nun nicht mehr substantiell, er betrifft vor allem die Artikulation: Unten überwiegt das Legato, oben das Staccato. Doch ehe es noch zum dramatischen Höhepunkt gekommen ist (der sich am Ende von T. 69 im *ff* gerade anbahnt), sinkt jählings die Temperatur dieser Auseinandersetzung: In der Annäherung ihrer Standpunkte kommen die beiden Partner aufeinander zu (in Gegenbewegung, T. 69 ff.). Nun kündigt sich in den absteigenden Motiven rechts

nämlich bereits die Entspannung an, die das Expositionsende beherrscht. Die Formel

wiederholt sich (mit vertauschten Rollen) nicht weniger als fünfmal! Sie ist die aus der Anfangsantwort, T. 3 ff., entwickelte vorläufige Endgestalt:

(vgl. T. 3,
Anfangsgestalt)

Die Endform unterscheidet sich von der Anfangsgestalt nicht nur durch ihre entspanntere Breite, sondern auch dadurch, daß sie den volleren Akkordklang der T. 1/2 in sich aufgenommen hat. Insofern ist sie Kompromißgestalt (wie schon jene von T. 55 ff.): Sie vermittelt im ursprünglichen Gegensatz. – Es folgt in dieser Exposition dann noch eine sehr kurze Unisono-Rück- bzw. Überleitung (T. 87 ff.). Als Rückleitung (Ziffer 1) hat sie bereits rezitativischen Charakter, als Überleitung (Ziffer 2) ist sie dagegen nur eine Art von Pause zwischen zwei Szenen.

Die Szene dieser Exposition spricht schon allein für den „neuen Weg", den Beethoven mit op. 31 beschreiten wollte, denn ein solches Ineinander von Rede und Gegenrede, von glänzend aufgebauter Dramatik in logischen Verknüpfungen hatte es bisher kaum gegeben; doch kommt man natürlich diesem „dramma per musica", diesen überaus präzisen Initiativen und Reaktionen, diesem „Schlag auf Schlag"-Verlauf sprachlich kaum nach. Das Bewundernswerteste an diesem Satz ist vielleicht sein Verhältnis zur Sonatenform. Wir sahen bereits, wie schon am Beginn viele Kommentatoren in Verwirrung gerieten, weil sie das durchaus dialektische Verhältnis, das Beethoven zur Sonatenform zeigt, nicht völlig durchschauten. Man kann gerade hier ein besonders einleuchtendes Exempel dafür finden, wie Beethoven dem Sonatenschema zugleich widerspricht und es doch erfüllt. Ein aus Largo und Allegro-Adagio zusammengesetztes Thema von so gegensätzlicher Substanz müßte doch eigentlich die auf dem Kontrast zwischen 1. und 2. Thema beruhende Sonatenform unmöglich machen. Und doch wird den Sonatenphasen genau Rechnung getragen. Die Takte 1–21 bringen das Hauptthema; in dieser Phase wird der dramatische Gegensatz exponiert. In T. 21 beginnt die dramatische Auseinandersetzung, daher das durchführungsartige Gepräge dieses Abschnittes. Das 2. Thema (T. 41 ff.) auf der Dominante von a-Moll (das selbst Moll-Form der d-Moll-Dominante ist) bringt eine gewisse Entspannung, weil die aufgestaute Energie sich nun frei verströmen kann (die Kaskaden von T. 52–54 haben Parallelen im 1. Satz von op. 111). Mit T. 55 beginnt dann bereits die Schlußgruppe; zwar geht der dramatische Schwung immer weiter, doch stehen wir hier bereits auf neuer Ebene. Die Schlußgruppe beinhaltet einerseits eine gewisse Einigung, baut aber andererseits wieder ihre eigene Dramatik auf, so daß ihr 1. Teil (T. 55–68) als Spannungsphase erscheint, der 2. Teil (T. 69–90) dagegen insgesamt lösend wirkt. (Alles ist hier so eng miteinander verknüpft, daß man über den Beginn der Schlußgruppe im Zweifel sein könnte: Nähme man ihn erst bei T. 75 an, so würde man der inneren Entwicklung nicht ganz gerecht, ein Teil des „Kompromisses" würde dann noch zum 2. Thema gehören.)

Wie aber kann sich nun hier, bei solcher Fülle dramatischer Auseinandersetzungen, eine Durchführung anschließen, wenn ihr eigentlicher Inhalt, der doch gerade diese Auseinandersetzung betrifft, schon vorweggenommen wurde? Dieses Problem wird im folgenden überraschend einfach gelöst, es wird nämlich keine spektakuläre neue Konfrontation gesucht, sondern nur der Entwicklungsteil (T. 21 ff.) aus der Exposition wiederholt (T. 99 ff.). (Damit ist die Krise der Sonatenform schon abzusehen, denn wenn sich durchführungsartige Formung bereits in der Exposition durchsetzt, muß das die Funktion des im Zentrum der Sonatenform stehenden Durchführungsteils nachhaltig beeinträchtigen. Der Endpunkt dieser Krise ist in Stücken wie etwa Alban Bergs op. 1 erreicht.) Daß hier dennoch ein kraftvoller Durchführungsteil gelingt, ist vor allem Beethovens Klangphantasie zu danken. Entspricht die Struktur dieser Durchführung weithin dem schon in der Exposition Gehörten, so reißt ihr Klang doch Räume auf, von denen wir in dem bisherigen Zusammenhang noch nichts ahnen konnten. Jetzt verstehen wir Beethovens harmonische Ökonomie: Die Exposition hielt sich, überraschend genügsam, in den Räumen d-Moll – a-Moll auf, damit die Durchführung in viel weitere harmonische Bezirke ausschwingen kann. In dieser harmonisch-klanglichen Beziehung ist also von der Exposition nichts vorweggenommen. Am Durchführungsbeginn stehen 6 vorbereitende Largo-Takte; sie sind Zitate des 1. Zweitakters (T. 1/2) im neuen Licht. Beethoven verändert also hier (wie dann Schubert so oft) nicht die thematische Anfangsstruktur, sondern wechselt nur die Beleuchtung; er moduliert mit Hilfe dieses Modells von D-Dur (das von a-Moll leicht zu erreichen ist) nach dem weit entfernten Fis-Dur:

(Modulation T. 93ff.)

Dieses Fis-Dur ist in einer klassischen d-Moll-Sonate ein „utopischer“ Klang. Neben der harmonischen Ferne wirkt auch die Tatsache verfremdend, daß in den Largo-Takten (T. 93ff.) nun nicht mehr nur Sextakkorde, sondern auch der verminderte Septimenakkord (T. 95/96) und der auf der Spitze balancierende Quartsextakkord (T. 97/98) auftreten. – Unser Empfinden, daß der Fis-Dur-Klang (T. 97/98) „unglaublich“ und geradezu „unrealistisch“ ist, bestätigt sich im folgenden: Der rauhe Umschlag nach fis-Moll (T. 99) stellt uns sehr plötzlich wieder auf den Boden der Tatsachen, wenn auch die Entfernung von d-Moll immer noch weit ist (immerhin ist aber über A-Dur eine sehr schnelle Verbindung möglich, weil A-Dur ja d-Moll-Dominante ist). – Der folgende Entwicklungsteil (T. 99–121) ist nur um 2 Takte länger als die entsprechende Phase T. 21–41, legt aber einen viel weiteren harmonischen Weg zurück (fis-Moll – G-Dur – C-Dur – A-Dur – d-Moll) mit dem Ziel der Moll-Dominante (T. 121). Außerdem hat eine kleine Änderung der Artikulation (T. 30 auf 1: ganze Note, dagegen T. 108 auf 1: Staccato-Viertel) heftig verschärfende Wirkung:

Mit dem geringsten Aufwand an Mitteln (geringfügige Erweiterung, neue Modulationen, Artikulationsänderung, vom Spieler meist kaum wahrgenommen) ist hier ein bedeutendes Ergebnis erzielt: Aus einem Entwicklungsteil wird der Hauptinhalt der Durchführung, ohne daß etwas grundsätzlich Neues geschieht! Und wieder ist dem klassischen 3teiligen Durchführungsaufbau sorgfältig Rechnung getragen: Einleitung: T. 93ff., Durchführungskern mit dem typischen modulierenden Modell: T. 99–120, letzter Teil der Durchführung (Stehen auf der Dominante): T. 121–138. Daran anschließend eine kurze Überleitung. Der 3. Durchführungsteil ist eine Umbildung des 2. Themas. Bei T. 41 war das 2. Thema eine Reaktion heftigster Erregung, die sich, wie wir sahen, in neue Aktion verwandelte. Hier in der letzten Durchführungsphase, T. 121ff., ist diese Reaktion gleichfalls festzustellen, aber viel kraftvoller (parallele Führung beider Hände), man könnte auch sagen: endgültiger. Deswegen schlägt sie auch an dieser Stelle nicht wieder in neue Aktion

um, vielmehr ist dieses 13taktige Quasi-Fortissimo die eine große, abermals dreimal dreifach gegliederte Antwort auf alle bisherigen Vorgänge (jetzt in Oktav-Versetzungen absteigend, vgl. den Aufstieg T. 55ff.).

Der große Augenblick des Satzes ist auch hier der Reprisenbeginn. Dieser Moment enthält ja in vielen Sonaten den ganzen bisherigen Inhalt in stärkster Verdichtung; manchmal können wir in der Geste eines solchen Wiederbeginns das ganze Wesen eines ausgedehnten musikalischen Vorgangs wie mit einem Blick erfassen. Hier münden alle musikalischen Sprachansätze in 2 Rezitative ein, wie sie im bisherigen Sonatenwerk noch nicht zu hören waren. In Rezitativen von Opern oder Oratorien tritt die Musik ja zugunsten des Wortes zurück, wie umgekehrt in Arien die Sprache sich gleichsam in Musik auflöst. Rezitative stehen in Opern meist dort, wo die Handlung ein gewisses Gefälle zeigt: In ihnen schreitet das Drama fort. Hier aber gibt es keine Worte; die Klavier-Rezitative sind daher nur die letzte Bestätigung für die Sprachnähe dieser dramatischen Sonate. Das Ungewöhnliche, Besondere dabei drängte sich schon den ersten Interpreten auf und führte früh zur Kennzeichnung von op. 31,2 als „Rezitativ-Sonate“. Diese Bezeichnung ist also tatsächlich berechtigt, was man von den meisten anderen Beinamen der Beethoven-Sonaten nicht sagen kann. Zwar ist es müßig, den Rezitativen Worte unterlegen zu wollen; aber ein sehr allgemeiner Rückschluß auf den Inhalt dieser Rede sei erlaubt: Vielleicht spricht hier tatsächlich der Verbannte auf seiner Insel in Shakespeares „Sturm“. Genau wie dort scheint aber auch hier keine existentielle Bedrohung zu bestehen: Die Klage bleibt maßvoll, sie klingt wie von einer Bühne herab, sie hat ihr eigenes, unbewußtes Pathos. – Wie ganz anders ist dagegen der Inhalt der Rezitative in der As-Dur-Sonate op. 110, die immer wieder mit denen aus dieser d-Moll-Sonate in Beziehung gesetzt wurden! In op. 110 gibt es keine Bühne. In diesem Spätwerk erscheinen Rezitative am tiefsten Punkt der Handlung, dort wo der musikalische Zusammenhang das Gewicht des Mitzuteilenden kaum noch trägt und gleichsam ins Stammeln gerät. Hier dagegen bezeichnen die Rezitative einen Höhepunkt, unterstreichen und verdeutlichen das in allen anderen Partien des 1. Satzes Gemeinte. Beide Rezitative der d-Moll-Sonate sind im Charakter deutlich unterschieden: Das 1. (T. 144–148) hat die größten Intervalle erst in der Mitte oder gegen Ende, steigert also sein Espressivo. Das 2. dagegen (T. 155–158) beginnt mit großer Intervallgeste (Oktave abwärts) und verkleinert dann im ganzen seine Intervallsprünge. Es stellt also eine Art Espressivo-Diminuendo dar. Gravierender noch ist der Tonartenunterschied. Während das 1. Rezitativ in der Haupttonart d-Moll steht, bereitet das 2. einen neuen dramatischen Spannungsanstieg vor, indem es in das weit entfernte f-Moll führt. Tonartlich ist es hier also gerade umgekehrt wie melodisch, denn harmonisch bedeutet in diesem Zusammenhang f-Moll natürlich eine Steigerung gegenüber d-Moll. Der Schluß dieses 2. Rezitativs auf der Terz as (ohne den Grundton f) wirkt gewollt labil. Der folgende enharmonische Umschlag von f-Moll nach der Dominante von fis-Moll ist abermals ein hochdramatischer Augenblick.

Die rasante Entwicklung der 12 Takte (T. 159–170), die geradezu bestürzend neu scheint, ist einerseits drastische Verkürzung (diese 12 Takte stehen für 32 Takte der Exposition, sie übernehmen die Funktion der Geschehnisse von T. 9–40!), andererseits aber doch keineswegs nur Verkürzung, sondern auch Erweiterung der Episode von T. 9–12, wie ein Vergleich der harmonischen Fortschreitungen zeigt:

Auch diese Gestalt (abgerissene Akkorde im Wechsel mit Arpeggien von T. 159–170) finden wir in der Exposition vorgezeichnet (abgerissene Akkorde links T. 9–12, figurierte Arpeggien rechts von T. 13 an). Wahrlich eine verfremdete Reprise! Sie, die im Vergleich mit der Exposition anfangs so weiträumig wirkte (Einschiebung der Rezitative), vermindert in ihrem Verlauf nachhaltig ihr Volumen. Denn nun fehlt ja der Entwicklungsteil (T. 21–40); es wäre unmöglich, ihn nochmals zu wiederholen, da er ja auch in der Durchführung eine tragende Rolle spielte. Vom 2. Thema ab, T. 171 ff., ist die Reprise wörtliches Zitat der Exposition, wenn man von den üblichen tonartlichen und damit satztechnischen Veränderungen absieht. So senkt sich der Bogen, das Drama des 1. Satzes geht seinem Ende zu. Es ist alles gesagt, eine ausführliche Coda ist unnötig. Am Schluß ist die Bühne dunkel, die Bewegung im Baß wird schattenhaft. Wie die erste, so ist auch die letzte Gestalt in diesem Satz unbestimmt.

J. Uhde: Beethovens Klaviermusik. Bd. III. Stuttgart: Reclam 1974, S. 45–60

Arnold Schering: Deutung

Arnold Schering versuchte in mehreren Publikationen, Beethovensche Werke – neben Klaviersonaten auch Kammermusik und Sinfonien – zu deuten und mit einer konkreten poetischen Idee zu verbinden. Und zwar habe Beethoven u. a. Dichtungen Homers, Schillers und Shakespeares als Antrieb und gedankliche Stütze für Aufbau und Entwicklung seiner Kompositionen benutzt. Zur Rechtfertigung argumentiert Schering, daß Beethoven literarisch gebildet war und sich nach dem Urteil von Zeitgenossen insbesondere mit den Werken Shakespeares auseinandergesetzt habe. Zudem erfordere der pittoreske Zug und der Sprachgestus seiner Musik dringend nach einer konkreten Erläuterung. Von einigen wenigen Andeutungen abgesehen, habe Beethoven den Schlüssel zur Deutung seiner Kompositionen nie mitgeteilt, da es ihm in erster Linie nicht um das musikalische Programm als solches ging und er nicht mißverstanden werden wollte.

Titelblätter der beiden Ausgaben von Beethovens Klaviersonaten op. 31. Oben: Die fehlerhafte Ausgabe von Nägeli in Zürich. Unten: Die bei Simrock in Bonn erschienene korrigierte Ausgabe; sie trägt den Zusatz „Edition très correcte“.

25. Arnold Schering: Deutung der Sonate op. 31,2, 1. Satz (nach Shakespeares „Sturm")

Diese Sonate, vor allem ihr erster Satz, leistet jedem Ausleger heftigsten Widerstand, der mit der Annahme an sie herantritt, Beethoven habe irgendwelche Beziehung auf den in der ersten Szene vorkommenden Schiffbruch und das stürmische Meer genommen. Beides spielt, wenn diese erste Szene vorbei, im Verlaufe des Shakespeareschen Stückes bekanntlich nicht die geringste Rolle mehr, und dann ist es, so weit wir bis jetzt sehen können, Beethoven auch nie auf die bloße Schilderung eines Elementarvorgangs angekommen. Sein Interesse, besonders wenn er zu dramatischen Dichtungen griff, galt immer den Charakteren, den menschlichen Handlungen, dem spannenden, affektdurchfluteten Ereignis. Und er wandte sich unter diesen jederzeit nur solchen zu, die durch sich selbst verständlich, d. h. einfach und einprägsam waren. Ganze Akte läßt er unberücksichtigt, und Nebenpersonen sind für ihn nur dann vorhanden, wenn sie durch ihre schlagende Charakteristik musikalische Anknüpfung boten. Wer daher in dieser Sonate nach dem „Sturm" sucht, nach Prospero, nach Caliban und den anderen Gestalten zweiten Ranges, muß auf falsche Fährte gelangen. Sein Programm ist auch hier denkbar einfach und hält sich genau an die Dichtung. Die bisher erprobte Methodik verhilft uns auch hier zum Erfolge.

1. Satz. Largo, Allegro usw. 1. Akt, 2. Szene. Fernando hört den Lockruf des unsichtbaren Ariel und lauscht in Ergriffenheit dessen Ballade vom ertrunkenen Vater.
2. Satz. Adagio. 3. Akt, 1. Szene. Liebesduett zwischen Fernando und Miranda.
3. Satz. Allegretto. Charakterbild des Luftgeistes Ariel nach dessen Lied im 5. Akt, 1. Szene.

Erster Satz: Largo, C; Allegro, Adagio usw.

Der ätherische Luftgeist Ariel lockt den soeben dem Schiffbruch entronnenen jungen Prinzen Ferdinand durch eine bezaubernde Musik nach der Hütte des Prospero. Sein von irgendwoher tönendes Lied „Komm auf diesen gelben Sand – Und dann faßt euch bei der Hand" muß als gerade verklungen gedacht werden. Ferdinand ist den Klängen voll Entzücken gefolgt und bricht nun in die Worte aus:

Ferdinand: Wo muß diese Musik seyn? – In der Luft oder auf der Erde? – Sie hat aufgehört –; ganz gewiß tönt sie einer Gottheit dieser Insel zu Ehren. Indem ich auf einer Sandbank saß, und den Schiffbruch meines Vaters beweinte, schlich diese Musik über die Wellen mir vorbey, und besänftigte durch ihre Lieblichkeit beydes, ihre Wut und meine Leidenschaft. Ich folgte ihr bis an diesen Ort, oder sie zog mich vielmehr hieher – – Aber sie hat aufgehört – Nein sie beginnt von neuem.

Ariel: Tief fünf Klafter liegt dein Vater,
In Korallen aufgelöst,
Perlen sind nun seine Augen,
Nichts, was an ihm ist, verwest.
Denn die Kraft des Meers erhöhts
In die reichsten Kostbarkeiten;
Wassernymphen hört man stets
Ihm die Trauerglocke läuten.
Hörst du? Dingdang, Dingdang, Dingdang, gehts.

Ferdinand: Der Gesang spricht von meinem ertrunkenen Vater. Das ist nicht das Werk eines Sterblichen, noch eine irdische Musik! – Itzt hör' ich sie über mir.

Beethoven gründet den ersten Teil der Sonate auf drei Symbolkomplexe. Den ersten bildet der in Sextakkordlage aufsteigende Dur-Akkord (I, 7); er ist das Wahrzeichen des wie Harfenmusik klingenden Lockzeichens Ariels. Zweitens: die aus Vorhaltmotiven entwickelten drängenden Achtelfiguren der Takte 3ff., 9ff., die das suchende Hin und Her des nach allen Richtungen spähenden Jünglings kennzeichnen und – gemäß dem eben angeführten Text – auf einer Frageformel endigen (6). Drittens: die balladeske, triolenbegleitete Erzählung Ariels vom Tode des Vaters (21ff.). – Nachdem das geheimnisvolle Lockzeichen Ariels ein zweites Mal erklungen, hört Ferdinand mit klopfendem Herzen und gesteigerter Erregung (9ff.) den schauerlichen Bericht über den im Meeresgrund zu Korallen und Perlen gewordenen Vater. Ariels Lockmotiv (im Baß erscheinend) ist ernst geworden. Über ihm deklamiert eine wesenlose Stimme ein Themenfragment, dessen geringe melodische Weite Bedauern, aber zugleich Unabänderliches kündet. Schmerzlich zuckt es im Herzen des Jünglings auf (30ff.). Nach jeder Wiederholung des fatalistisch klingenden Baßmotivs steigert sich seine Erregung, um schließlich (41ff.) mit plötzlicher Wendung zum Piano und unter Aufgreifen der für Ferdinand von Takt 3ff. her charakteristischen Figuren in offenes Schluchzen zu geraten. Nach dem hilflosen Ausbruch in Takt 50ff. geht die Ballade weiter (55ff.). Unter schweren, niederdrückenden Akkorden, allerlei scharfen, Unerbittliches markierenden Akzenten und wie Wogenrollen klingenden Baßfiguren schließt der Teil mit einem Einblick in die verstörte Seele des jungen Mannes.

Nach der Wiederholung ertönt Ariels Harfenmotiv wieder, ganz leise, aber zauberischer als vorher, und zwar dreimal: es ist die Andeutung des Trauergeläuts („Ding-dang“) der Nymphen für den im Meeresgrund ruhenden Vater. Aber Ariel vollendet seinen grausamen Bericht. Ihn gibt die Durchführung wieder, abermals mit den Spiegelungen, die er in Ferdinand erregt. Wiederum verläuft er dunkel und hoffnungslos in der Tiefe und bleibt auf der Dominante A ruhen. Damit ist der Augenblick zur Rückkehr in den Anfang gekommen. Sie geschieht indessen nicht mechanisch, sondern in hochpoetischer, dem Sinn der Dichtung entsprechender Weise. Nach vier suchenden Überleitungstakten (143–146) wiederholt sich zwar das liebenswürdige Spiel des Anfangs: das Forschen Ferdinands nach dem unbekannten Sänger und das Gezogenwerden vom Harfenklang, aber jetzt beginnt der Jüngling, mutig geworden, selbst zu sprechen, schwärmerisch, fragend und ein wenig überrascht. Da die Übersetzung an dieser Stelle: „Der Gesang spricht von meinem ertrunkenen Vater. Das ist nicht das Werk eines Sterblichen, noch eine irdische Musik!“ etwas prosaisch klingt und keine musikalische Linie ergeben hätte, bildet sich Beethoven eine eigene verschwiegene Rede und überträgt sie ins Rezitativische. Nimmt man Schlegels Übersetzung zu Hilfe: „Das Liedlein spricht von meinem toten Vater; dies ist kein sterblich Tun, – der Ton gehört der Erde nicht“, so ließen sich beide Phrasen etwa folgendermaßen textieren:

Plötzlich glaubt Ferdinand dem Rätsel nahe zu sein und ruft entzückt aus: „Itzt hör' ich sie über mir!“ Voll banger Erwartung, wie das Geheimnis sich lösen wird, horcht er dreimal ins Weite (Allegro, 163ff.). Aber es war Täuschung (173). Und so kehren seine Verzweiflungsfiguren von oben wieder. Die unsichtbare Stimme vollendet mit der zweiten Themengruppe, die schon den Schluß des ersten Teils herbeigeführt, ihre düstere Seeballade und läßt sie bis ins Unhörbare verhallen.

Zur Einführung in die Kunst, wie Beethoven einen Vorgang oder eine Situation zu „musikalisieren“ pflegte, ist dieser Satz, wie mir scheinen will, besonders geeignet. Das Programm ist der Musik bemerklich eingedrückt und leuchtet, sobald einmal der Schlüssel gefunden, deutlich hindurch. Aber man sieht, daß sich der Meister keineswegs dem Dichter und seiner Szenenführung sklavisch unterworfen hat. Nicht nur wählte er stofflich nur soviel und nur das, was kürzester Andeutung zugänglich war und sich dem Stilrahmen eines ersten Sonatensatzes organisch einfügen ließ, auch in der Anordnung der Glieder schaltete er von musikalischen Gesichtspunkten aus. Welche Klugheit allein, Ariel gleichsam epigrammatisch mit einer einzigen Dreiklangsarpeggie zu symbolisieren! Wieviel rauschendes Harfengetön hätte Liszts Zeit dafür aufgewandt! Und wie pulst durch alles – auch das, was bildlich oder gegenständlich zu nehmen ist – gleichmäßig einundderselbe Affektstrom! Es gibt keine leeren Stellen, etwa um des bloßen Tonmalens willen. Es gibt keine Nähte und Risse zwischen den einzelnen Phasen des Programms, weil sie nicht im Nacheinander, sondern von vornherein als Sonatenganzes erdacht worden sind. Die beständige Geladenheit der Musik mit Affektspannungen erklärt vielleicht, warum man alles, was geschieht, als Spiegelung realer Affekte Beethovens ansah und nicht für möglich hielt, daß auch andere, außerpersönliche, nur vorgestellte Gegebenheiten die Kraft besäßen, die Phantasie zu solchen Spannungen emporzureißen. So gewiß es ist, daß in jedem Takte Beethoven selbst spricht, und zwar so spricht, wie er empfindet, so falsch wäre es, gerade auch in dieser Sonate ein Stück musikalischer Selbstbiographie zu wittern, etwa Ärger über eine verfehlte Liebschaft oder Sorge über drohende Taubheit. Was die Ausleger bisher als Inhalt des Satzes glaubten feststellen zu sollen – der eine erblickte darin, wie schon erwähnt, die Schiffbruchkatastrophe, der andere konstruierte aus den Arielakkorden und den flatternden Achtelfiguren das Erscheinen furchtbarer gespenstiger Phantome, wie denn allgemein, auch bei unseren Klavierspielern, die Sonate als ein von Anfang bis zu Ende dämonisch seinsollendes Nachtstück mit gewaltigem Klavierdonner aufgefaßt zu werden pflegt, – diese Deutungen verblassen angesichts der oben aufgewiesenen klaren Disposition des Satzes. Daß Dämonisches in ihm enthalten ist, lehrt die Aufnahme der Arielballade. Doch darf dabei der Lichtseiten: des Arielmotivs und der mehr naiv als überhitzt gemeinten Figuren der Ferdinandgestalt nicht vergessen werden. Es scheint mir möglich, eine Vortragsart zu finden, die – abweichend von der bisherigen – sich genau an die von der Dichtung hergenommene Auffassung Beethovens anschließt. Vor allem dürften die dynamischen Gegensätze nicht übertrieben werden. Wie die Szene bei Shakespeare keine eigentliche Tragik enthält, sondern bei aller inneren Spannung in das Zwielicht der Märchenstimmung getaucht ist, so wäre auch musikalisch statt eines übertriebenen Pathos die Rückkehr zu einem milderen, ausgeglicheneren Vortrag am Platze.

A. Schering: Beethoven in neuer Deutung. Leipzig: C. F. Kahnt 1934, S. 80–83 (Scherings Anmerkungen sind nicht wiedergegeben)

Literatur

Kaiser, J.: Beethovens 32 Klaviersonaten und ihre Interpreten. Frankfurt am Main: S. Fischer 1975
Riemer, O.: Scherings Beethoven-Deutung. In: Musica 24 (1970), S. 242–244
Schering, A.: Beethoven und die Dichtung. Berlin: Junker und Dünnhaupt 1936. Nachdruck Hildesheim: Olms 1973
Uhde, J.: Beethovens Klaviermusik. 3 Bde. Stuttgart: Reclam 1968, 1970 und 1974

Zur Beethoven-Rezeption: E. Th. A. Hoffmann über die 5. Sinfonie

Quartettabend bei Bettina von Arnim, um 1855. Das Joachim-Quartett spielt im Hause der greisen Bettina von Arnim, die Beethoven noch kennengelernt hatte.
(Aquarell von J.C. Arnold. Frankfurt am Main, Goethemuseum)

Ernst Theodor Amadeus Hoffmann (1776–1822) war Jurist, Schriftsteller, Komponist und Maler von ausnehmend vielseitiger Begabung, aber doch wohl nur als Schriftsteller von überragendem Rang. Unter seinen eher konservativen Kompositionen ist die 1813/14 entstandene Oper „Undine" für die Frühgeschichte der deutschen romantischen Oper bedeutsam.

Von den etwa 50 musikalischen Rezensionen und Betrachtungen, die Hoffmann vorwiegend für die Leipziger „Allgemeine Musikalische Zeitung" schrieb, kann die 1810 entstandene Rezension der 5. Sinfonie Beethovens heute noch als mustergültig angesehen werden.

Hoffmann geht die Partitur sorgfältig abschnittweise durch, inhaltliche und formale Betrachtungen halten sich die Waage. Aufschlußreich ist seine Deutung des Begriffs Romantik, den er nicht nur auf Beethoven, sondern auch auf die Kompositionen Haydns und Mozarts anwendet. An anderer Stelle vergleicht er ihr Werk mit dem Straßburger Münster, dessen Proportionen zwar „kommensurabel" seien, dessen Zierat und Figurenwerk in ihrer phantastischen Verschlingung aber Unbekanntes und Traumhaftes spüren ließen; eben dies sei auch der Eindruck des Romantischen in den Kompositionen Haydns und Mozarts.

Beethoven ist für Hoffmann ein „rein romantischer Componist", aber neben allen phantastischen und dämonischen Zügen (Hoffmann wird damit zu einem der Urheber des romantischen Beethovenbildes im 19. Jahrhundert) rühmt er an ihm die „Besonnenheit", die Einfachheit der Gedanken, die formale Beherrschung und neben Mannigfaltigkeit im Detail gerade auch die thematische und gedankliche Einheit der Einzelsätze.

26. E. Th. A. Hoffmann: Rezension der 5. Sinfonie in c-moll von L. van Beethoven (1810)

Rec.[1] hat eins der wichtigsten Werke *des* Meisters, dem als Instrumental-Componisten jetzt wol keiner den ersten Rang bestreiten wird, vor sich; er ist durchdrungen von dem Gegenstande, worüber er sprechen soll, und niemand mag es ihm verargen, wenn er, die Gränzen der gewöhnlichen Beurtheilungen überschreitend, alles das in Worte zu fassen strebt, was er bey jener Composition tief im Gemüthe empfand. – Wenn von der Musik als einer selbstständigen Kunst die Rede ist, sollte immer nur die Instrumental-Musik gemeint seyn, welche, jede Hülfe, jede Beymischung einer andern Kunst verschmähend, das eigenthümliche, nur in ihr zu erkennende Wesen der Kunst rein ausspricht. Sie ist die romantischte aller Künste, – fast möchte man sagen, allein *rein* romantisch. – Orpheus Lyra öffnete die Thore des Orcus. Die Musik schließt dem Menschen ein unbekanntes Reich auf; eine Welt, die nichts gemein hat mit der äußern Sinnenwelt, die ihn umgiebt, und in der er alle durch Begriffe bestimmbaren Gefühle zurückläßt, um sich dem Unaussprechlichen hinzugeben. Wie wenig erkannten *die* Instrumental-Componisten dies eigenthümliche Wesen der Musik, welche versuchten, jene bestimmbaren Empfindungen, oder gar Begebenheiten darzustellen, und so die der Plastik geradezu entgegengesetzte Kunst plastisch zu behandeln! Dittersdorfs Symphonien der Art, so wie alle neuere *Batailles de trois Empereurs etc.* sind, als lächerliche Verirrungen, mit gänzlichem Vergessen zu bestrafen.[2] – In dem Gesange, wo die hinzutretende Poesie bestimmte Affecte durch Worte andeutet, wirkt die magische Kraft der Musik, wie das Wunder-Elixir der Weisen, von dem etliche Tropfen jeden Trank köstlich und herrlich machen. Jede Leidenschaft – Liebe – Hass – Zorn – Verzweiflung etc. wie die Oper sie uns giebt, kleidet die Musik in den Purpurschimmer der Romantik, und selbst das im Leben Empfundene führt uns hinaus aus dem Leben in das Reich des Unendlichen. So stark ist der Zauber der Musik, und, immer mächtiger wirkend, müßte er jede Fessel einer andern Kunst zerreißen. – Gewiß nicht allein in der Erleichterung der Ausdrucksmittel, (Vervollkommnung der Instrumente, größere Virtuosität der Spieler,) sondern in dem tiefern, innigeren Erkennen des eigenthümlichen Wesens der Musik liegt es, daß geniale Componisten die Instrumental-Musik zu der jetzigen Höhe erhoben. Haydn und Mozart, die Schöpfer der neuern Instrumental-Musik, zeigten uns zuerst die Kunst in ihrer vollen Glorie; wer sie da mit voller Liebe anschaute und eindrang in ihr innigstes Wesen, ist – Beethoven. Die Instrumental-Compositionen aller drey Meister athmen einen gleichen romantischen Geist, welches eben in dem gleichen innigen Ergreifen des eigenthümlichen Wesens der Kunst liegt; der Character ihrer Compositionen unterscheidet sich jedoch merklich. Der Ausdruck eines kindlichen, heitern Gemüths herrscht in Haydns Compositionen. Seine Symphonie führt uns in unabsehbare, grüne Hayne, in ein lustiges, buntes Gewühl glücklicher Menschen. Jünglinge und Mädchen schweben in Reihentänzen vorüber; lachende Kinder hinter Bäumen, hinter Rosenbüschen lauschend, werfen sich neckend mit Blumen. Ein Leben voll Liebe, voll Seligkeit, wie vor der Sünde, in ewiger Jugend; kein Leiden, kein Schmerz; nur süßes, wehmüthiges Verlangen nach der geliebten Gestalt, die ferne im Glanz des Abendrothes daher schwebt, nicht näher kömmt und nicht verschwindet; und so lange sie da ist, wird es nicht Nacht, denn sie selbst ist das Abendroth, von dem Berg und Hain erglühen. – In die Tiefen des Geisterreichs führt uns Mozart. Furcht umfängt uns: aber, ohne Marter, ist sie mehr Ahnung des Unendlichen. Liebe und Wehmuth tönen in holden Stimmen, die Macht der Geisterwelt geht auf in hellem Purpurschimmer, und in unaussprechlicher Sehnsucht ziehen wir den Gestalten nach, die freundlich uns in ihre Reihen winken, im ewigen Sphärentanze durch die Wolken fliegen. (Z. B. Mozarts Symphonie in Es dur, unter dem Namen des Schwanengesanges bekannt.)[3] So öffnet uns auch Beethovens Instrumental-Musik das Reich des Ungeheueren und Unermeßlichen. Glühende Strahlen schießen durch dieses Reiches tiefe Nacht, und wir werden Riesenschatten gewahr, die auf- und abwogen, enger und enger uns einschließen, und alles in uns vernichten, nur nicht den Schmerz der unendlichen Sehnsucht, in welcher jede Lust, die, schnell in jauchzenden Tönen emporgestiegen, hinsinkt und untergeht, und nur in diesem Schmerz, der, Liebe, Hoffnung, Freude in sich verzehrend, aber nicht zerstörend, unsre Brust mit einem vollstimmigen Zusammenklange aller Leidenschaften zersprengen will, leben wir fort und sind entzückte Geisterseher. – Der romantische Geschmack ist selten, noch seltner das romantische Talent: daher giebt es wol so wenige, die jene Lyra, welche das wundervolle Reich des Unendlichen aufschließt, anzuschlagen vermögen. Haydn faßt das Menschliche im menschlichen Leben romantisch auf; er ist commensurabler für die Mehrzahl. Mozart nimmt das Uebermenschliche, das Wunderbare, welches im innern Geiste wohnt, in Anspruch. Beethovens Musik bewegt die Hebel des Schauers, der Furcht, des Entsetzens, des Schmerzes, und erweckt jene unendliche Sehnsucht, die das Wesen der Romantik ist. Beethoven ist ein rein romantischer (eben deshalb ein wahrhaft musikalischer) Componist, und daher mag es kommen, daß ihm Vocal-Musik, die unbestimmtes Sehnen nicht zuläßt, sondern nur die durch Worte bezeichneten Affecte, als in dem Reich des Unendlichen empfunden, darstellt, weniger gelingt und seine Instrumental-Musik selten die Menge anspricht. Eben diese in Beethovens Tiefe nicht eingehende Menge spricht ihm einen hohen Grad von Phantasie nicht ab; dagegen sieht man gewöhnlich in seinen Werken nur Producte eines Genie's, das, um Form und Auswahl der Gedanken unbesorgt, sich seinem Feuer und den augenblicklichen Eingebungen seiner Einbildungskraft überließ. Nichts desto weniger ist er, Rücksichts der Besonnenheit, Haydn und Mozart ganz an die Seite zu stellen. Er trennt sein Ich von dem innern Reich der Töne und gebietet darüber als unumschränkter Herr. Wie ästhetische Messkünstler im Shakspeare oft über gänzlichen Mangel wahrer Einheit und inneren Zusammenhanges geklagt haben, und nur dem tiefern Blick ein schöner Baum, Knospen und Blätter, Blüthen und Früchte aus einem Keim treibend, erwächst: so entfaltet auch nur ein sehr tiefes Eingehen in die innere Structur Beethovenscher Musik *die* hohe Besonnenheit des Meisters, welche von dem wahren Genie unzertrennlich ist und von dem anhaltenden Studium der Kunst genährt wird. Tief im Gemüthe trägt Beethoven die Romantik der Musik, die er mit hoher Genialität und Besonnenheit in seinen Werken ausspricht. Lebhafter hat Rec. dies nie gefühlt, als bey der vorliegenden Symphonie, die in einem bis zum Ende fortsteigenden Climax jene Romantik Beethovens mehr, als irgend ein anderes seiner Werke entfaltet, und den Zuhörer unwiderstehlich fortreißt in das wundervolle Geisterreich des Unendlichen. –

Das erste Allegro, $^{2}/_{4}$ Takt C moll, fängt mit dem nur aus zwey Takten bestehenden Hauptgedanken, der in der Folge, mannigfach gestaltet, immer wieder durchblickt, an. Im zweyten Takt eine Fermate; dann eine Wiederholung jenes Gedankens einen Ton tiefer, und wieder eine Fermate; beyde Male nur Saiteninstrumente und Clarinetten. Noch ist nicht einmal die Tonart entschieden; der Zuhörer vermuthet Es dur. Die zweyte Violine fängt wieder den Haupt-Gedanken an, im zweyten Takt entscheidet nun der Grundton C, den Violoncelle und Fagotte anschlagen, die Tonart C moll, indem Bratsche und erste Violine in Nachahmungen eintreten, bis diese endlich dem Haupt-Gedanken zwey Takte anreihet, die dreymal wiederholt (zum letztenmal mit einfallendem ganzen Orchester) und in eine Fermate auf der Dominante ausgehend, des Zuhörers Gemüthe das Unbekannte, Geheimnissvolle ahnen lassen. Der Anfang des Allegros bis zu diesem Ruhepunkt entscheidet den Charakter des ganzen Stücks und eben deshalb rückt ihn Rec. hier zur Ansicht des Lesers ein:

Nach dieser Fermate imitiren, in der Tonica verweilend, den Haupt-Gedanken, Violinen und Bratsche, während der Baß dann und wann eine Figur, die jenen Gedanken nachahmt, anschlägt, bis ein immer steigender Zwischensatz, der aufs neue jene Ahnung stärker und dringender aufregt, zu einem Tutti leitet, dessen Thema wieder den rhythmischen Verhalt des Haupt-Gedankens hat und ihm innig verwandt ist: [T. 44ff]

Der Sexten-Accord auf dem Grundton D, bereitet die verwandte Dur-Tonart Es vor, in welcher das Horn wieder den Haupt-Gedanken nachahmt [T. 58/59ff]. Die erste Violine greift nun ein zweytes Thema auf, welches zwar melodiös ist, aber doch dem Charakter ängstlicher, unruhvoller Sehnsucht, den der ganze Satz ausspricht, getreu bleibt. Die Violine trägt dieses Thema abwechselnd mit der Clarinette vor, und allemal im dritten Takte schlägt der Baß jene erst erwähnte Nachahmung des Hauptgedankens an, wodurch dies Thema wieder ganz in das kunstvolle Gewebe des Ganzen verflochten wird. In der weitern Fortführung dieses Thema's wiederholen die erste Violine und das Violoncell, in der Tonart Es moll, eine aus zwey Takten bestehende Figur fünfmal, während die Bässe chromatisch aufwärts steigen, bis endlich ein neuer Zwischensatz zum Schluß führt, in welchem die Blasinstrumente das erste Tutti in Es dur wiederholen, und endlich das ganze Orchester mit der oft erwähnten Nachahmung des Hauptthema's im Basse in Es dur schließt. Den zweyten Theil fängt wiederum das Hauptthema in seiner ersten Gestalt, nur eine Terz höher gerückt und von Clarinetten und Hörnern vorgetragen, an. In F moll, C moll, G moll, folgen die Sätze des ersten Theils, nur anders gestellt und instrumentirt, bis endlich, nach einem wiederum nur aus zwey Takten bestehenden Zwischensatze, den die Violinen und die Blasinstrumente wechselsweise aufgreifen, während die Violoncells eine Figur in der Gegenbewegung ausführen und die Bässe aufwärts steigen, folgende Accorde des ganzen Orchesters eintreten: [T. 168–179]

Es sind Laute, womit sich die Brust, von Ahnungen des Ungeheuren gepreßt und beängstet, gewaltsam Luft macht; und wie eine freundliche Gestalt, die glänzend, die tiefe Nacht erleuchtend, durch die Wolken zieht, tritt nun ein Thema ein, das im 58. Takte des ersten Theils von dem Horn in Es dur nur berührt wurde. Erst in G dur, dann in C dur, tragen die Violinen alla 8va dieses Thema vor, während die Bässe eine abwärts steigende Figur ausführen, die gewissermaasen an den im 44. Takte des ersten Theils vorgekommenen Tuttisatz erinnert. [T. 179–186]

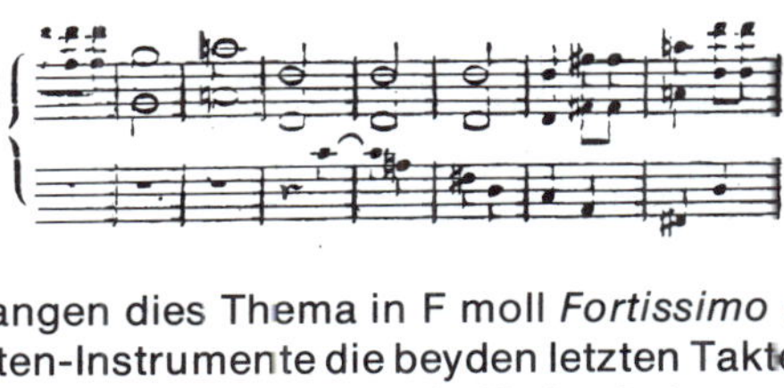

Die Blasinstrumente fangen dies Thema in F moll *Fortissimo* an, aber, nach dem dritten Takte ergreifen die Saiten-Instrumente die beyden letzten Takte, und diese Takte imitirend wechseln Saiten- und Blasinstrumente noch fünfmal, dann schlagen sie wieder wechselsweise und immer *diminuendo* einzelne Accorde an. [T. 196–227].

Nach dem Sexten-Accorde 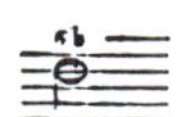

hätte Rec., bey der weiteren Accordenfolge, Ges moll erwartet, das denn, wenn auf die

Art, wie es hier geschieht, nach G dur modulirt werden sollte, enharmonisch in Fis moll verwechselt werden könnte. Die Blasinstrumente, welche den Accord, der jener Sexte folgt, anschlagen, sind aber geschrieben: [T.215]

Flauti.
Clarinetti.
Fagotti.

Gleich darauf schlagen die Saiten-Instrumente den Fismoll-Accord an,

der von ihnen und von den Blasinstrumenten dann noch abwechselnd immer einen Takt hindurch viermal wiederholt wird. Die Accorde der Blasinstrumente sind immer fort geschrieben, wie es oben angeführt wurde, wozu Rec. kein Motiv finden kann. Nun folgt eben so der Sexten-Accord

immer schwächer und schwächer. Das wirkt wieder ahnungsvoll und schauerlich! – Das ganze Orchester bricht nun mit einem Thema, das dem, welches 41 Takte vorher eintrat, beynahe ganz gleich ist, *unisono*, G dur ein, nur die Flöte und die Trompete halten die Dominante D aus. [T. 228ff]. Aber schon im vierten Takte ruht dies Thema und nun schlagen *pianissimo* die Saiten-Instrumente mit den Hörnern und dann die übrigen Blasinstrumente siebenmal wechselnd den verminderten Septimen-Accord an;

dann ergreifen die Bässe den ersten Haupt-Gedanken im zweyten Takte, die übrigen Instrumente *unisono*; so imitiren sich Baß und Oberstimme fünf Takte hindurch, alsdann vereinigen sie sich drey Takte lang, im vierten Takte fällt das ganze Orchester mit Pauken und Trompeten im Hauptthema, in seiner ursprünglichen Gestalt, ein. Der erste Theil wird nun mit geringen Abweichungen wiederholt; das Thema, welches dort in Es dur begann, tritt jetzt in C dur ein, und führt zum Schlusse in C dur jubelnd mit Pauken und Trompeten. Indessen, mit diesem Schlusse selbst wendet sich der Satz nach F moll. Fünf Takte hindurch mit vollem Orchester der Sexten-Accord:

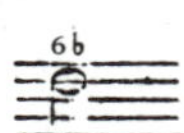

Clarinetten, Fagotten und Hörner schlagen *piano* eine Imitation des Haupt-Gedankens nach. Einen Takt General-Pause, dann sechs Takte hindurch

[T. 390 ff] alle Blas-Instrumente schlagen wie zuvor nach: und nun ergreifen die Bratschen, Violoncells und Fagotte ein Thema, welches im zweyten Theile früher in G dur vorkam, während die Violinen, im dritten Takt *unisono* eintretend, einen neuen Gegensatz ausführen. [T. 398 ff] Der Satz bleibt jetzt in C moll und mit geringen Veränderungen wird das Thema, welches im ersten Theil Takt 71 anfing, von den Violinen erst allein, dann mit den Blas-Instrumenten wechselnd wiederholt. Immer näher und näher rücken sie zusammen, erst einen Takt, dann einen halben Takt; es ist ein Drängen und Treiben – ein schwellender Strom, dessen Wellen höher und höher schlagen – bis sie endlich 24 Takte vor dem Schlusse den Anfang des Allegro's nochmals wiederholen. Es folgt ein Orgelpunct, zu dem das Thema imitirt wird, bis endlich stark und kräftig der ganze Schluß folgt. –
Es giebt keinen einfacheren Gedanken, als den, welchen der Meister dem ganzen Allegro zum Grunde legte

und mit Bewunderung wird man gewahr, wie er alle Nebengedanken, alle Zwischensätze, durch rhythmischen Verhalt jenem einfachen Thema so anzureihen wußte, daß sie nur dazu dienten, den Charakter des Ganzen, den jenes Thema nur andeuten konnte, immer mehr und mehr zu entfalten. Alle Sätze sind kurz, nur aus zwey, drey Takten bestehend, und noch dazu vertheilt im beständigen Wechsel der Saiten-Instrumente und der Blas-Instrumente. Man sollte glauben, daß aus solchen Elementen nur etwas Zerstückeltes, schwer zu Fassendes entstehen könnte: aber statt dessen ist es eben jene Einrichtung des Ganzen, so wie auch die beständig auf einander folgende Wiederholung der kurzen Sätze und einzelner Accorde, welche das Gemüth fest hält in einer unnennbaren Sehnsucht – Ganz davon abgesehen, daß die contrapunctische Behandlung von tiefem Studium der Kunst zeigt, so sind es auch die Zwischensätze und die beständigen Anspielungen auf das Hauptthema, welche darthun, wie der Meister das Ganze mit allen den charaktervollen Zügen nicht allein im Geist auffasste, sondern auch durchdachte. –

[. . .]

Beethoven hat die gewöhnliche Folge der Sätze in der Symphonie beybehalten; sie scheinen phantastisch an einander gereiht zu seyn, und das Ganze rauscht manchem vorüber, wie eine geniale Rhapsodie: aber das Gemüth jedes sinnigen Zuhörers wird gewiss von *einem* fortdauernden Gefühl, das eben jene unnennbare, ahnungsvolle Sehnsucht ist, tief und innig ergriffen und bis zum Schluß-Accord darin erhalten; ja noch manchen Moment nach demselben wird er nicht aus dem wundervollen Geisterreiche, wo Schmerz und Lust in Tönen gestaltet ihn umfingen, hinaustreten können. Außer der innern Einrichtung, der Instrumentirung etc. ist es vorzüglich die innige Verwandtschaft der einzelnen Themas untereinander, welche jene Einheit erzeugt, die des Zuhörers Gemüth in *einer* Stimmung festhält. In Haydnscher und Mozartscher Musik herrscht diese Einheit überall. Sie wird dem Musiker klärer, wenn er den, zweyen verschiedenen Sätzen gemeinen Grundbaß entdeckt, oder wenn die Verbindung zweyer Sätze sie offenbart: aber eine tiefere Verwandtschaft, die sich auf jene Art nicht darthun kann, spricht oft nur aus dem Geiste zum Geiste, und diese Verwandtschaft ist es, welche unter den Sätzen der beyden Allegros und des Menuett herrscht und die besonnene Genialität des Meisters herrlich verkündet. Rec. glaubt sein Urtheil über das herrliche Kunstwerk des Meisters in wenig Worte zusammenfassen zu können, wenn er sagt: daß es genial erfunden, und mit tiefer Besonnenheit ausgeführt, in sehr hohem Grade die Romantik der Musik ausspreche – [. . .]

Allgemeine Musikalische Zeitung, Leipzig, 12. Jg., 4. Juli 1810, Sp. 630–642, 11. Juli 1810, Sp. 652–659, hier etwas gekürzt. In abgewandelter und erweiterter Fassung erschien der Text auch unter dem Titel „Beethovens Instrumentalmusik" in der 1. Reihe der „Kreisleriana", 1814.

Anmerkungen

1 *Rezensent*

2 *Hoffmann spielt auf Dittersdorfs zahlreiche programmatische Kompositionen an, etwa die „3 Sinfonien nach den Metamorphosen des Ovid". Um 1800 wurde eine beängstigende Zahl von Schlachtenmusiken, sogenannter „batailles", verlegt.*

3 *Mozart, Sinfonie Es-Dur, KV 543*

Literatur

Beck, H.: Methoden der Werkanalyse in Musikgeschichte und Gegenwart. Wilhelmshaven: Heinrichshofen 1974 (tmw 9)

Beiträge zur Geschichte der Musikanschauung im 19. Jahrhundert. Hrsg. v. W. Salmen. Regensburg: Bosse 1965

Hoffmann, E. Th. A.: Musikalische Novellen und Aufsätze. Hrsg. v. E. Istel. Regensburg 1921 (Deutsche Musikbücherei, Bd. 23/24)

Schmitz, A.: Das romantische Beethovenbild. Berlin und Bonn: Dümmler 1927

Schmitt-Thomas, R.: Die Entwicklung der deutschen Konzertkritik im Spiegel der Leipziger Allgemeinen musikalischen Zeitung (1798–1848). Frankfurt am Main: Kettenhof 1969

Das Kunstlied: Franz Schubert

Schubertiade bei Joseph von Spaun. Franz Schubert begleitet am Flügel, links neben ihm Joseph von Spaun, rechts der Bariton Johann Michael Vogl, der Interpret der Schubertschen Lieder. (Sepiazeichnung von Moritz von Schwind, 1868. Wien, Historisches Museum)

Im Mittelpunkt des Schaffens von Franz Schubert (1797–1828) steht das Kunstlied. Unter seinen mehr als 600 Liedkompositionen finden sich vielfältige Abstufungen vom volkstümlich schlichten Strophenlied bis zum frei durchkomponierten Lied. Die beiden Liederzyklen nach Gedichten Wilhelm Müllers, „Die schöne Müllerin" und die „Winterreise", entstanden 1823 und 1827. Die Liedersammlung „Schwanengesang" erschien erst 1829 nach Schuberts Tod.

Die 14 Lieder des „Schwanengesangs" auf Gedichte von Ludwig Rellstab, Heinrich Heine und Johann Gabriel Seidl schrieb Schubert im August und September 1828. Sie gehören mit dem Streichquintett in C-Dur und den drei Klaviersonaten in c, A und B zu seinen letzten Kompositionen.

Schubert hatte ursprünglich die sechs Lieder nach Gedichten aus Heinrich Heines „Buch der Lieder" von den übrigen getrennt veröffentlichen wollen; nach seinem Tode am 19. November 1828 waren sie dann von seinem Bruder Ferdinand dem Wiener Verleger Tobias Haslinger angeboten worden, der sie zusammen mit den Rellstab-Liedern und dem Lied „Die Taubenpost" (nach Seidl) unter dem Titel „Schwanengesang" zu Ostern 1829 herausbrachte.

Haslingers Aufforderung zur Subskription, die sogenannte „Pränumerations-Anzeige", vom Januar 1829 lautet:

Franz Schuberts
Schwanen-Gesang,
mit Begleitung des Pianoforte.
Seinen Gönnern und Freunden geweiht.
Letztes Werk.

„[. . .] Auch Schubert, dieser edle Musenliebling ist dahin! – Nur zu rasch folgte er, wie auf magischen Wink, dem großen Meister Beethoven in das Land der ewigen Harmonien!! Ungeheuchelte Trauer umschwebt ihr Andenken; nur ihr geistiges Vermächtnis gewährt uns Ersatz.
Es ist unleugbar, daß Schuberts Lieder-Kompositionen durch Tiefe und Fülle der Empfindung, durch echte Innigkeit wie durch den Zauber seelenvoller Begeisterung und zartester Gemütlichkeit eigentümlich und unvergleichlich sind.
Den zahlreichen Freunden seiner klassischen Muse werden unter obigem Titel die letzten Blüten seiner edlen Kraft geboten. Es sind jene Tondichtungen, die er im August 1828, kurz vor seinem Dahinscheiden, geschrieben. Arbeiten, die auf das bewährendste den Beruf seiner reichbegabten Meisterschaft verkünden, so daß man versucht wird zu glauben, die Tüchtigkeit dieses im blühendsten Alter entschwundenen Genius habe sich mit dem rüstigsten Aufgebote aller Fülle und Macht noch einmal erhoben, um seinen Lieben eine recht preiswürdige Spende des Abschiedes zu hinterlassen.
Ganz im Geiste dieser Ansichten wird der Verleger, nicht minder als des Verewigten Freund, die Verpflichtung einer möglichst glänzenden Ausstattung dieses Schwanengesangs erfüllen. [. . .]“ (nach: O. E. Deutsch: Schubert. Die Dokumente seines Lebens. Kassel: Bärenreiter 1964, S. 573)
Die im folgenden abgedruckte Analyse von Werner Thomas hat als Gegenstand Schuberts Lied „Der Doppelgänger“ nach Heinrich Heine; es ist das 13. Lied der Sammlung des „Schwanengesangs“.
Werner Thomas begründet seine Analyse weder aus dem Besonderen der im Todesjahr Schuberts entstandenen Komposition, noch mit der Überbewertung eines bestimmten Aspekts wie Form, Harmonik oder musikalische Textbehandlung. Die Frage nach dem Ursprung der Schubertschen Satzstruktur ist es, die Thomas – angeregt durch Georgiades (vgl. Anm. 8) – durch eine differenzierte Analyse beantworten möchte. Mit der Darstellung des disparaten Verhältnisses von Sprache und Musik im musikalischen Satz des Schubert-Liedes gelingt Thomas der Nachweis von dessen wesenhafter Nähe zur Musik der Wiener Klassik.

27. Werner Thomas: „Der Doppelgänger“ von Franz Schubert

„Schauder erweckend tritt uns der ‚Doppelgänger‘ an. Höchst bezeichnend ist die Führung der unvollständigen, stets in unklarer Tiefe gehaltenen Akkorde der Begleitung, und der grausig über ihr schwebende Gesang bietet der Deklamation des Sängers höchst Ergreifendes.“
In dem Sprachidiom der jüngeren Romantiker versteht hier die ‚Allgemeine Musikalische Zeitung‘ vom Oktober 1829 (Jg. XXXI, Sp. 661) – ein Jahr nach Schuberts Tod – das Lied als Zeugnis romantischen Lebensgefühls, das sich gerne den zwielichtigen Grenzbezirken des Schauders und des Grausens hingibt. Die Eigenart der Begleitung, die Deklamationshaltung der Singstimme, der disparate Charakter des Ganzen sind als wesentliche Merkmale erkannt.
Die Forschung hat diese Beobachtungen vertieft. Man wertete das Lied als psychologische, ja pathologische Expression. Man untersuchte die Harmonik, die Textbehandlung, die sogenannte Form[1], und glaubte, zukunftweisende Ansätze zu sehen, die bei Brahms, Wolf, Wagner ausgeformt wurden.[2] Treffen diese Erkenntnisse den Kern? Hat Schubert

Elemente romantischer Ausdruckshaltung entdeckt und gewissermaßen Vokabular und Syntax für die späteren Liedmeister vorgeformt?

Die folgende Studie stellt die Frage umgekehrt: Wie ist die Liedsprache Schuberts aus der Überlieferung zu begreifen? Ist sie nicht ebenso stark nach rückwärts wie nach vorwärts bezogen?

Es scheint vermessen, diese weitreichende Frage aus der analytischen Betrachtung eines einzigen Liedes anzugehen. Der Versuch gründet sich auf drei Voraussetzungen:

1. „Der Doppelgänger", das letzte der sechs Lieder nach Texten von Heinrich Heine, ist im Todesjahr Schuberts – wohl zwischen Januar/Februar und Mitte 1828 – entstanden und besitzt schon deshalb besonderes Gewicht.
2. Die Lieder nach Texten von Heine zeugen von einem tiefen persönlichen Betroffensein Schuberts, das sich – ähnlich der „Winterreise" – in einer geheimnisschweren, bis an formsprengende Grenzen führenden Diktion niederschlägt.
3. Trotz dieser Sonderart muß die Musiksprache des Liedes typisch für Schubert genannt werden. Parallele Gestaltungsprinzipien finden sich etwa im „Atlas", ferner im „Leiermann" und anderen Liedern der „Winterreise"; ja es liegt nahe, zu Schuberts Erstlingen, etwa „Gretchen am Spinnrad", die Brücke zu schlagen und damit Schuberts Sprache als Einheit zu begreifen. Sie zieht im „Doppelgänger" gleichsam die Summe ihrer vielfältigen Möglichkeiten.

Die Individualität des Liedes verlangt eine ganzheitliche Interpretation durch genaue Beschreibung der einzelnen Sprachelemente.

I. Der Instrumentalpart

Klangliche Grundlage des Liedes ist ein achttaktiger Ostinato im Dreivierteltakt, der viermal als Ganzes erklingt. Er besteht aus zweimal vier Takten. Die zweite Hälfte steht in Substanzgemeinschaft mit der ersten. Das Material ist also gleichsam einzellig. Der Vordersatz des Ostinato erscheint sechsmal: einmal als Vorspiel, einmal im Nachspiel, viermal im Lied. In den jeweiligen Nachsätzen wird dieser Kerngedanke melodisch und klanglich variiert. In der dritten Strophe wird der Ostinato durch melodische Umkehrung des Sekundschrittes zu einer chromatischen Steigerung weitergebildet.[3]

Die Bewegung innerhalb der Urgestalt vollzieht sich in kleinsten Schritten nach dem Typus B – A – C – H, nämlich zwei fallenden, vorhaltartigen Halbtonschritten in Moll – Dur (zusammengelegt zwei kleinen Terzen): h – ais – d' – cis'. Sie schreitet fast durchweg ganztaktig fort. Nur in T. 13 und 23 imitiert die Instrumentalstimme echohaft die Singstimme, indem sie – aus der tiefen Lage heraustretend – deren Schlußwendung rhythmisch verschärft wiederholt. An Stelle des D-Dur-Klanges von T. 11 (Tp) erklingt jedoch als harmonische Basis der D^7-Akkord der T. So tritt die Echofloskel querständig ein und wirkt wie sinnentleert.

Die Starre der Fortschreitungen beruht vorwiegend auf der scharf profilierten Linie, die man ein Quasi-Unisono nennen kann, da Diskant und Baß weitgehend in Oktaven geführt sind.

Die Entfaltung des Ostinato soll ein Schema verdeutlichen:

	Baß des Ostinato:
Kerngedanke in der Urgestalt:	h – ais – d – cis
1. Umbildung im Nachsatz:	h – a – d – cis
2. Umbildung im Nachsatz:	h – a – d – c
Schlußvariante:	h – ais – d – c
Umkehrung:	h – c – cis – dis – ais

Daraus ergibt sich:

1. Der Ambitus ist in der Urgestalt auf die verminderte Quart begrenzt; sie kann zur reinen Quart variiert werden.
2. Das Gerüst des Ostinato bilden je zwei feste und zwei variable Töne.

3. Im Verlauf des Liedes erklingen sämtliche Variationen des Kerngedankens einschließlich der Umkehrung des charakteristischen Sekundschrittes. Analog der Struktur der Urgestalt steht jeweils ein fester Vordersatz einem variablen Nachsatz gegenüber.

Die Einzelklänge des Vordersatzes zeigen folgende Merkmale:

1. Der T fehlt die Terz.
2. Die D erklingt ohne Quint, während die Terz – der empfindlichste Ton – verdreifacht ist.
3. Faßt man den dritten Akkord als T, so fehlt der Grundton; hört man ihn als Tp, so ist er ohne Quint (die Singstimme legt die Deutung als T nachträglich nahe, ohne die andere Auffassung auszuschließen).
4. Die D erklingt ohne Terz als Quartsextakkord.

Daraus folgt, daß der Sinn dieser Akkorde mit den Mitteln der klassischen Harmonielehre nicht zu begreifen ist. Funktionale Beziehungen fehlen. Man hört hohle, unkörperlich schwebende Klänge ohne Spannung und Lösung, ja ohne Verbindung nach vor- und rückwärts.

Eine sinnvolle Bindung aber wird durch ein anderes Mittel hergestellt. Die starren Klänge werden um einen Zentralton (fis mit seiner Unteroktav) in kleinsten Schritten mixturenhaft verschoben. Das fis fehlt in nur 6 von 63 Takten. Die Akkorde sind an der Zentralton-Oktav gleichsam aufgehängt. Es entsteht der Eindruck eines monomanen Bohrens.

Eine weitere Beziehung der Sinneinheiten ergibt sich aus dem Wechsel von festem Vordersatz und variablem Nachsatz. Es ist zu prüfen, ob etwa die Varianten des Nachsatzes als kadenzierende Verläufe anzusprechen sind.

Die Urgestalt des Ostinato kadenziert nicht. Die Klänge wechseln zwar scheinbar zwischen Tonika- und Dominantformen aber man hört nur mixturenartige Verschiebungen ohne ausgesprochene Strebung. In T. 4 tritt ein Halbschluß auf dem Quartsextakkord ein; der Akkord ist aber durch die fehlende Terz geschlechtslos und ohne Leitton. In T. 5 schließt die einfache Wiederholung an.

In den Nachsätzen dagegen zeichnen sich kadenzartige Bildungen in vierfacher Stufung ab, deren Sonderart genauer zu untersuchen ist.

1. In T. 11/12 erklingt eine auf die Tonika zielende Umbildung:

Die unisone Oktavenführung der Außenstimmen ist aufgegeben; Diskant und Baß haben Quintabstand. Diese Quint wird wie durch einen inneren Druck gleichzeitig nach oben und unten chromatisch zur Sext auseinandergeschoben. Aber die Sprengkraft wirkt weiter und drückt die Außentöne wieder bis zur Oktavgrenze auseinander. Obwohl – harmonisch gesprochen – in T. 12–15 die Folge D^7 – T vorliegt, wird man dies nicht als Kadenz im üblichen Sinn ansprechen können. Denn die Tonika in T. 15 ist nicht Zielklang und Lösung des D^7-Akkords innerhalb der gleichen Sinneinheit, sondern erneuter Eintritt des spannungslosen Vordersatzes, also metrisch ein neues Anheben.

Die Verbindung dieses Klanges nach rückwärts ist sehr gering. Die Echowendung hebt die leittönige Beziehung von T. 12 auf 15 nahezu auf. Während nämlich in den Bässen der Takte 12–14 der D^7-Akkord wie eingefroren stillsteht, greift der instrumentale Diskant den Zentralton fis' aus der Singstimme auf und mindert durch das Hochrücken des Klanges und durch das querständige a' den Leittonwert des ais nach h stark herab. Die Trennung der Sinneinheiten betont auch der Quintfall fis' – h des Diskant (T. 14/15), der als Baßschritt gerade das Gegenteil – nämlich funktionalen Kadenzvollzug – bewirken würde. Demgegenüber steht im Baß ein Sekundschritt. Die herkömmliche Verwendung der Schlußklauseln ist also auf den Kopf gestellt.

Diese Faktur deutet darauf hin, daß der Nachsatz (T. 9–14) nicht auf die T des T. 15 bezogen sein will, sondern in sich beharrt. Das parataktische Prinzip[4], das die einzelnen Akkorde des Ostinatokerns wie in sich geschlossene Wesenheiten nebeneinanderstellt, ist demnach auch für die größeren metrischen Abschnitte gültig. Sie sind ebenfalls nach dem Prinzip der Reihung geordnet, ohne freilich die Beziehung im ganzen zueinander aufzugeben. Die funktionalen Ordnungen schimmern gleichsam noch hindurch.
Eine sehr ähnliche Gestaltung findet sich im „Leiermann“:

Leiermann T. 16/17: (erste Fassung sogar tonartengleich!)

Doppelgänger T. 13–15:

2

3

Hier wie dort steht nicht der die Tonika vertretende Einzelklang als Lösung, sondern die nachfolgende Sinneinheit wirkt als Ganzes schließend für die vorausgehende, bleibt aber in sich offen. Daher hier wie dort ein unendlicher Schwebezustand.

2. In dem zweiten Kadenzansatz (T. 31–34) scheint der Unterschied gering. An Stelle des einfachen D^7-Akkords ist die Quint tiefalteriert, die Echowendung fehlt. Dadurch entsteht jedoch eine neue Situation. Der geschärfte Klang platzt förmlich, von der übermäßigen Sext C-ais aus, mit gleichzeitigen „Leittönen“ nach aufwärts und abwärts in die Oktave auf, und zwar infolge der fehlenden Echowendung unmittelbar. Damit ist der Klang deutlicher als vorher auf die den Vordersatz eröffnende Tonika (T. 34) hingeordnet. Diese aber erklingt bezeichnenderweise hier zum erstenmal vollständig mit der charakterisierenden Terz.
Durch die Singstimme freilich bildet sich zwischen den Außenstimmen ein gewaltig gespannter Tritonus C-fis″. Ferner relativiert von T. 33 zu 34 (wie in T. 14/15) der Quintfall fis′-h den instrumentalen Leittonschritt. Dennoch hat der Kadenzansatz gegenüber der Transparenz der ersten Stufe hier größere materielle Gegenständlichkeit.

3. Innerhalb der dritten Stufe (T. 40–43) finden wir an der Nahtstelle die nämliche Klangfolge wie eben. Das Besondere liegt hier in der Singstimme, dem Schrei auf g″. Der Akkord stellt eine alle Grenzen sprengende Klangballung dar. Wir sind auf dem melodischen Scheitelpunkt des Liedes, wo der Sprecher des Monologes die Vision des Gegenüber erkennt. Das g″ der Singstimme wird vorhaltartig in den Akkord aufgenommen und damit der Zentralton zum ersten Male verlassen. Die harmonische Bezeichnung wäre: $D^{v}_{5>}$ (übermäßiger Quintsextakkord auf tiefalterierter II. Stufe) → $D^{7}_{5>}$. Die verschärfte Gespanntheit aller Akkordtöne steigert erneut die Eindringlichkeit des Kadenzansatzes gegenüber den vorausgehenden Stufen.

4. Endlich wird auch der Vordersatz des Ostinato von der Umbildung ergriffen. Durch Umkehrung des fallenden Sekundschrittes steigen die Außenstimmen chromatisch aufwärts, jedoch immer von dem Zentralton gehalten. An Stelle des erwarteten Nachsatzes aber führt der Zielklang der Steigerung in T. 47 urplötzlich in einen neuen Bereich.
Die durch eine überraschende Rückung erreichte Dp wirkt als Modulation. Sie wechselt in schwingender Bewegung zweimal mit ihrer Dominante Ais-Dur und festigt so den neuen Klangraum. Die suggestive Andersartigkeit des Klangbereiches ist so stark, daß man enharmonisch es-Moll – B-Dur zu hören glaubt. Die geistige Weite der Sprache Schuberts reicht damit über Heines Text hinaus. Die ironische Fratze: „Was äffst du nach mein Liebesleid?“ ist in der Musik neu gedeutet.

Die Rückwendung bringt T. 51. Er hat harmonisch und metrisch eine Art Schlüsselstellung. Durch doppelte freie Leittoneinstellung zum Zentralton fis reißt sich das Klanggeschehen ruckartig von der Modulationsebene los und mündet in den Quartsextakkord der

Dominante. Dieser leitet mit der Kadenz $D_4^6-S_5^6$ (über Fis)-D^7-T den großen Schlußbogen ein.

Wie ist dieser gestaltet? Die Kadenz verläuft über dem vier Takte ruhenden Dominantorgelpunkt Fis′. Mit ihm korrespondiert die ebenfalls viertaktige plagale Schlußwendung über H′. Sie ist aber zugleich schließendes Glied des achttaktigen Nachspiels. Der mit der Singstimme schließende T-Klang (T. 56) eröffnet aber zugleich wieder den Ostinato-Vordersatz, der eine besonders sprechende Umbildung erfährt.

An Stelle der bisherigen D erklingt nämlich der verselbständigte Neapolitaner, der auch als Mollsubdominant-Gegenklang gedeutet werden kann. Wie eine kostbare Intarsie ist er in die Penultimafuge[5] der letzten Sinneinheit eingesprengt. Er ist harmonisch, melodisch und metrisch bedeutsam.

Er schafft metrisch die Voraussetzung für das Verschmelzen des Ostinato mit der Schlußwendung. Er bereitet harmonisch den plagalen Charakter des Schlusses vor, dessen Durwendung das Visionäre des Durchlebten noch einmal neu beleuchtet. Er steht endlich melodisch auf der tiefalterierten II. Stufe, der phrygischen Sekund.

Damit erklingt als letzte Variante der Baßlinie die Folge: H′ – Ais′ – D – C. Die letzte melodische Bewegung des Liedes mit dem Abstieg d′ – c′ – h aber erweist sich als phrygische Klausel. Wir sind dieser Folge bereits in T. 13 und 23 begegnet, wo das Instrument wie ein jenseitiges Echo die Singstimme nachdeutet. In solchen Wendungen schwingt Erinnerung an die Symbolkraft der ererbten Sprache: das Ethos des Phrygischen als Tonart des Schmerzes.

Zusammenfassend ergibt sich:

Die unendlich in sich zurücklaufende Drehfigur des ostinaten Basses, die sich in zweifacher Oktavverdoppelung chromatisch um einen Zentralton windet, kann keine Kadenzfunktion im Sinne der Wiener Klassiker ausüben. Während diese in sprunghafter Baßführung die Aktivität der dominantischen Beziehungen verwirklicht, ist der linienhafte Ostinato Sinnträger einer statisch wirkenden Ordnung. In den halbschlußartig endenden Nachsätzen jedoch ist der anfänglich geschlossene Verlauf aufgebogen. Durch Chromatisierung werden die Akkordbestandteile leittönig geschärft und damit auf die Zieltöne des Folgeklanges hingeordnet. So entsteht eine von der Quintsprungkadenz wesensverschiedene, lineare Kadenzbeziehung zwischen parataktisch gereihten Sinngliedern. Mit der Modulation in T. 47 wird dann eine funktionale Kadenz eingeleitet, die im Nachspiel mit dem variierten Ostinato zu einem eigenständigen Sinnglied verschmilzt.

Die Funktionsordnung der Wiener Klassiker ist also nicht aufgehoben, sondern wird innerhalb eines andersgearteten Klangbewußtseins neu gedeutet. Dieses zielt auf Isolierung des Einzelklanges. Man sollte eigentlich erwarten, daß die mehrfache Leittonalterierung verstärkte Kadenzwirkungen auslöste. Das ist jedoch nicht der Fall. In T. 32/33:

wird der Akkord zwar durch die folgende Tonika nachträglich als Dominantvertreter ausgewiesen; er wirkt aber klanglich selbständig.

Diese Isolierung wird durch die Dynamik wesentlich mitbestimmt. Sie bewegt sich nur in den extremen Bereichen p – ppp und ff – fff bzw. ffz. Mittelwerte fehlen; es gibt weder ein f noch ein mf. Diese Stufen werden in drei atemlos anwachsenden Crescendowellen nur im Durchgang berührt, ohne sich selbständig zu entfalten. Ruckartige Stufung und schroffes Gegeneinander werden bevorzugt.

Für die klanglichen Höhepunkte ergibt sich folgendes:

In T. 32 liegt der ffz-Akzent *nach* dem Eintritt des fff, in 40/41 *vorher*. An der ersten Stelle kulminiert das Geschehen gleichsam im Innern der „Schmerzensgewalt". Der Impuls des ffz drückt nach beiden Seiten, während die Klangkraft schon vorher aufs höchste gesteigert ist. In T. 40 dagegen gilt das ffz dem Erkennungsakt, welchem in höchster Klangwucht der Schrei auf g″ folgt. Schubert selbst soll beim Anschlag des Akkords auf „Gestalt" sämtliche erreichbaren Nachbartasten mitgegriffen haben, wobei er nur die notierten Töne nachklingen ließ.[6]

Was bedeutet diese extreme Dynamik?

Die bis an die Grenzen des Möglichen reichende materielle Wucht, die mit gehäuften chromatischen Alterationen voll starker Innenspannungen zusammenwirkt, läßt den *primären Klangwert* des einzelnen Akkords heraustreten. Dieser wird unter Aufgabe funktionaler Strebungen als Eigenwert ausgekostet. Er wird eruptiv herausgeschleudert und bricht dann gleichsam in sich zusammen (vgl. das Decrescendo in T. 33 und 42; die Häufung des Zeichens: > bei den einzelnen Akkorden). Dieses Zusammenbrechen braucht Zeit, verlangt ein Beharren. Daher treten metrische Zerdehnungen ein (T. 32/33; 41/42; 52/53). Dann folgt jeweils ruckartig mit neuem Impuls ein Piano; es wirkt wie ein frisches Atemholen. – Aber auch in der pp-Ebene der ersten Strophe heben sich die durch oktavverdoppelte Quinten und Quarten gebildeten Klänge als selbständige Gebilde eindringlich heraus und wirken geheimnisvoll entmaterialisiert.

Die extreme Dynamik ist demnach integrierender Bestandteil der Akkorde. Sowohl die ff- wie die pp-Stufen lassen die Klangmonaden[7] als verselbständigte Ausdrucksträger hervortreten.

II. Singstimme

Die ersten Niederschriften Schuberts lassen erkennen, daß er zuerst die Melodie, dann den Baß und die Begleitung geschrieben hat.[8] Diese Tatsache, die auf getrennte geistige Konzeption von Singstimme und Instrumentalpart schließen läßt, ist für die Faktur des „Doppelgänger" bedeutsam.

Die Textdeklamation verzichtet weitgehend auf melodische Entfaltung. Die Stimme kreist vielmehr um den Zentralton fis′. Der Ambitus beträgt eine Duodezime (h – fis″); einmaliger Kulminationspunkt ist g″.

In der ersten Strophe beginnen und enden sämtliche jeweils mit neuem Atem anhebenden acht Einzelphrasen auf fis′. Die melodischen Bewegungen, vor allem die Finalwendungen in T. 11/12 und 21/22, stehen dem einstimmigen phrygischen Ton nahe. Auch die Faktur im ganzen erinnert an phrygische Modelle, etwa den bekannten Lutherschen Typus: „Aus tiefer Not schrei ich zu dir."[9]

In der zweiten Strophe wird die Deklamation von Phrase zu Phrase höhergerückt. Die Töne des h-Moll-Dreiklangs dominieren. Die Stimme zitiert sogar einmal *per diminutionem* die Urgestalt des Ostinato (T. 28 und 30).

Die dritte Strophe beginnt wieder auf fis′. Mit der plötzlichen Rückung nach dis-Moll aber (T. 47) bahnt sich eine gesangliche Führung an, die sich in der Schlußphrase reich entfaltet. Diese ist mit dem Umfang h′ – fis″ schon der Lage nach hervorgehoben. Der Spitzenton wird in einem Quintanhub erreicht, dann sinkt die Linie – ähnlich der Praxis der klassischen Vokalpolyphonie – in gestufter Bewegung zum Ausgangspunkt zurück. Die letzten Töne der in klarer h-Moll-Tonalität verlaufenden Kantilene (d″ – cis″ – h′) respondieren melodisch der phrygischen Variante des Ostinato: d′ – c′ – h (T. 58–60). Die stufenweise Führung und das Melisma auf „alter Zeit" lassen die Stimme erstmalig in einer warmen Melodie ausschwingen.

Gerade die Tatsache, daß hier zum ersten Male wahrhaft gesungen wird, läßt die Andersartigkeit der vorausgehenden Deklamation um so schärfer hervortreten. Sie entspringt einer Rezitationshaltung; der Sänger ist eigentlich ein Sprecher. Es handelt sich jedoch nicht um das Rezitativ der Oper oder der Kantate, sondern um ein Rezitieren im Sinne des Accentus[10]. Damit bekommt der immer wiederkehrende Ton fis seinen eigentlichen Sinn: er ist Reperkussionston nach Art der Tuba in der Psalmodie.

Wie tief reicht die geistige Verwandtschaft zu der Accentus-Haltung? Der Sprechgesang verwirklicht den Klang des gesprochenen Wortes in konkreten Tönen, ohne zu einer selbständigen musikalischen Gestalt durchzustoßen. In subtiler kleinrhythmischer Differenzierung wird deklamiert.[11] Die Sätze sind in ihre kleinsten Abschnitte zerlegt. Bis zur Kulmination setzt jede dieser Einheiten neu an, als formten sich die Gedanken nur widerwillig zur Aussage. In diesen Neuansätzen besteht der Hauptunterschied zum Choral. Es liegt zwar in beiden Fällen eine Art Prosa vor; denn der Text Heines steht trotz Reim und Versgerüst der Prosa nahe. Der Choral aber entspringt einer Gebetshaltung. Die Aussage fließt kontinuierlich in dem Verkündigungsstrom des Sprechers dahin und wird nur durch die natürlichen Atemzäsuren gegliedert. Bei Schubert spricht der Sprecher seinen Monolog stoßweise, dabei wie traumwandelnd vor sich hin. Jede Aussage steigt aus einer verborgenen Tiefe. Sie wird gleichsam in statu nascendi fixiert, ohne sich voll zu verwirklichen. Nirgends verliert sich die Diktion in tonmalerischer oder poetisierender Textausdeutung. Die schwebende Rhythmik setzt Ideogramme der inneren Bewegung. Jedes Einzelglied formt sich aus einem neuen psychischen Impuls.[12]

Wie ist dieser Sprechgesang metrisch gegliedert? Was ist zeitmessendes Prinzip? Wer in das Lied hineinlauscht, erspürt hinter der vordergründigen Starre ein seltsames Schwanken. Die Stimme schwebt streckenweise gleichsam im leeren Raum. Woher kommt das? Man findet als vorläufige Erklärung, daß die einzelnen Phrasen nicht auf dem Schwerpunkt der ersten Zählzeit einsetzen, sondern durchgehend erst auf dem zweiten Viertel – nach Maßgabe des Wortes meist auftaktig, nur vereinzelt auf die zweite Zählzeit selbst. Der jeweils erste Akkord des Ostinato im Vorder- und Nachsatz erklingt immer vor dem Einsatz der Stimme.

Bei genauer Prüfung ergibt sich folgender Sachverhalt (T. 5 bis 14):

Von den vier Phrasen der Halbstrophe setzt nur die letzte abtaktig ein, so daß in T. 11 und 12 die beiden Wortakzente auf Eins fallen. In den drei ersten dagegen trägt jeweils nur das letzte Wort den Akzent der Eins. Somit müßten diese Glieder als Einheit mit mehrsilbigem Auftakt verstanden werden. „Still ist die Nacht" wäre dann als Auftaktgebilde mit agogischer Verbreiterung der vorderen Silbe zu deuten. Die folgenden Phrasen aber sind durch ihre Sprachgestalt schon von der ersten zur zweiten Silbe auftaktig. Daraus ergibt sich jeweils für die *zweite* Zählzeit in T. 7, 9 usw. metrisch eine Länge, rhythmisch ein Schwerpunkt. Wir empfinden also folgerichtig in der Singstimme einen immanenten *Zweivierteltakt* gegenüber der Dreiviertelbewegung des Ostinato. – In T. 11 dagegen periodisieren Stimme und Instrument gemeinsam. Es ist bezeichnenderweise die Stelle, an der wir eine Halbschluß-Kadenz erwarten müßten, die sich hier nur als geistige Spur andeutet. – Während die Verhältnisse in T. 15–22, 34–38 und 43–46 analog liegen, folgt die dritte Strophe der verhüllten Zweierordnung nur in der ersten Zeile. Von dem Eintritt der Dp aus periodisieren Stimme und Instrument gemeinsam im Dreiertakt. Hier ist der Wendepunkt; man könnte ihn als Eintritt der erweiterten Penultima[13] verstehen. Die Rezitation und mit ihr der Ostinato enden, die Stimme beginnt zu singen, und es bestehen funktionale Kadenzbindungen.

Welche metrische Ordnung herrscht an den klanglichen Höhepunkten?

In T. 39/40 klarer Dreiertakt:

Die metrische Spaltung ist aufgehoben. Die rationale Ordnung der musikalischen Sprache scheint der Handlungsstufe zu entsprechen: es wird gleichsam ein Schleier weggezogen und die Vision des Doppel-Ich steht in grausiger Klarheit da. Aber die Bindung des g" über die Taktgrenze (41/42) läßt die Dreierordnung verschwimmen und deutet auf die im folgenden erneut einsetzende Zweierordnung hin. Die ursprüngliche Konzeption der Stelle lautete ähnlich T. 31–33.[14]

Gegenüber den metrisch eindeutigen Takten 39–41 ist der Oktavsturz in 31–33 trotz der rhythmisch scharfen Profilierung als Taktordnung kaum faßbar (sieben Zählzeiten!). Es ist möglich, den bisherigen Zweiertakt weiterzuhören. Aber diese Deutung ist unverbindlich; der Stelle haftet etwas Irrationales an.

Im ganzen ergibt sich:

Trotz des Wechsels verschiedener Ordnungen – Zweivierteltakt, Dreivierteltakt, taktfreie Gebilde – erweckt die Rezitation den Eindruck der Gleichförmigkeit. Es muß also ein übergeordnetes zeitgliederndes Prinzip vorhanden sein. Das kann aber nur in der Aufhebung organisierter Taktordnungen liegen. Tatsächlich wird in der Monotonie des Textvortrages kaum eine Schwerpunktgliederung empfunden, vielmehr ein eintöniges, jeder Hebung das gleiche Recht zumessendes Auf und Ab: die „Schlagzeit"[15]. Sie entspricht wie im Accentus der musikalischen Verwirklichung von Prosa.

III. Das disparate[16] Verhältnis von Instrumentalpart und Singstimme

Die musikalische Gestalt des Liedes ist somit in zwei selbständige Bereiche gebrochen. Unter welchen metrischen Bedingungen können diese disparaten Ordnungen gleichzeitig verlaufen?

Als bedeutsam stellt sich heraus:

1. Der Instrumentalpart ist abtaktig, die Rezitationsglieder sind fast durchweg auftaktig. Beide verwirklichen also einen verschiedenen Sinn.

2. Nach ihrer metrischen Qualität werden die Ostinatoklänge als eine Folge von schweren und leichten Takten empfunden. In der Verdoppelung des Schlußakkords wird dieser Sachverhalt materiell greifbar. Ähnliche, wenn auch weniger eindeutige Ansätze stellen die Takte 13/14, 52/53, 54/55, 60/61 dar. Dieses Symmetriebewußtsein gründet in der Faktur des Ostinato; melodisch: Halbton abwärts; harmonisch: Tonika-Vorstellung – Stillstand auf Halbschluß. Daraus resultiert für die Klangfolge eine fallende Tendenz.

Demgegenüber ruft die Rezitation einen steigenden bzw. infolge des Kreisens um fis einen schwebenden Eindruck hervor. Jede Phrase zielt – unbeschadet der Schlagzeit als übergeordnetem Regulativ – auf den sprachlichen Schwerpunkt des jeweils letzten Wortes, z. B. „Still ist die *Nacht,* es ruhen die *Gassen".* Diese Zielworte werden durch den Akkord auf Eins gestützt, da hier Dreier- und Zweierordnung gemeinsam periodisieren, während das jeweils vorausgehende sprachlich gleich schwere Wort (also „still" und „ruhen") ohne akkordische Stütze ist und nur den ideellen Akzent des immanenten Zweiertaktes trägt. Der Stützakkord ist aber seiner metrischen Stellung nach leicht, während in der Rezitation eine *mora vocis,* also ein Ruhepunkt vorliegt, dem im Bewußtsein des Hörers schwerpunkthafte Bedeutung zukommt.

Andererseits gibt der metrisch schwere Akkord (T. 5, 7 usw.) jeweils den Akzent auf die Eins des organisierten Dreiertaktes, dem freischwebend und auftaktig die Zweierordnung der Rezitation folgt. Durch die vom Instrument markierten Akkordeinsätze bei intermittierender Rezitation entsteht der Eindruck lebloser Starre.

So ergibt sich:

Die metrischen Verläufe von Rezitation und Ostinato sind nicht nur getrennt, sondern konträr. Über dem instrumentalen schwer-leicht vollzieht sich die Folge leicht-schwer in der Rezitation. Dies ist wohl eine der Ursachen für den Eindruck des Bodenlosen und Hintergründigen der musikalischen Diktion.

Diesen Feststellungen scheint das in T. 10 verselbständigte Viertel fis zuwiderzulaufen. Es steht in der Fuge vor dem im Dreiertakt schließenden Glied der Singstimme, wie eine ideelle Eins der eben verlassenen Zweierordnung. So wirkt es gewissermaßen komplementärrhythmisch in das metrische Gegenüber hinein. Wichtiger aber ist eine andere Funktion. Mit der melodischen Variante h–a–a–ais der Ostinato-Oberstimme in T. 9–12 wird aus der Folge fallend – fallend die Folge fallend (Ganzton) – steigend (Halbton). Fis stünde dann als Markierung zwischen den verschiedenen Hälften des Nachsatzes. Es muß offenbleiben, ob dadurch eine vorübergehende Umkehrung der Vorstellung schwer-leicht zu leicht-schwer bewirkt wird.

Überblickt man unter dem Gesichtspunkt der metrischen Symmetrie die Gruppenbildung des Ostinato, so zeichnet sich eine keineswegs regelmäßige Ordnung ab:

$4 + 4 + 6\,(= 4 + 2) + 4 + 6\,(= 4 + 2) + 4 + 5 + 4 + 5 + 4 + 5\,(= 4 + 1) + 12\,(= 4 + 4 + 4)$

An drei Stellen also asymmetrische Gebilde neben den üblichen Symmetrien – wie bei den Wiener Klassikern. Auf den klanglichen Höhepunkten stockt der metrische Ablauf; zwei Takte werden zu drei gedehnt. Nimmt man an, daß die metrische Schwerpunktsymmetrie durchempfunden wird, so wirken diese Klangballungen (in T. 32 und 41) doppelt bestürzend; denn ein leichter Takt wird erwartet.

In T. 51 und 52 dagegen stehen infolge des verwaisten Penultima-Akkords zwei schwere Takte hintereinander. Denn mit T. 52 setzt eine neue Wirklichkeit ein: die in T. 47 beginnende Lösung von der Rezitation ist abgeschlossen; eine melodische Linie wird gesungen; die bisher syllabische Deklamation hat Raum für ein Melisma; die Melodie ist ausgesprochenes h-Moll über funktional gespannten Akkorden; sie setzt auftaktig ein und verläuft in klarem Dreiertakt; Singstimme und Instrument periodisieren gemeinsam; ihre konträre Setzung schwer gegen leicht ist aufgegeben.

Die Dehnung der Schlußkantilene auf fünf Takte aber bringt das Entscheidende: der erste Akkord des Ostinato fällt bei seinem letzten Eintritt einmalig mit dem Schlußton des Gesangees zusammen. So wird die funktionale Schlußbildung metrisch bestätigt.

Während der Gesang auf schwer schließt, endet das Instrument durch Dehnung des H-Dur-Akkords auf leicht, eine Bildung, die eindringlicher wirkt als jeder materiell greifbare Schluß. Denn der für das Ganze so bezeichnende Schwebezustand bleibt dadurch gleichsam bis in die Unhörbarkeit bestehen, ohne den Hörer aus seinem Bann zu entlassen.

Der Aufriß der technischen Faktur macht deutlich, wie weit sich die Musiksprache Schuberts von der naiven Vertonung eines lyrischen Gedichtes im Sinne der Liedhaltung des 18. Jahrhunderts entfernt hat. Auf Grund der Vorstellungsgehalte des Textes spielt sich ein Ereignis vor uns ab, das Schubert – die Worte Heines geistig weit überspielend – mit musikalischen Mitteln neu verwirklicht.

Es liegt nahe, die erkannten Gestaltelemente des Liedes als Sinnglieder dieses Ereignisses zu deuten. Man kann sagen, daß Vordersatz und Nachsatz des instrumentalen Ostinato wie Urbild und Abbild als Ideogramme der Wesensgemeinschaft zwischen dem Ich des Sprechers und seinem visionären Doppel-Ich fungieren. Man kann das Aufgeben der metrischen Spaltung in der dritten Strophe und das menschlich freie Singen mit der endlichen Überwindung der bewußtseinsbedrohenden Mächte zusammenhalten. Man kann annehmen, daß der Ostinato im Nachspiel durch den phrygischen Akkord gleichsam entzaubert und zum Träger eines milden Trostes verwandelt wird, der die magische Bedrohung durch die Kraft der Erinnerung löst.

Aber diese Spekulationen sind zu subjektiv, um weiter ausgesponnen zu werden. Ihnen steht ein Faktum gegenüber, das dem Ostinato eine festumrissene Bedeutung im Sinngefüge des Ganzen verleiht.

Man hat nämlich längst gesehen, daß er sich im *Agnus dei* der Messe in Es wiederfindet, die im Juni 1828 entstanden ist, also in zeitlicher Nachbarschaft zum „Doppelgänger".

Der *Agnus dei*-Einsatz zeigt die verwandte Haltung:

Die Baßstimme bewegt sich wie im Liede ganztaktig in den gleichen Intervallschritten. Die ostinate Haltung wird betont durch die synkopisch einsetzende Formel der tiefen Streicher, welche vom Ostinato-Ton in die obere kleine Terz abspringt und den Ausgangston in zwei gestoßenen Achteln erneut betont. Die Diktion bekommt dadurch eine aktive rhythmische Wucht, die sich mit der lastenden Schwere der melodischen Schritte kontrastierend verbindet. Dazu tritt das Sforzato des nachschlagenden oktavierten g der Hörner (später alternierend mit den Trompeten), das dem Zentralton im Lied entspricht. Während aber dort die Stimme über den im Innern der Akkorde bohrenden Oktaven des Zentraltones deklamiert, ist sie hier – selbst durch die Baßposaune gestützt – an den transzendenten Bläserklängen gleichsam nach abwärts aufgehängt.
Bei dieser Ähnlichkeit der Diktion scheint es berechtigt, das *Agnus dei* als Entschlüsselung für den Lied-Ostinato zu betrachten.[17] Es ist für die geistige Wesenheit Schuberts tief bedeutsam, daß geistliche und weltliche Bereiche seines Musizierens ungeschieden in einer Lebensmitte verwurzelt liegen.

IV. Ergebnisse

Betrachtet man zusammenfassend den Charakter der Liedsprache, so wird deutlich, daß gegensätzliche Elemente in fast unbegreiflicher Dichte zur Einheit gebunden sind. Als heterogene Gestaltungsprinzipien haben sich herausgestellt:

1. Ostinato mit fixiertem Zentralton – Variationen des Kerngedankens im Nachsatz.
2. Funktionslose Akkorde von primärem Klangwert (Klangmonaden) aus grundständigen Intervallen (Oktav, Quart, Quint), als Mixturen chromatisch verschoben.
3. Parataxe der Ostinato-Glieder mit latenten Kadenzeinsätzen.
4. Kadenzfreier neben kadenzierendem Verlauf.
5. Extreme Dynamik.
6. Linearisierung der ostinaten Baßführung.
7. Phrygisches Ethos in Melodie und Harmonik.
8. Rezitation (Accentus) – Singen.
9. Schlagzeit als Regulativ.
10. Symmetrische und asymmetrische Gruppenbildung.
11. Gleichzeitiger Verlauf konträrer metrischer Ordnungen (Polymetrie).
12. Selbständigkeit des Instrumentalparts: Ostinato als Symbol.

Wie sind diese Gegensätze zu verstehen?
Rezitation überwiegt gegenüber dem Singen, Fundamenttechnik und Modellvariation[18] gegenüber der funktionalen Kadenz. Schubert setzt also weitgehend an die Stelle eines gefühlsbestimmten Singens ein vergegenwärtigendes Sprechen, an die Stelle eines harmonischen Stromes ein konstruktives Gerüst.
Freilich heben die konstruktiven Prinzipien die funktionalen Ordnungen nicht auf. Gerade weil diese weiter vorausgesetzt werden, wirken die konstruktiven Techniken als Sinnerweiterung. Beide Aussagen bedingen einander. Die Starre des Ostinato entbindet kontrastierend die volle Mächtigkeit des freien Gefühlsstromes in dem harmonischen Gefüge des Schlusses.
Fundamenttechnik ist Erbe barocker Musikübung. Die als verselbständigte Klangmonaden erkannten Ostinato-Akkorde aber führen noch tiefer in die Geschichte zurück. Ihre Eigenart kann nicht mehr harmonisch begriffen werden, sondern aus jenem Prinzip, das wir seit den einschlägigen Untersuchungen Rudolf von Fickers[19] das „klangliche“ nennen. Ihre Urahnen sind die Quint-Oktavklänge des frühesten Organum. Dort finden wir – etwa in der „Musica enchiriadis“ – die durch die Eigenart der Dasia-Notation[20] betonte Vorherrschaft der Sprache, das Bordunprinzip, den mixturhaften Bau des geschlossenen Einzelklanges, das Vorwiegen grundständiger Intervalle, den im vertikalen Sinn weiten Klangraum; sogar die *modesta morositas*[21] scheint in dem ganztaktigen, ungewöhnlich breiten Bewegungsmodus des Liedes ihre Nachfolge zu finden.
Damit sollen aber nicht zwei um ein Jahrtausend unterschiedene Haltungen leichtfertig

parallelisiert werden. Es ist zu prüfen, aus welchen geschichtlichen Gegebenheiten des frühen 19. Jahrhunderts sich die Erscheinungen im „Doppelgänger" begreifen lassen.

Die Spannungsqualitäten der Funktionskadenz unterliegen dem Verschleiß. Je schwächer die zwischen den Stufen waltende Beziehung empfunden wird, desto stärker tritt der Eigenwert des Einzelklanges hervor. Um ihn auszukosten, muß der primäre Klangwert möglichst gesteigert werden. Das geschieht durch Emanzipation der einzelnen Töne. Sie werden chromatisiert oder durch Ganztonschritte gegen den Nachbarton bewußt abgesetzt oder sie erstarren auf dem gleichen Ton.[22] Daraus folgt eine fortschreitende Linearisierung. Sie ergreift die Außenstimmen, vor allem den Baß[23], der damit seine Kadenzfunktion verliert.

Es ergibt sich der eigenartige Sachverhalt, daß die Intensivierung des Linearen und die Wendung zum Klanglichen zusammenfallen; beide beruhen auf dem Auskosten der Harmonik.

Je stärker aber instrumental das klangliche Prinzip hervortritt, desto entschiedener behauptet sich andererseits die Autonomie der Sprache. So offenbart sich als Ursache der konträren Periodisierung die wesenhafte Gegnerschaft von Sprache und Musik. Die Verse des „Doppelgänger" sind Vierheber mit Füllungsfreiheit, also von volksliedhafter, prosanaher Gestalt. Die Prosa aber widerstrebt dem Rhythmus. Daher die freie, nur durch die Schlagzeit regulierte Rezitation der Stimme. Man kann geradezu von melodramatischer Gestaltung sprechen.

In der Rezitation des Textes wird eine Erfahrung von selbstbildnishafter Aussagekraft als Vorgang auf die Zeitachse projiziert. An diesem Ereignis hat der Ostinato keinen Anteil. Seine Funktion ist zeitlos, statisch. Er wirkt als Symbol durch bloße Gegenwart und kommentiert gleichsam durch sein passives unerbittliches Dasein in der Tiefe das Geschehen.[24]

Diese satztechnische und damit geistige Antinomie aber stellt Schubert in die Reihe der Wiener Klassiker. Während die Romantiker danach streben, die Satzglieder zu einem einheitlichen Strom zu verschmelzen, verwirklicht Schubert die Eigengesetzlichkeit getrennter Sprachschichten. Möglich wird dieses Miteinander nur dadurch, daß sich in ihm die ganze Fülle des Gewordenen regeneriert und er dieses Erbe in einer schöpferischen Rezeption zur Einheit bindet.

Man hat mit Recht auf zukunftweisende Elemente in seinen Liedern hingewiesen. Sie sind aber janusgesichtig. Ihre Sprache ist von einer Geschichtstiefe ohnegleichen. Der „Doppelgänger" ist wohl das sinnfälligste Beispiel dieser schöpferischen Begegnung mit dem Erbe. Er vereint in sich die Klangstruktur der frühesten Mehrstimmigkeit, das zeitmessende Prinzip des Chorals (und der Renaissance, wo ebenfalls die Schlagzeit gültig wird), die Fundamentpraxis des Barockzeitalters, die Funktionsordnung und die metrische Freiheit der Wiener Klassiker und die Chromatik der Romantik.

Archiv für Musikwissenschaft 11 (1954), S. 252–267. Auch in: Zur musikalischen Analyse. Hrsg. v. G. Schuhmacher. Darmstadt: Wissenschaftliche Buchgesellschaft 1974, S. 363–383 (Wege der Forschung, Bd. CCLVII)

Anmerkungen

1 P. Mies: Schubert, der Meister des Liedes. Berlin 1928, S. 397 ff.; H. J. Moser: Das deutsche Lied seit Mozart. Bd. I. Berlin, Zürich 1937, S. 125

2 M. Bauer: Die Lieder Franz Schuberts. Bd. I. Leipzig 1915, S. 27, 78; H. J. Moser: Lehrbuch der Musikgeschichte. Berlin [6]1937, S. 227

3 Abkürzungen: Takt = T., Tonika = T, Dominante = D, Subdominante = S, Parallele = p

4 parataktisch: nebenordnend

5 Penultima: vorletzte (Note)

6 Moser: Das deutsche Lied. Bd. I. S. 125

7 Monade: Unteilbares, Nichtzusammengesetztes

8 G. Schünemann: Musikerhandschriften von Bach bis Schumann. Berlin [3]1936, S. 92

9 Zum Stammbaum dieses Typus vgl. H. Besseler im Freiburger Tagungsbericht für deutsche Orgelkunst, Augsburg 1926, S. 151, Anm. 4. Dazu etwa Hofhaimers Lied „Meins traurens ist".

10 Accentus: rezitierender Vortrag liturgischer Texte

11 Einzelheiten sind gut abzulesen in der von Mies (Schubert, S. 397 ff.) gewählten Übereinanderordnung der korrespondierenden Phrasen.

12 Die metrische Autonomie musikalischer Glieder und ihr Hervorgehen aus individuellen Impulsen bei den Wiener Klassikern hat Th. Georgiades: Mozart-Jahrbuch 1 (1950), S. 76 ff., anschaulich gemacht. Ich verdanke den dortigen Gedankengängen mehrfache Anregungen.

13 vgl. Anm. 5

14 M. Friedländer: Franz Schubert, Varianten und Revisionsbericht zum 1. Bd. der Lieder. Leipzig 1928 ([1]1884), S. 41. Die Änderung beweist, wie Schubert auf die dem Strophenlied eigentümlichen Responsionen immer stärker verzichtet und die Gesamtvision als fortschreitendes Ereignis begreift, dessen Einzelmomente unwiederholbar sind.

15 Der Begriff ist von Th. Georgiades in seinen Untersuchungen über Quantitätsrhythmik eingeführt worden (Der griechische Rhythmus. Hamburg 1949, S. 41 f.).

16 disparat: unvereinbar, ungleichartig

17 Moser: Das deutsche Lied. Bd. I. S. 125, verweist auf Vorbilder dieses Typus in den Messen von Biber. In der „Missa St. Henrici" von 1701 (DTÖ [= Denkmäler der Tonkunst in Österreich] XXV 1, S. 43) lautet das Agnus-Motiv:

$$^3/_2\, c' - d' - f' \mid - e'$$

Auch das Agnus in Bibers „Requiem" (DTÖ XXX 1, S. 67) läßt sich in der Grundstruktur vergleichen. Der ähnliche Einsatz des Agnus in der „Missa brevis" des jüngeren Biber (DTÖ XLIII 1, S. 1) deutet auf die Kontinuität der Tradition. Aber in diesen Motiven fehlt gerade der charakteristische erste Halbtonschritt nach abwärts. Auch die Themen des Trio und des Finale in Mozarts Jupitersymphonie warnen davor, in solchen Tonfolgen feststehende Symbole der Messevertonung zu sehen. – Wollte man die wahren geistigen Ahnen des Schubertschen Ostinato aufsuchen, so müßte man über den Lamento-Ostinato im „Crucifixus" von Bachs h-moll-Messe bis zur „Arianna" Monteverdis zurückgehen (vgl. zur Geschichte dieses Ostinato W. Gurlitt: Zu J. S. Bachs Ostinato-Technik. Bericht über die Wissenschaftl. Bachtagung. Leipzig 1950, S. 240 ff.).

18 Ein eindrucksvolles Beispiel von Modellvariation bietet auch „Der Leiermann". Die 61 Takte des Liedes lassen sich auf 8 Modelltakte zurückführen (T. 1, 3, 4, 6, 7, 27, 28, 56), die auf einer wechselklangähnlichen Urzelle mit starrem Untersatz und variablem Obersatz beruhen.

19 Primäre Klangformen. In: Jahrbuch der Musikbibliothek Peters XXXVI (1929), S. 21 ff.

20 vgl. S. 22

21 modesta morositas: maßvolle Bedächtigkeit, vgl. S. 23, Zeile 11 f.

22 Die letzten Konsequenzen dieser Klangverselbständigung begegnen bei Strawinsky, wohl am deutlichsten in der „Messe".

23 Ein bezeichnendes Beispiel für die Linearisierung der Außenstimmen bieten T. 69–74 des „Wegweiser" (chromatische Gegenbewegung).

24 Ähnlich die stetig wiederholte Bordunquint der Radleier im „Leiermann".

(Die originalen Anmerkungen wurden übernommen, einige Fachtermini zusätzlich erläutert.)

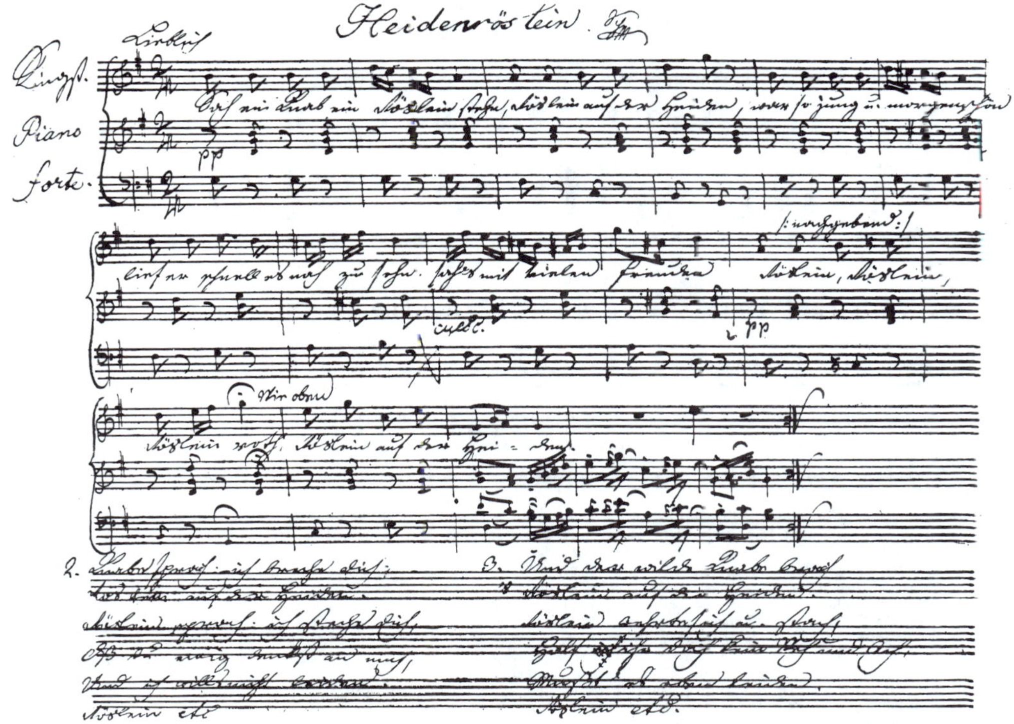

Franz Schubert, „Heidenröslein“, Autograph. Das Lied wurde am 19. August 1815 komponiert.
(Berlin, Deutsche Staatsbibliothek)

Literatur

Feil, A.: Franz Schubert. Die schöne Müllerin. Winterreise. Stuttgart: Reclam 1975

Fischer-Dieskau, D.: Auf den Spuren der Schubert-Lieder. Werden – Wesen – Wirkung. Wiesbaden: F.A. Brockhaus 1971

Georgiades, Th. G.: Schubert. Musik und Lyrik. Göttingen: Vandenhoeck & Ruprecht 1967

Franz Schubert. Die Texte seiner einstimmig komponierten Lieder und ihre Dichter. Vollständig gesammelt und kritisch hrsg. v. M. u. L. Schokow. Bd. I. Hildesheim, New York: Olms 1974

Schubert. Die Dokumente seines Lebens. Gesammelt und erläutert v. O. E. Deutsch. Kassel: Bärenreiter 1964

Der Musikschriftsteller Robert Schumann

Neue Leipziger
Zeitschrift für Musik.

Herausgegeben
durch einen Verein von Künstlern und Kunstfreunden.

Erster Jahrgang. | **№ 1.** | Den 3. April 1834.

Die allein,
Die nur ein lustig Spiel, Geräusch der Tartschen
Zu hören kommen, oder einen Mann
Im bunten Rock, mit Gelb verbrämt, zu sehen,
Die irren sich. Shakspeare.

Diese Zeitschrift liefert:

Theoretische und historische Aufsätze, kunstästhetische, grammatische, pädagogische, biographische, akustische u. a. Nekrologe, Beiträge zur Bildungsgeschichte berühmter Künstler, Berichte über neue Erfindungen oder Verbesserungen, Beurtheilungen ausgezeichneter Virtuosenleistungen, Operndarstellungen; unter der Aufschrift: Zeitgenossen, Skizzen mehr oder weniger berühmter Künstler, unter der Rubrik: Journalschau, Nachrichten über das Wirken anderer kritischen Blätter, Bemerkungen über Recensionen in ihnen, Zusammenstellung verschiedener Beurtheilungen über dieselbe Sache, eigne Resultate darüber, auch Antikritiken der Künstler selbst, sodann Auszüge aus ausländischen, Interessantes aus älteren musikalischen Zeitungen.

Belletristisches, kürzere musikalische Erzählungen, Phantasiestücke, Scenen aus dem Leben, Humoristisches, Gedichte, die sich vorzugsweise zur Composition eignen.

Kritiken über Geisteserzeugnisse der Gegenwart mit vorzüglicher Berücksichtigung der Compositionen für das Pianoforte. Auf frühere schätzbare, übergangene oder vergessene Werke wird aufmerksam gemacht, wie auch auf eingesandte Manuscripte talentvoller unbekannter Componisten, die Aufmunterung verdienen. Zu derselben Gattung gehörige Compositionen werden öfter zusammengestellt, gegen einander verglichen, besonders interessante doppelt beurtheilt. Zur Beurtheilung eingesandte Werke werden durch eine vorläufige Anzeige bekannt gemacht; doch bestimmt nicht das Alter der Einsendung die frühere Besprechung, sondern die Vorzüglichkeit der Leistung.

Miscellen, kurzes Musikbezügliches, Anekdotisches, Kunstbemerkungen, literarische Notizen, Musikalisches aus Goethe, Jean Paul, Heinse, Hoffmann, Novalis, Rochlitz u. A. m.

Correspondenzartikel nur dann, wenn sie eigentlichstes Musikleben abschildern. Wir stehen in Verbindung mit Paris, London, Wien, Berlin, Petersburg, Neapel, Frankfurt, Hamburg. Riga, München, Dresden, Stuttgart, Cassel u. a. — Referirende Artikel fallen in die folgende Abtheilung.

Chronik, Musikaufführungen, Concertanzeigen, Reisen, Aufenthalt der Künstler, Beförderungen, Vorfälle im Leben. Es wird keine Mühe gescheuet, diese Chronik vollständig zu machen, um die Namen der Künstler so oft, wie möglich, in Erinnerung zu bringen.

Noch machen wir vorläufig bekannt, daß, wenn sich die Zeitschrift bald einer allgemeinen Theilnahme erfreuen sollte, der Verleger sich erboten hat, einen Preis auf die beste eingesandte Composition, für's erste auf die vorzüglichste Pianofortesonate, zu setzen, worüber das Nähere seiner Zeit berichtet wird.

Ueber die Stellung, die diese neue Zeitschrift unter den schon erscheinenden einzunehmen gedenkt, werden sich diese ersten Blätter thatsächlich am deutlichsten aussprechen.

Wer den Künstler erforschen will, besuche ihn in seiner Werkstatt. Es schien nothwendig, auch ihm ein Organ zu verschaffen, das ihn anregte, außer durch seinen directen Einfluß, noch durch Wort und Schrift zu wirken, einen öffentlichen Ort, in dem er das Beste von dem, was er selbst gesehen im eigenen Auge, selbst erfahren im eigenen Geist, niederlegen, eben eine Zeitschrift, in der er sich gegen einseitige oder unwahre Kritik vertheidigen könne, so weit sich das mit Gerechtigkeit und Unparteilichkeit überhaupt verträgt.

Die erste Nummer der von Schumann herausgegebenen „Neuen Leipziger Zeitschrift für Musik" vom 3. April 1834.

Robert Schumann, geboren 1810 in Zwickau, gestorben 1856 nach zweijährigem Aufenthalt in einer Heilanstalt in Endenich bei Bonn, hat neben seiner eigentlichen kompositorischen Arbeit auch als Musikschriftsteller Bedeutung. Nach der Veröffentlichung mehrerer Essays und Kritiken in verschiedenen Zeitschriften gründete er mit Gleichgesinnten im April 1834 die „Neue Leipziger Zeitschrift für Musik – Herausgegeben durch einen Verein von Künstlern und Kunstfreunden"; von 1835 bis 1844 war Schumann selbst der Herausgeber. Die Zeitschrift existiert unter dem Namen „Neue Zeitschrift für Musik" noch heute.

Die Leitidee der Schumannschen „Neuen Zeitschrift für Musik" war: „An die alte Zeit und ihre Wege mit allem Nachdruck erinnern, darauf aufmerksam zu machen, wie nur an so reinen Quellen neue Kunstschönheiten gekräftigt werden können, – sodann die letzte Vergangenheit, die nur auf Steigerung äußerlicher Virtuosität ausging, als eine unkünstlerische zu bekämpfen, – endlich eine neue poetische Zeit vorzubereiten, beschleunigen zu helfen."

Robert Schumann über Frédéric Chopin

In seinen Aufsätzen und Kritiken läßt Schumann des öfteren drei fiktive Personen sprechen, drei Künstler verschiedener Charaktere: den stürmischen, glutvollen Florestan, den sanften, lyrischen Eusebius und schließlich den zwischen beiden vermittelnden Meister Raro. Bereits in Schumanns erster Kritik, der Besprechung von Chopins op. 2, den Variationen über Mozarts „Là ci darem la mano", kommen die drei zu Wort.

28. Robert Schumann: Ein Opus II (1831)

—— Eusebius trat neulich leise zur Thüre herein. Du kennst das ironische Lächeln auf dem blassen Gesichte, mit dem er zu spannen sucht. Ich sass mit Florestan am Klavier. Florestan ist, wie Du weisst, einer von den seltenen Musikmenschen, die alles Zukünftige, Neue, Ausserordentliche schon wie lange vorher geahnt haben; das Seltsame ist ihnen im andern Augenblicke nicht seltsam mehr; das Ungewöhnliche wird im Moment ihr Eigenthum. Eusebius hingegen, so schwärmerisch als gelassen, zieht Blüthe nach Blüthe aus; er fasst schwerer, aber sicherer an, geniesst seltener, aber langsamer und länger; dann ist auch sein Studium strenger und sein Vortrag im Klavierspiele besonnener, aber auch zarter und mechanisch vollendeter, als der Florestans. – Mit den Worten: „Hut ab, ihr Herren, ein Genie," legte Eusebius ein Musikstück auf, das wir leicht als einen Satz aus dem Haslinger'schen Odeon[1] erkannten. Den Titel durften wir weiter nicht sehen. Ich blätterte gedankenlos im Buche; diess verhüllte Geniessen der Musik ohne Töne hat etwas Zauberisches. Ueberdiess scheint mir, hat jeder Componist seine eigenthümlichen Notengestaltungen für das Auge: Beethoven sieht anders auf dem Papier, als Mozart, etwa wie Jean Paul'sche Prosa anders, als Göthe'sche. Hier aber war mir's, als blickten mich lauter fremde Augen, Blumenaugen, Basiliskenaugen, Pfauenaugen, Mädchenaugen wundersam an: an manchen Stellen ward es lichter – ich glaubte Mozart's „Là ci darem la mano" durch hundert Accorde geschlungen zu sehen, Leporello schien mich ordentlich wie anzublinzeln und Don Juan flog im weissen Mantel vor mir vorüber. „Nun spiel's," meinte Florestan lachend zu Eusebius, „wir wollen Dir die Ohren und uns die Augen zuhalten." Eusebius gewährte; in eine Fensternische gedrückt hörten wir zu. Eusebius spielte wie begeistert und führte unzählige Gestalten des lebendigsten Lebens vorüber; es ist, als wenn der frische Geist des Augenblicks die Finger über ihre Mechanik hinaushebt. Freylich bestand Florestan's ganzer Beyfall, ein seliges Lächeln abgerechnet, in nichts als in den Worten: dass die Variationen etwa von Beethoven oder Franz Schubert seyn konnten, wären sie nämlich Klavier-Virtuosen gewesen – wie er aber nach dem Titelblatte fuhr, weiter nichts las, als:

Là ci darem la mano, varié pour le Pianoforte par Frédéric Chopin, Opus 2,[2] und wie wir beyde verwundert ausriefen: ein Opus zwey und wie Eusebius hinzufügte: Wien, bey Haslinger und wie die Gesichter ziemlich glühten vom ungemeinen Erstaunen, und ausser etlichen Ausrufen wenig zu unterscheiden war, als: „Ja, das ist wieder einmal etwas Vernünftiges – Chopin – ich habe den Namen nie gehört – wer mag er seyn – jedenfalls – ein Genie – lacht dort nicht Zerline oder gar Leporello" — so entstand freylich eine Scene, die ich nicht beschreiben mag. Erhitzt vom Wein, Chopin und Hin- und Herreden, gingen wir fort zum Meister Raro, der viel lachte und wenig Neugier zeigte nach dem Opus zwey: „denn ich kenn' Euch schon und euren neumodischen Enthusiasmus von Herz und Hünten[3] – nun bringt mir nun den Chopin einmal her." Wie versprachen's zum andern Tag. Eusebius nahm bald ruhig Gute Nacht: ich blieb eine Weile bey'm Meister Raro; Florestan, der seit einiger Zeit keine Wohnung hat, flog durch die mondhelle Gasse meinem Hause zu. Um Mitternacht fand ich ihn in meiner Stube auf dem Sopha liegend und die Augen geschlossen. Chopin's Variationen, begann er wie im Schlafe, gehen mir noch im Kopfe um: gewiss, fuhr er fort, ist das Ganze dramatisch und hinreichend Chopinisch, obgleich ich Paganini'schen Vortrag und Field'schen Anschlag in Eusebius Spiel vermisst habe,[4] die Einleitung, so abgeschlossen sie in sich ist – (kannst Du Dich auf Leporello's Terzensprünge besinnen? –) scheint mir am wenigsten in das Ganze einzuklappen; aber das Thema – (warum hat er's aber aus *B* geschrieben?) – die Variationen, der Schlussatz und das Adagio, das ist freylich etwas und zu viel – da guckt der Genius aus jedem Tacte. Natürlich, lieber Julius, sind Don Juan, Zerline, Leporello und Masetto die redenden Charactere (die Tutti nicht mitgerechnet) – Zerlinen's Antwort im Thema ist verliebt genug bezeichnet, die erste Variation wäre vielleicht etwas vornehm und kokett zu nennen – der spanische Grande schäkert darin sehr liebenswürdig mit der Bauernjungfer. Das gibt sich jedoch von selbst in der zweyten, die schon viel vertrauter, komischer, zänkischer ist, ordentlich als wenn zwey Liebende sich haschen und mehr als gewöhnlich lachen. Wie ändert sich aber schon Alles in der dritten! Lauter Mondschein und Feenzauber ist darin, sag' ich Dir; Masetto steht zwar von fern und flucht ziemlich vernehmlich, obgleich Don Juan sich wenig stören lässt. – Nun aber die vierte, was hältst Du davon, Julius? – (Eusebius spielte sie ganz rein) – springt sie nicht keck und frech und geht an den Mann, obgleich das Adagio (es scheint mir natürlich, dass Chopin den ersten Theil wiederholen lässt) aus B moll spielt, was nicht besser passen kann, da es den Don Juan wie moralisch an sein Beginnen mahnt – schlimm ist's freylich und schön, dass Leporello hinter dem Gebückten lauscht, lacht und spottet und dass Oboen und Clarinetten zauberisch locken und herausquellen und dass das aufgeblühte B dur den ersten Kuss der Liebe recht bezeichnet. Das ist nun aber Alles nichts gegen den letzten Satz – hast Du noch Wein, Julius? – das ist das ganze Finale im Mozart – lauter springende Champagnerstöpsel (das Ganze geht aus Champagner), klirrende Flaschen – Leporello's Stimme dazwischen, dann die fassenden, haschenden Geister, der entrinnende Don Juan – und dann der kecke Schluss, der schön beruhigt und wirklich abschliesst. Er habe, so beschloss Florestan, in der Schweiz ein ähnliches Gefühl gehabt. Wenn nämlich an schönen Tagen die Abendsonne bis an die Gletscherspitzen roth und rosa hinaufklimme, dann zerflattere und zerfliege, so läge über alle Berge und Thäler ein leiser Duft, aber der Gletscher stände ruhig, kalt und fest, wie ein Titane da, w i e a u s T r ä u m e n e r w a c h t. – Nun erwache aber auch Du zu neuen Träumen, Julius, und schlafe! – Herzensflorestan, erwiderte ich, alle diese Privatgefühle sind vielleicht zu loben, da sie bunt sind; aber so subjectiv sie dennoch bleiben und so wenig Absicht Chopin seinem Genius abzulauschen braucht, so beug' ich doch mein Haupt seinem Genius, seinem festen Streben, seinem Fleisse und seiner Fantasie." Hierauf entschliefen wir.[5]

Allgemeine Musikalische Zeitung. Leipzig, 7. 12. 1831, Sp. 805–808

Anmerkungen

[1] *Der Wiener Musikalienhändler und Verleger Tobias Haslinger (1781–1842) hatte sich durch korrekte und drucktechnisch besonders gelungene Ausgaben einen Namen gemacht.*

[2] *Chopins Klaviervariationen über Mozarts Duett „Reich mir die Hand, mein Leben" (Don Giovanni, I, 7), erschienen 1830 im Verlag Tobias Haslinger, Wien.*

[3] *Henri Herz (1803–1888) und Franz Hünten (1793–1878), zwei gefeierte Modekomponisten vorwiegend von Salonstücken für Klavier.*

[4] *Die „Hexenkünste" des Geigenvirtuosen Niccolò Paganini (1782–1840) galten als unerreichbar. Der irische Pianist John Field (1782–1837) war für seine Anschlagskultur berühmt, seine „Nocturnes" sind Vorläufer der gleichnamigen Kompositionen Chopins.*

[5] *Übrigens wird Chopins op. 2 in der gleichen Zeitschrift von einem anderen – anonymen – Kritiker weniger positiv besprochen: „Eines der gewaltigsten Bravourstücke! Es erfordert ungeheuer grosse Hände. Alles ist, für beyde Hände, übervoll gepackt. . . . Aber man wird doch nur unverhältnissmässig gering belohnt. – Nichts als Bravour- und Figurenwerk!"*

Zur Charakteristik der Tonarten

Im 2. Jahrgang der „Neuen Zeitschrift für Musik", 1835, veröffentlichte Schumann einen Aufsatz über die Tonartencharakteristik. Aussagen weiterer Autoren des 18. und 19. Jahrhunderts zu diesem Thema sind nachfolgend beigefügt.

29. Robert Schumann: Charakteristik der Tonleitern und Tonarten (1835)

Man hat dafür und dagegen gesprochen; das Rechte liegt wie immer mitten innen. Man kann ebenso wenig sagen, daß diese oder jene Empfindung, um sie sicher auszudrücken, gerade mit dieser oder jener Tonart in die Musik übersetzt werden müsse (z. B. wenn man theoretisch beföhle, rechter Ingrimm verlange Cis moll und dgl.), als Zelter'n beistimmen, wenn er meint, man könne in jeder Tonart jedes ausdrücken.[1] Schon im vorigen Jahrhunderte hat man zu analysiren angefangen; namentlich war es der Dichter C. D. Schubart, der in den einzelnen Tonarten einzelne Empfindungs-Charaktere ausgeprägt gefunden haben wollte.[2] So viel Zartes und Poetisches in dieser Charakteristik sich findet, so hat er für's erste die Hauptmerkmale der Charakterverschiedenheit in der weichen und harten Tonleiter ganz übersehen, sodann stellte er zu viel kleinlich-specialisirende Epitheten zusammen, was sehr gut wäre, wenn es damit seine Richtigkeit hätte. So nennt er E moll ein weiß gekleidetes Mädchen mit einer Rosaschleife am Busen; in G moll findet er Mißvergnügen, Unbehaglichkeit, Zerren an einem unglücklichen Plan, mißmuthiges Nagen am Gebiß. Nun vergleiche man die Mozart'sche G moll-Symphonie (diese griechisch schwebende, wenn auch etwas blasse Grazie) oder das G moll-Concert von Moscheles und sehe zu![3] – Daß durch Versetzung der ursprünglichen Tonart einer Composition in eine andere, eine verschiedene Wirkung erreicht wird, und daß daraus eine Verschiedenheit des Charakters der Tonarten hervorgeht, ist ausgemacht. Man spiele z. B. den „Sehnsuchtswalzer" in A dur oder den „Jungfernchor" in H dur![4] – die neue Tonart wird etwas Gefühlwidriges haben, weil die Normalstimmung, die jene Stücke erzeugte, sich gleichsam in einem fremden Kreis erhalten soll. Der Proceß, welcher den Tondichter diese oder jene Grundtonart zur Aussprache seiner Empfindungen wählen läßt, ist unerklärbar, wie der schaffende Genius selbst, der mit dem Gedanken zugleich die Form, das Gefäß gibt, das jenen sicher einschließt. Der Tondichter trifft daher von selbst das Rechte, wie der wahre

Maler seine Farben. Sollten sich aber wirklich in den verschiedenen Epochen gewisse Stereotyp-Charaktere der Tonarten ausgebildet haben, so müßte man in derselben Tonart gesetzte, als classisch geschätzte Meisterwerke zusammenstellen und die vorherrschende Stimmung unter einander vergleichen; dazu fehlt natürlich hier der Raum. Der Unterschied zwischen Dur und Moll muß vorweg zugegeben werden. Jenes ist das handelnde, männliche Princip, dieses das leidende, weibliche. Einfachere Empfindungen haben einfachere Tonarten; zusammengesetzte bewegen sich lieber in fremden, welche das Ohr seltener gehört. Man könnte daher im ineinanderlaufenden Quintenzirkel das Steigen und Fallen am besten sehen. Der sogenannte Tritonus, die Mitte der Octave zur Octave, also Fis, scheint der höchste Punct, die Spitze zu sein, die dann in den B-Tonarten wieder zu dem einfachen, ungeschminkten C-Dur herabsinkt.

Neue Zeitschrift für Musik. Leipzig, 3.2.1835, S. 43f.

Kurtzgefasstes musicalisches Lexicon (1737)[5]

C-Dur. Dieser Ton hat eine ziemlich rüde und freche Eigenschaft, wird aber zu Rejouissancen,[6] wenn und wo man sonst der Freude ihren Lauf läßt, nicht ungeschickt sein.

D-Dur. Dieser Ton ist von Natur etwas scharf und eigensinnig, und zum Lärmen, lustigen und aufgeräumten Sachen wohl am allerbequemsten.

d-moll. Dieser Ton enthält in sich etwas devotes und ruhiges, dabei aber auch etwas großes, angenehmes und zufriedenes, dannenhero derselbe in Kirchensachen die Andacht, im gemeinen Leben aber die Gemütsruhe zu befördern capabel sey.

g-moll ist fast der allerschönste Ton, weil er eine ungemeine Anmuth und Gefälligkeit mit sich führet.

Ch. F. D. Schubart, Ideen zu einer Ästhetik der Tonkunst (1806)[7]

C-Dur ist ganz rein. Sein Charakter heißt: Unschuld, Einfalt, Naivität, Kindersprache.

D-Dur. Der Ton des Triumphes, des Hallelujas, des Kriegsgeschreis, des Siegesjubels.

d-moll, schwermütige Weiblichkeit, die Spleen und Dünste brütet.

g-moll, Mißvergnügen, Unbehaglichkeit, Zerren an einem verunglückten Plane; mißmutiges Nagen am Gebiß, mit einem Worte: Groll und Unlust.

As-Dur, der Gräberton. Tod, Grab, Verwesung, Gericht, Ewigkeit liegen in seinem Umfange.

E. Th. A. Hoffmann, Kreisleriana (1815)[8]

As-Dur-Accord (pianissimo)
Was rauscht denn so wunderbar, so seltsam um mich her?
– Unsichtbare Fittige wehen auf und nieder – ich schwimme im duftigen Aether. [...]

Es-Dur (forte)
Zieh ihm nach! – zieh ihm nach! – Grün ist sein Kleid wie der dunkle Wald – süßer Hörnerklang sein sehnendes Wort! – Hörst du es rauschen hinter den Büschen? Hörst du es tönen? – Hörnerton, voll Lust und Wehmut! – Er ist's – auf! ihm entgegen!

D Terz-Quart-Sext-Accord (piano)
Das Leben treibt sein neckendes Spiel auf allerlei Weise. – Warum wünschen – warum hoffen – warum verlangen?

C-Dur Terz-Accord (fortissimo)
Aber in toller, wilder Lust laßt uns über den offenen Gräbern tanzen. – Laßt uns jauchzen – die da unten hören es nicht. – Heisa – Heisa – Tanz und Jubel, der Teufel zieht ein mit Pauken und Trompeten! [...]

Anmerkungen

1 *Carl Friedrich Zelter (1758–1832), Direktor der Berliner Singakademie*

2 *Christian Friedrich Daniel Schubart (1739–1791), vgl. den beigefügten Text*

3 *Mozart, Sinfonie g-moll, KV 550; Ignaz Moscheles (1794–1870), Klavierkonzert g-moll, op. 58*

4 *Der im 19. Jahrhundert weithin beliebte „Sehnsuchtswalzer" (in As-Dur) erschien 1826 bei Schott in Mainz und war aus Schuberts „Trauerwalzer" und F. H. Himmels „Favoritwalzer" zusammengefügt. Jungfernchor: Chor der Brautjungfern (C-Dur), Nr. 14 in Webers „Freischütz".*

5 *Kurtzgefasstes musicalisches Lexicon ... Chemnitz: Johann Christoph und Johann David Stössel, 1737*

6 *Réjouissance: Belustigung, Fröhlichkeit. Einige Instrumentalsätze des 18. Jahrhundderts führen diese Bezeichnung, vgl. Bachs Orchestersuite Nr. 4, C-Dur, letzter Satz.*

7 *Schubarts „Ideen zu einer Ästhetik der Tonkunst" wurden nach seinem Tode von seinem Sohn Ludwig in Wien herausgegeben.*

8 *Aus dem 2. Teil der „Kreisleriana" (1815). Hoffmann läßt den Kapellmeister Kreisler die einzelnen Akkorde am Klavier nacheinander anschlagen und in ihrer gegenseitigen Beziehung deuten.*

Erste deutsche Tonkünstlerversammlung, Leipzig 1847

1844 übergab Schumann die Redaktion der „Neuen Zeitschrift für Musik" an Karl Franz Brendel, den Musikschriftsteller und späteren Präsidenten des Allgemeinen Deutschen Musikvereins. Unter Brendel wurde die Zeitschrift dann vorwiegend zu einem Organ der Neudeutschen Schule.

Schumanns Brief an Brendel enthält Gedanken und Anträge zur ersten deutschen Tonkünstlerversammlung in Leipzig, 1847, an der er selbst nicht teilnahm.

30. Robert Schumann: Brief an Franz Brendel vom 8. August 1847

Dresden, den 8ten August 1847.

Geehrter Freund,

Meinen besten Glückwunsch, daß, gewiß nach mancher Mühe und Sorge, die von Ihnen angeregte Idee[1] ins Leben treten soll! Vielleicht höre auch ich ein Stündchen zu – doch davon zum Schluß.

Heute früh dachte ich nun über meine Anträge etwas schärfer nach – da brachte mich nur die Art der Form, in der sie auszusprechen, in Verlegenheit. Hätte ich Zeit, sie förmlich auszuarbeiten in besonderen Aufsätzen, so wäre das freilich das Beste. Aber das will Zeit, sogar viel Zeit, zumal ich etwas aus dem Buchstabenwesen heraus bin. So halte ich denn für das Ersprießlichste, ich theile Ihnen in Kürze meine Gedanken mit, und Sie nehmen sich daraus, was Sie für den Zweck der öffentlichen Besprechung für gut befinden, wobei Sie nun meinen Namen nennen mögen oder nicht, ganz wie Sie es wollen.

Also möchte ich, daß sich aus der Mitte der Tonkünstlerversammlung eine *Section* bilde *zur Wahrung classischer Werke gegen moderne Bearbeitung.*

Dieser Section würde die Pflicht obliegen, von allem dahin Einschlagenden, also von allen neuen Ausgaben älterer bedeutender Werke sich Notiz zu verschaffen, zu prüfen, in wie weit die Herausgabe das Original unangetastet gelassen, oder wo sie es ungehöriger Weise verändert, endlich in einer hoffentlich im nächsten Jahre sich wiederholenden allgemeinen Versammlung über das Ergebniß der Wirksamkeit der Section Bericht zu erstatten.

Sodann möchte ich einen Antrag stellen auf Gründung einer *Section zur Ausfindigmachung verdorbener Stellen in classischen Werken,*
in dem Sinn, wie ich schon früher in dem Aufsatz *„über einige muthmaßlich corrumpirte Stellen in Bachschen, Mozartschen und Beethovenschen Werken“* es angeregt habe.[2] Dieser Section müßte, wie der vorhergenannten, es gleichfalls obliegen, alles hierher Passende ausfindig zu machen, und zu sammeln und in der nächsten Versammlung zur Sprache zu bringen. Das gäbe interessante, durch und durch praktisch eingreifende Debatten. Daß bei dieser Gelegenheit vielleicht des Mozartschen Requiems, über das noch immer die verkehrtesten Vorstellungen herrschen, und das nicht allein corrumpirt sondern bis auf einige Nummern ganz unecht ist, gedacht würde, wäre ein großes Verdienst der sich einer genaueren kritischen Untersuchung unterziehenden Section.

Sodann wünschte ich zur Sprache gebracht das *französische Titelwesen*, desgleichen den *Mißbrauch italienischer Vortragsbezeichnung* in Compositionen deutscher Tonsetzer, und würde Sie bitten, einen Antrag zu stellen auf *Abschaffung aller Titel in französischer Sprache,* wie auf *Ausmerzung solcher italienischer Vortragsbezeichnungen*, die sich eben so gut, wo nicht besser in deutscher Sprache ausdrücken lassen.[3]

[...]

Endlich richte die Versammlung ihr Augenmerk auch darauf, auf welche Weise künftige, hoffentlich alljährlich wiederkehrende Versammlungen so einzurichten seien,
daß durch sie auch für Aufmunterung namentlich jüngerer Tonsetzer etwas genützt werde,
geschehe dies nun durch eine öffentliche Aufforderung einer dazu sich constituirenden Section, Manuscriptcompositionen irgend einer bedeutenderen Kunstgattung (also größere Kirchenstücke, Symphonien, Quartette für Streichmusik) an die Section einzusenden, aus denen die besten gewählt und in der nächsten allgemeinen Versammlung zu öffentlicher Aufführung kommen, – oder auf die sonst übliche Weise einer Preisausschreibung, oder sonstwie.

Dies, lieber Freund, sind meine Anträge; bringen Sie sie nun zur Sprache und machen Sie sie zu Ihren eigenen Motiven oder sonst daraus, was Sie wollen. Ich fühle, wie schwer sich schriftlich aussprechen läßt, was die eindringliche Rede weit schneller vermag.

Gewundert hat es mich, daß Sie schon einen Vorsitzenden gewählt haben, was meiner Meinung nach von der *allgemeinen Versammlung* hätte geschehen sollen. Doch kann ich mich darin vielleicht irren.[4]

Aufrichtig ergeben der Ihrige

R. Schumann.

Robert Schumanns Briefe. Neue Folge. Hrsg. v. F. G. Jansen. Leipzig: Breitkopf & Härtel ^{2}1904, S. 276–278.

Anmerkungen

[1] *Die „Idee“ betraf die Gründung eines Tonkünstlervereins. Die „Erste Versammlung deutscher Tonkünstler und Musikfreunde in Leipzig“ war am 13. und 14. August 1847.*

[2] *Vgl. R. Schumann: Gesammelte Schriften über Musik und Musiker. Leipzig: Wigand ^{2}1871, Bd. II, S. 228 ff. In diesem Aufsatz erwähnt Schumann u. a. die Tatsache, daß in Ausgaben der Bachschen e-moll-Fuge (BWV 548) ein vollständiger Takt fehle (ganze Note fis zwischen Takt 3 und 4!).*

[3] *Schumann selbst verwendete in seinen späteren Werken fast ausschließlich deutsche Bezeichnungen.*

[4] *Als Vorsitzender der Tonkünstlerversammlung war Franz Liszt gewählt worden.*

Robert Schumann über Johannes Brahms

Schumanns erster Artikel (von 1831) hatte Chopin gegolten, seinen letzten Artikel (von 1853) schrieb er über den jungen Johannes Brahms. Der 20jährige Brahms wird darin mit prophetischen Worten als „Berufener" und „starker Streiter" – d.h. als Streiter in der Auseinandersetzung mit der Neudeutschen Schule – willkommen geheißen.

31. Robert Schumann: Neue Bahnen (1853)

Es sind Jahre verflossen, – beinahe eben so viele, als ich der früheren Redaction dieser Blätter widmete, nämlich zehn –, daß ich mich auf diesem an Erinnerungen so reichen Terrain einmal hätte vernehmen lassen. Oft, trotz angestrengter productiver Thätigkeit, fühlte ich mich angeregt; manche neue, bedeutende Talente erschienen, eine neue Kraft der Musik schien sich anzukündigen, wie dies viele der hochaufstrebenden Künstler der jüngsten Zeit bezeugen, wenn auch deren Productionen mehr einem engeren Kreise bekannt sind.[1] Ich dachte, die Bahnen dieser Auserwählten mit der größten Theilnahme verfolgend, es würde und müsse nach solchem Vorgang einmal plötzlich Einer erscheinen, der den höchsten Ausdruck der Zeit in idealer Weise auszusprechen berufen wäre, einer, der uns die Meisterschaft nicht in stufenweiser Entfaltung brächte, sondern, wie Minerva, gleich vollkommen gepanzert aus dem Haupte des Kronion spränge. Und er ist gekommen, ein junges Blut, an dessen Wiege Grazien und Helden Wache hielten. Er heißt Johannes Brahms, kam von Hamburg, dort in dunkler Stille schaffend, aber von einem trefflichen und begeistert zutragenden Lehrer gebildet in den schwierigsten Satzungen der Kunst, mir kurz vorher von einem verehrten bekannten Meister empfohlen.[2] Er trug, auch im Aeußeren, alle Anzeichen an sich, die uns ankündigen: das ist ein Berufener. Am Clavier sitzend, fing er an wunderbare Regionen zu enthüllen. Wir wurden in immer zauberischere Kreise hineingezogen. Dazu kam ein ganz geniales Spiel, das aus dem Clavier ein Orchester von wehklagenden und lautjubelnden Stimmen machte. Es waren Sonaten, mehr verschleierte Symphonien, – Lieder, deren Poesie man, ohne die Worte zu kennen, verstehen würde, obwohl eine tiefe Gesangsmelodie sich durch alle hindurchzieht, – einzelne Clavierstücke, theilweise dämonischer Natur von der anmuthigsten Form, – dann Sonaten für Violine und Clavier, – Quartette für Saiteninstrumente, – und jedes so abweichend vom andern, daß sie jedes verschiedenen Quellen zu entströmen schienen. Und dann schien es, als vereinigte er, als Strom dahinbrausend, alle wie zu einem Wasserfall, über die hinunterstürzenden Wogen den friedlichen Regenbogen tragend und am Ufer von Schmetterlingen umspielt und von Nachtigallenstimmen begleitet.

Wenn er seinen Zauberstab dahin senken wird, wo ihm die Mächte der Massen, im Chor und Orchester, ihre Kräfte leihen, so stehen uns noch wunderbarere Blicke in die Geheimnisse der Geisterwelt bevor. Möchte ihn der höchste Genius dazu stärken, wozu die Voraussicht da ist, da ihm auch ein anderer Genius, der der Bescheidenheit, innewohnt. Seine Mitgenossen begrüßen ihn bei seinem ersten Gang durch die Welt, wo seiner vielleicht Wunden warten werden, aber auch Lorbeeren und Palmen; wir heißen ihn willkommen als starken Streiter.

Es waltet in jeder Zeit ein geheimes Bündniß verwandter Geister. Schließt, die Ihr zusammengehört, den Kreis fester, daß die Wahrheit der Kunst immer klarer leuchte, überall Freude und Segen verbreitend.

Neue Zeitschrift für Musik. Leipzig 28.10.1853, S. 185f.

Anmerkungen

[1] *Die ursprüngliche Anmerkung nannte Joseph Joachim, Niels W. Gade, Robert Franz, St. Heller und andere.*

[2] *Gemeint sind Eduard Marxsen aus Hamburg und Joseph Joachim.*

Literatur

Robert Schumann in seinen Schriften und Briefen. Hrsg. von W. Boetticher. Berlin: Bernhard Hahnefeld 1942

Schumann, R.: Gesammelte Schriften über Musik und Musiker. Hrsg. v. H. Schulze. Leipzig: Reclam ^{2}1965

Richard Wagner und das musikalische Drama

Richard Wagner, „Siegfried“, II. Akt. Bühnenbildentwurf von Joseph Hoffmann für die Inszenierung Richard Wagners, Bayreuth 1876.

Das Urteil über den Musiker und Mensch Richard Wagner (1813–1883) ist auch heute, annähernd hundert Jahre nach seinem Tod, noch keineswegs einheitlich. Während sich der Mensch Wagner erst in der Lektüre der zahlreichen Selbstzeugnisse (Autobiographie „Mein Leben“, Briefe, Tagebuchaufzeichnungen) und in den Tagebüchern Cosima Wagners erschließt und auf eine entsprechende Darstellung deshalb verzichtet wird, sollen Wagners künstlerische Intentionen kurz angedeutet werden.
Musikalisch beeinflußt von den Wiener Klassikern, vor allem von Ludwig van Beethoven („Ich hätte nicht komponieren können, wie ich es getan habe, wenn Beethoven nicht gewesen wäre.“ [In: Gesammelte Schriften Bd. 10, S. 176ff.]), lernte er Zeitgenossen wie Schumann („von welchem er auch nicht eine eigentliche Melodie kenne und den er als ein

ganz prekäres Talent mit Bewußtsein ansehe; wenn es bei ihm zu einem Thema komme, sei es ein Beethoven'sches.“ [In: Cosima Wagner: Die Tagebücher. Bd. 2, S. 51]) und Brahms ab, von dessen zweiter Symphonie in D-dur, op. 73, er sagt: „Daß allerlei geschrieben wird, ist kein Wunder und hat nichts auf sich, aber ein zujubelndes Publikum! Beethoven und die großen Dichter haben für die ganz vergebens gelebt.“ (In: Cosima Wagner: Die Tagebücher. Bd. 2, S. 43).
Ausgangspunkt für Wagners operndramatisches Verständnis ist die formale Einheit des Symphoniesatzes, die sich in einem „das ganze Kunstwerk durchziehenden Gewebe von Grundthemen, welche sich, ähnlich wie im Symphoniesatze, gegenüberstehen, ergänzen, neugestalten, trennen und verbinden“ (in: Gesammelte Schriften. Bd. 10, S. 176ff), und der Dialog, wie er von Wagner bereits in dem Gespräch Taminos mit dem Priester aus dem Finale des 1. Aktes der „Zauberflöte“ im wesentlichen vorgefunden wurde: „Hat uns denn nicht Mozart die Grundform des deutschen Belcanto in der Zauberflöte hinterlassen? Der Dialog zwischen Tamino und dem Sprecher wird Vorbild für alle Zeiten bleiben. Und was will ich denn anderes mit dem Dialog zwischen dem Wanderer und Mime im 1. Akt Siegfried?“ (In: Richard Wagner als Vortragsmeister 1864–1876. Erinnerungen von Julius Hey. Hrsg. v. Hans Hey. Leipzig 1911, S. 149).
Die angestrebte Einheit von Wort, Ton und Bild (musikalischer Einfall als „plastische Erscheinung“) wurde von Wagner selbst einmal mit dem Begriff „Gesamtkunstwerk“ (in: Das Kunstwerk der Zukunft, 1849) umschrieben. Um jedoch möglichen Mißverständnissen vorzubeugen, lehnte Wagner einige Jahre später diese Bezeichnung ab: „... Nichts mehr von dem unglücklichen ‚Gesammtkunst‘ ...!!!“ (Brief an Franz Liszt vom 16. August 1853).
Richard Wagner hinterließ neben seinen Kompositionen auch ein umfangreiches literarisches Oeuvre. Neben seinen Dichtungen schrieb er Aufsätze und Abhandlungen, in denen er sich mit kompositorischen, ästhetischen und gesellschaftsbezogenen Problemen auseinandersetzt. Welche Bedeutung Wagner im einzelnen seinen theoretischen Schriften zumaß, darüber gibt Cosima Wagner in einer Tagebucheintragung vom 4. August 1878 Auskunft: „Wir sprechen von ‚Oper und Drama‘, ich teile R. den hinreißenden Eindruck mit, welchen dieses Buch auf mich macht; ... R. sagt, ja, diese drei Werke, ‚O. & D.‘, ‚Kunst und Revolution‘, ‚Das Kunstwerk der Zukunft‘, seien seine eigentlichen Werke.“
Der hier abgedruckte Aufsatz entstand im Hochsommer 1879 während einer Unterbrechung der Arbeit an „Parsifal“ für die „Bayreuther Blätter“, deren Herausgeber Wagners Freund Hans Wolzogen war. Sowohl dieser Aufsatz wie auch die zur selben Zeit entstandenen Aufsätze „Über das Dichten und Komponieren“ und „Über das Operndichten und Komponieren im besonderen“ schließen sich thematisch eng an die umfassenden Ausführungen von „Oper und Drama“ (1851) und das „Kunstwerk der Zukunft“ (1849) an.

32. Richard Wagner: Über die Anwendung der Musik auf das Drama

Mein letzter Aufsatz über das Opernkomponieren[1] enthielt schließlich eine Hindeutung auf die notwendige Verschiedenartigkeit des musikalischen Stiles für dramatische Kompositionen im Gegensatz zu symphonischen. Hierbei möchte ich mich nachträglich noch deutlicher auslassen, weil es mich bedünkt, als ob bei dieser Untersuchung große Unklarheiten sowohl des Urteils über Musik, als namentlich auch der Vorstellungen unsrer Komponisten beim Produzieren derselben aufzuhellen und zu berichtigen sein dürften. Ich sprach dort von „Stümpern“, welche ohne Not stark und fremdartig modulieren, und „Senatoren“, welche anderseits die Notwendigkeit scheinbarer Ausschweifungen auf jenem Gebiete nicht zu erkennen vermöchten. Den Euphemismus „Senator“ gab mir in einem peinlichen Augenblicke Shakespeares „Jago“[2] ein, welcher einer staatlichen Respektsperson gegenüber einem der Tierwelt entnommenen Vergleiche ausweichen wollte; ich werde mich im gleichen Falle des beängstigten Schicklichkeitsgefühles kunstwissenschaftlichen Respektspersonen gegenüber künftighin des passenderen Ausdruckes „Professor" bedienen. Die wichtige Frage, um welche es sich, meinem Ermessen nach, hier handelt, dürfte jedoch am besten, ohne alle Bezugnahme auf „Professoren", einzig unter Künstlern und wahrhaften, d. h. unbezahlten, Kunstfreunden ihre Erörterung finden, weshalb ich mit dem Folgenden meine Erfahrungen und Innewerdungen bei der Ausübung meines künstlerischen Berufes nur solchen mitzuteilen gedenke.

Wie das Beispiel immer am besten anweist, ziehe ich jetzt sogleich einen sehr ausdrücklichen Fall der Kunstgeschichte herbei, nämlich: daß Beethoven sich so kühn in seinen Symphonien, dagegen so beängstigt in seiner (einzigen) Oper „Fidelio" zeigt. Den Grund der Einengung durch die vorgefundene Struktur des gültigen Opernschemas nahm ich bereits in meinem vorangehenden Aufsatze für die Erklärung der widerwilligen Abwendung des Meisters von ferneren Versuchen im dramatischen Genre in Betracht. Warum er den ganzen Stil der Oper nicht, seinem ungeheuren Genie entsprechend, zu erweitern suchte, lag offenbar daran, daß ihm hierzu in dem einzigen vorliegenden Falle keine anregende Veranlassung gegeben war; daß er eine solche Veranlassung nicht auf alle Weise herbeizuführen strebte, müssen wir uns daraus erklären, daß das uns allen unbekannte Neue ihm bereits als Symphonisten aufgegangen war. Untersuchen wir ihn nun hier in der Fülle seines neuernden Schaffens näher, so müssen wir erkennen, daß er den Charakter der selbständigen Instrumentalmusik ein für allemal durch die plastischen Schranken festgestellt hat, über welche selbst dieser ungestüme Genius nie sich hinwegsetzte. Bemühen wir uns nun, diese Schranken nicht als Beschränkungen, sondern als Bedingungen des Beethovenschen Kunstwerkes zu erkennen und verstehen.

Wenn ich diese Schranken plastisch nannte, so fahre ich fort, sie als die Pfeiler zu bezeichnen, durch deren ebenso symmetrische als zweckmäßige Anordnung das symphonische Gebäude begrenzt, getragen und verdeutlicht wird. Beethoven veränderte an der Struktur des Symphoniesatzes, wie er sie durch Haydn begründet vorfand, nichts, und dies aus demselben Grunde, aus welchem ein Baumeister die Pfeiler eines Gebäudes nicht nach Belieben versetzen, oder etwa die Horizontale als Vertikale verwenden kann. War es ein konventioneller Kunstbau, so hatte die Natur des Kunstwerkes diese Konvention benötigt; die Basis des symphonischen Kunstwerkes ist aber die Tanzweise. Unmöglich kann ich hier wiederholen, was ich in früheren Kunstschriften über dieses Thema ausgeführt, und, wie ich glaube, begründet habe. Nur sei hier nochmals auf den Charakter hingewiesen, welcher durch die bezeichnete Grundlage ein für allemal der Haydnschen wie der Beethovenschen Symphonie eingeprägt ist. Diesem gemäß ist das dramatische Pathos hier gänzlich ausgeschlossen, so daß die verzweigtesten Komplikationen der thematischen Motive eines Symphoniesatzes sich nie im Sinne einer dramatischen Handlung, sondern einzig möglich aus einer Verschlingung idealer Tanzfiguren, ohne etwa jede hinzugedachte rhetorische Dialektik, analogisch erklären lassen könnten. Hier gibt es keine Konklusion, keine Absicht und keine Vollbringung. Daher denn auch diese Symphonien durchgängig den Charakter einer erhabenen Heiterkeit an sich tragen. Nie werden in einem Satze zwei Themen von absolut entgegengesetztem Charakter sich gegenüber gestellt; wie verschiedenartig sie erscheinen mögen, so ergänzen sie sich immer nur wie das männliche und weibliche Element des gleichen Grundcharakters. Wie ungeahnt mannigfaltig diese Elemente sich aber brechen, neu gestalten und immer wieder sich vereinigen können, das zeigt uns eben ein solcher Beethovenscher Symphoniesatz: der erste Satz der heroischen Symphonie zeigt dies sogar bis zum Irreführen des Uneingeweihten, wogegen dem Eingeweihten gerade dieser Satz die Einheit seines Grundcharakters am überzeugendsten erschließt.

Sehr richtig ist bemerkt worden, daß Beethovens Neuerungen viel mehr auf dem Gebiete der rhythmischen Anordung, als auf dem der harmonischen Modulation aufzufinden seien. Sehr fremdartige Ausweichungen trifft man fast nur wie zu übermütigem Scherz verwendet an, wogegen wir eine unbesiegbare Kraft zu stets neuer Gestaltung rhythmisch plastischer Motive, deren Anordnung und Anreihung zu immer reicherem Aufbau wahrnehmen. Wir treffen, so scheint es, hier auf den Punkt der Scheidung des Symphonikers von dem Dramatiker. Mozart war seiner Mitwelt durch seine, aus tiefstem Bedürfnis keimende Neigung zu kühner modulatorischer Ausdehnung neu und überraschend: wir kennen den Schrecken über die harmonischen Schroffheiten in der Einleitung jenes Haydn gewidmeten Quartettes.[3] Hier, wie an so manchen charakteristischen Stellen, wo der Ausdruck des kontrapunktisch durchgeführten Themas namentlich durch akzentuierte aufsteigende Vorhaltsnoten bis in das schmerzlich Sehnsüchtige gesteigert wird, scheint der Drang zur Erschöpfung harmonischer Möglichkeiten bis zum dramatischen Pathos zu führen. In der Tat trat Mozart erst von dem Gebiete der, von ihm bereits zu ungeahnter Ausdrucksfähigkeit erweiterten dramatischen Musik aus, in die Symphonie ein; denn eben nur jene wenigen symphonischen Werke, deren eigentümlicher Wert sie bis auf unsre Tage lebensvoll erhalten hat, verdanken sich erst der Periode seines Schaffens, in welcher er sein wahres Genie bereits als Opernkomponist entfaltet hatte. Dem Komponisten des „Figaro" und „Don Juan" bot das Gerüste des Symphoniesatzes nur Beengung der gestaltungsfrohen Beweglichkeit an, welcher die leidenschaftlich wechselnden Situationen jener dramatischen Entwürfe einen so willigen Spielraum gewährt hatten. Betrachten wir seine Kunst als Symphoniker näher, so gewahren wir, daß er hier fast nur durch die Schönheit seiner Themen, in deren Verwendung und Neugestaltung aber nur als geübter Kontrapunktist sich auszeichnet; für die Belebung der Bindemitglieder fehlte ihm hier die gewohnte dramatische Anregung. Nun hatte sich aber seine dramatisch-musikalische Kunst immer nur erst an der sogenannten opera buffa, im melodischen Lustspiele, ausgebildet; die eigentliche „Tragödie" war ihm noch fremd geblieben, und nur in einzelnen erhabenen Zügen hatte sie ihm, als Donna Anna und steinerner Gast[4], ihr begeisterndes Antlitz zugewendet. Suchte er diesem in der Symphonie zu begegnen? Wer kann über Anlagen und mögliche Entwicklungen eines Genies Auskunft geben, das sein, selbst so kurzes, Erdenleben nur wie unter dem Messer des Vivisektors[5] zubrachte?

Nun hat sich aber auch die tragische Muse wirklich der Oper bemächtigt. Mozart kannte sie nur noch unter der Maske der Metastasioschen[6] „Opera seria": steif und trocken, – „Clemenza di Tito". Ihr wahres Antlitz scheint sie uns erst allmählich enthüllt zu haben: Beethoven ersah es noch nicht, und blieb „für seine Weise". Ich glaube erklären zu dürfen, daß mit dem vollen Ernste in der Erfassung der Tragödie und der Verwirklichung des Dramas durchaus neue Notwendigkeiten für die Musik hervorgetreten sind, über deren Anforderungen, gegenüber den dem Symphonisten für die Aufrechterhaltung der Reinheit seines Kunststiles gestellten, wir uns genaue Rechenschaft zu geben haben.

Bieten sich dem bloßen Instrumentalkomponisten keine anderen musikalischen Formen, als solche, in welchen er mehr oder weniger zur Ergötzung, oder auch zur Ermutigung bei festlichen Tänzen und Märschen ursprünglich „aufzuspielen" hatte, und gestaltete sich hieraus der Grundcharakter des, aus solchen Tänzen und Märschen zuerst zusammengestellten symphonischen Kunstwerkes, welchen das dramatische Pathos nur mit Fragen ohne die Möglichkeit von Antworten verwirren mußte, so nährten doch gerade lebhaft begabte Instrumentalkomponisten den unabweisbaren Trieb, die Grenzen des musikalischen Ausdruckes und seiner Gestaltungen dadurch zu erweitern, daß sie überschriftlich bezeichnete dramatische Vorgänge durch bloße Verwendung musikalischer Ausdrucksmittel der Einbildungskraft vorzuführen suchten. Die Gründe, aus denen auf diesem Wege zu einem reinen Kunststile nie zu gelangen war, sind im Verlaufe der mannigfaltigen Versuche auf demselben wohl eingesehen worden; noch nicht aber dünkt uns das an sich Vortreffliche, was hierbei von ausgezeichnet begabten Musikern geschaffen wurde, genügend beachtet zu sein. Die Ausschweifungen, zu denen der genialische Dämon eines Berlioz hintrieb, wurden durch den ungleich kunstsinnigeren Genius Liszts in edler Weise zu dem Ausdrucke unsäglicher Seelen- und Weltvorgänge gebändigt, und es konnte den Jüngern ihrer Kunst erscheinen, als ob ihnen eine neue Kompositionsgattung zu unmittelbarer Verfügung gestellt wäre. Jedenfalls war es erstaunlich, die bloße Instrumentalmusik unter der Anleitung eines dramatischen Vorgangsbildes unbegrenzte Fähigkeiten sich aneignen zu sehen. Bisher hatte nur die Ouvertüre zu einer Oper oder einem Theaterstücke Veranlassung zur Verwendung rein musikalischer Ausdrucksmittel in einer vom Symphoniesatze sich abzweigenden Form dargeboten. Noch Beethoven verfuhr hierbei

sehr vorsichtig: während er sich bestimmt fand, einen wirklichen Theatereffekt in der Mitte seiner „Leonoren"-Ouvertüre zu verwenden[7], wiederholte er, mit dem gebräuchlichen Wechsel der Tonarten, den ersten Teil des Tonstückes, ganz wie in einem Symphoniesatze, unbekümmert darum, daß der dramatisch anregende Verlauf des, der thematischen Ausarbeitung bestimmten, Mittelsatzes uns bereits zur Erwartung des Abschlusses geführt hat; für den empfänglichen Zuhörer ein offenbarer Nachteil. Weit konziser und im dramatischen Sinne richtiger verfuhr dagegen bereits Weber in seiner „Freischütz"-Ouvertüre, in welcher der sogenannte Mittelsatz durch die drastische Steigerung des thematischen Konfliktes mit gedrängter Kürze sofort zur Konklusion führt. Finden wir nun auch in den, nach poetischen Programmen ausgeführten, größeren Werken der oben genannten neueren Tondichter die aus natürlichen Gründen unvertilgbaren Spuren der eigentlichen Symphoniesatzkonstruktion, so ist doch hier bereits in der Erfindung der Themen, ihrem Ausdrucke, sowie der Gegenüberstellung und Umbildung derselben, ein leidenschaftlicher und exzentrischer Charakter gegeben, wie ihn die reine symphonische Instrumentalmusik gänzlich fern von sich zu halten berufen schien, wogegen der Programmatiker sich einzig getrieben fühlte, gerade in dieser exzentrischen Charakteristik sich sehr präzis vernehmen zu lassen, da ihm immer eine dichterische Gestalt oder Gestaltung vorschwebte, die er nicht deutlich genug gleichsam vor das Auge stellen zu können glaubte. Führte diese Nötigung endlich bis zu vollständigen Melodrammusiken[8], mit hinzuzudenkender pantomimischer Aktion, somit folgerichtig auch zu instrumentalen Rezitativen, so konnte, während das Entsetzen über die alles auflösende Formlosigkeit die kritische Welt erfüllte, wohl nichts anderes mehr übrig bleiben, als die neue Form des musikalischen Dramas selbst aus solchen Geburtswehen zutage zu fördern. –
Diese ist nun mit der älteren Opernform ebensowenig mehr zu vergleichen als die zu ihr überleitende neuere Instrumentalmusik mit der unsren Tonsetzern unmöglich gewordenen klassischen Symphonie. Versparen wir uns für jetzt noch die nähere Beleuchtung jenes sogenannten „Musikdramas", und werfen wir für das erste noch einen Blick auf die von dem bezeichneten Gebärungsprozesse unberührt gebliebene „klassische" Instrumentalkomposition unsrer neuesten Zeit, so finden wir, daß dieses „klassisch Gebliebene" ein eitles Vorgeben ist, und an der Seite unsrer großen klassischen Meister uns ein sehr unerquickliches Mischgewächs von Gernwollen und Nichtkönnen aufgepflanzt hat.
Die programmatische Instrumentalmusik, welche von „uns" mit schüchternem Blicke und scheelem Auge angesehen wurde, brachte so viel neues in der Harmonisation und theatralische, landschaftliche, ja historienmalerische Effekte, und führte dies alles vermöge einer ungemein virtuosen Instrumentationskunst mit so ergreifender Prägnanz aus, daß, um in dem früheren klassischen Symphoniestil fortzufahren, es leider an dem rechten Beethoven fehlte, der sich etwa schon zu helfen gewußt hätte. Wir schwiegen. Als wir endlich wieder den Mund symphonisch uns aufzumachen getrauten, um zu zeigen, was wir denn doch auch noch zustande zu bringen vermöchten, verfielen wir, sobald wir merkten, daß wir gar zu langweilig und schwülstig wurden, auf gar nichts anderes, als uns mit ausgefallenen Federn der programmistischen Sturmvögel auszuputzen. Es ging und geht in unsren Symphonien und dergleichen jetzt weltschmerzlich und katastrophös her; wir sind düster und grimmig, dann wieder mutig und kühn; wir sehnen uns nach der Verwirklichung von Jugendträumen; dämonische Hindernisse belästigen uns; wir brüten, rasen wohl auch: da wird endlich dem Weltschmerz der Zahn ausgerissen; nun lachen wir und zeigen humoristisch die gewonnene Weltzahnlücke, tüchtig, derb, bieder ungarisch oder schottisch, – leider für andere langweilig. Ernstlich betrachtet: wir können nicht glauben, daß der Instrumentalmusik durch die Schöpfungen ihrer neuesten Meister eine gedeihliche Zukunft gewonnen worden ist; vor allem aber dürfte es für uns schädlich werden, wenn wir diese Werke gedankenlos der Hinterlassenschaft Beethovens anreihen, da wir im Gegenteile dazu angeleitet werden sollten, das gänzlich Un-Beethovenische in ihnen uns zu vergegenwärtigen, was allerdings in betreff der Unähnlichkeit mit dem Beethovenschen Geiste, trotz der auch hier uns begegnenden Beethovenschen Themen, nicht allzu schwer fallen dürfte, in betreff der Form aber namentlich für die Zöglinge unsrer Konservatorien nicht leicht sein kann, da diesen unter der Rubrik „ästhetischer Formen" nichts

wie verschiedene Namen von Komponisten zum Auswendiglernen gegeben werden, womit sie für ihr Urteil sich ohne weiteren Vergleich dann werden helfen müssen.
Die hier gemeinten Symphonienkompositionen unsrer neuesten – sagen wir: romantisch-klassischen – Schule, unterscheidet sich von den Wildlingen der sogenannten Programmusik, außer dadurch, daß sie uns selbst programmbedürftig erscheinen, besonders auch durch die gewisse zähe Melodik, welche ihnen aus der von ihren Schöpfern bisher still gepflegten, sogenannten „Kammermusik" zugeführt wird. In die „Kammer" hatte man sich nämlich zurückgezogen; leider aber nicht in das traute Stübchen, in welchem Beethoven atemlos lauschenden wenigen Freunden alles das Unsägliche mitteilte, was er hier nur verstanden wissen durfte, nicht aber dort in der weiten Saalhalle, wo er in großen plastischen Zügen zum Volke, zur ganzen Menschheit sprechen zu müssen glaubte: in dieser weihevollen „Kammer" war es bald still geworden; denn die sogenannten „letzten" Quartette und Sonaten des Meisters[9] mußte man so hören, wie man sie spielte, nämlich schlecht und am besten – gar nicht, bis denn hierfür von gewissen verpönten Exzedenten[10] Rat geschafft wurde und man erfuhr, was jene Kammermusik eigentlich sage. Jene aber hatten ihre Kammer bereits in den Konzertsaal verlegt: was vorher zu Quintetten und dergleichen hergerichtet gewesen war, wurde nun als Symphonie serviert: kleinliches Melodienhäcksel, mit Heu gemischtem vorgetrunkenem Tee zu vergleichen, von dem niemand weiß, was er schlürft, aber unter der Firma „Echt" endlich für den vermeintlichen Genuß von Weltschmerz zubereitet. – Im ganzen war aber die neuere Richtung auf das Exzentrische, nur durch programmatische Unterlegung zu Erklärende, vorherrschend geblieben. Feinsinnig hatte Mendelssohn sich hierbei durch Natureindrücke zur Ausführung gewisser episch-landschaftlicher Bilder bestimmen lassen: er war viel gereist und brachte manches mit, dem andere nicht so leicht beikamen. Neuerdings werden dagegen die Genrebilder unsrer lokalen Gemäldeausstellungen glattweg in Musik gesetzt, um mit Hilfe solcher Unterlagen absonderliche Instrumentaleffekte, die jetzt so leicht herzustellen sind, und jederzeit überraschende Harmonisationen, durch welche entwendete Melodien unkenntlich gemacht werden sollen, der Welt als plastische Musik vorspielen zu lassen.
Halten wir nun als Ergebnis der soeben angestellten übersichtlichen Betrachtungen dieses eine fest: – die reine Instrumentalmusik genügte sich nicht mehr in der gesetzmäßigen Form des klassischen Symphoniesatzes, und suchte ihr namentlich durch dichterische Vorstellungen leicht anzuregendes Vermögen in jeder Hinsicht auszudehnen; was hiergegen reagierte, vermochte jene klassische Form nicht mehr lebensvoll zu erfüllen, und sah sich genötigt, das ihr durchaus Fremde selbst in sie aufzunehmen und dadurch sie zu entstellen. Führte jene erstere Richtung zum Gewinn neuer Fähigkeiten, und deckte die gegen sie reagierende nur Unfähigkeiten auf, so zeigte es sich, daß grenzenlose Verirrungen, welche den Geist der Musik ernstlich zu schädigen drohten, von dem weiteren Verfolge der Ausbeutung jener Fähigkeiten nur dadurch ferngehalten werden konnten, daß diese Richtung selbst offen und unverhohlen sich dem Drama zuwandte. Hier war das dort Unausgesprochene deutlich und bestimmt auszusprechen, und dadurch zugleich die „Oper" aus dem Banne ihrer unnatürlichen Herkunft zu erlösen. Und hier, im so zu nennenden „musikalischen" Drama ist es nun, wo wir mit Besonnenheit klar und sicher über die Anwendung neugewonnener Fähigkeiten der Musik zur Ausbildung edler, unerschöpflich reicher Kunstformen uns Rechenschaft geben können.
Die ästhetische Wissenschaft hat zu jeder Zeit die Einheit als ein Haupterfordernis eines Kunstwerkes festgestellt. Auch diese abstrakte Einheit läßt sich dialektisch schwer definieren, und ihr falsches Verständnis führte schon zu großen Verirrungen. Am deutlichsten tritt sie uns dagegen aus dem vollendeten Kunstwerke selbst entgegen, weil sie es ist, die uns zu steter Teilnahme an demselben bestimmt und jederzeit seinen Gesamteindruck uns gegenwärtig erhält. Unstreitig wird dieser Erfolg am vollkommensten durch das lebendig aufgeführte Drama erreicht, weshalb wir nicht anstehen, dieses als das vollendetste Kunstwerk gelten zu lassen. Am entferntesten stand diesem Kunstwerke die „Oper", und dies vielleicht gerade aus dem Grunde, weil sie das Drama vorgab, dieses aber der musikalischen Arienform zuliebe in lauter unter sich unzusammenhängende Bruchstücke auflöste: es gibt in der Oper Musikstücke von kürzester Dauer, welche den Bau des Sym-

Richard Wagner, „Siegfried", II. Akt. Inszenierung Wieland Wagners, Bayreuth 1952.

phoniesatzes durch Vor- und Nachthema, Zurückkehr, Wiederholung und sogenannte „Coda" in flüchtigster Zusammenstellung ausführen, so abgeschlossen, dann aber in gänzlicher Beziehungslosigkeit zu allen übrigen, ebenso konstruierten Musikstücken bleiben. Diesen Bau fanden wir dagegen im Symphoniesatze zu so reicher Vollendung ausgebildet und erweitert, daß wir dem Meister dieses Satzes von der kleinlich beengenden Form der Opernpièce unmutig sich abwenden sahen. In diesem Symphoniesatze erkennen wir die gleiche Einheit, welche im vollendeten Drama so bestimmend auf uns wirkt, so wie dann den Verfall dieser Kunstform, sobald fremdartige Elemente, welche nicht in jene Einheit aufzunehmen waren, herangezogen wurden. Das ihr fremdartigste Element war das dramatische, welches zu seiner Entfaltung unendlich reicherer Formen bedarf, als sie auf der Basis des Symphoniesatzes, nämlich der Tanzmusik, naturgemäß sich darbieten können. Dennoch muß die neue Form der dramatischen Musik, um wiederum als Musik ein Kunstwerk zu bilden, die Einheit des Symphoniesatzes aufweisen, und dies erreicht sie, wenn sie, im innigsten Zusammenhange mit demselben, über das ganze Drama sich erstreckt, nicht nur über einzelne kleinere, willkürlich herausgehobene Teile desselben. Diese Einheit gibt sich dann in einem das ganze Kunstwerk durchziehenden Gewebe von Grundthemen, welche sich, ähnlich wie im Symphoniesatze, gegenüberstehen, ergänzen, neu gestalten, trennen und verbinden: nur daß hier die ausgeführte und aufgeführte dramatische Handlung die Gesetze der Scheidungen und Verbindungen gibt, welche dort allerursprünglichst den Bewegungen des Tanzes entnommen waren. –

Über die neue Form des musikalischen Tonsatzes in seiner Anwendung auf das Drama glaube ich in früheren Schriften und Aufsätzen mich ausführlich genug kund gegeben zu haben, jedoch ausführlich nur in dem Sinne, daß ich anderen mit hinreichender Deutlichkeit den Weg gezeigt zu haben vermeinte, auf welchem zu einer gerechten und zugleich nützlichen Beurteilung der durch meine eigenen künstlerischen Arbeiten dem Drama abgewonnenen musikalischen Formen zu gelangen wäre. Dieser Weg ist meines Wissens noch nicht beschritten worden, und ich habe nur des einen meiner jüngeren Freunde zu gedenken, der das Charakteristische der von ihm sogenannten „Leitmotive" mehr ihrer dramatischen Bedeutsamkeit und Wirksamkeit nach, als (da dem Verfasser die spezifische Musik fern lag) ihre Verwertung für den musikalischen Satzbau in das Auge fallend, ausführlicher in Betrachtung nahm.[11] Hiergegen hatte ich zu erleben, daß in unsren Musikschulen der Abscheu vor der Verworrenheit meines musikalischen Satzes gelehrt wurde, während anderseits dem Erfolge meiner Werke bei öffentlichen Aufführungen, sowie der oberflächlichen Privatlektüre meiner Partituren es zu verdanken ist, daß jüngere Komponisten in unverständiger Weise es mir nachzumachen sich angelegen sein lassen. Da der Staat und die Gemeinde nur Un-Lehrer meiner Kunst bezahlt, wie (um in der vermeintlich von mir beeinflußten Nähe zu bleiben) z. B. in München den Professor Rheinberger[12], statt, wie dies vielleicht in England und Amerika einmal geschehen dürfte, etwa einen Lehrstuhl für sie zu errichten, so möchte ich mit dieser vorliegenden kleineren Arbeit fast nur dazu beigetragen haben, die zuletzt bezeichneten jüngeren Komponisten über das, was sie aus meinen Werken lernen und nachahmen könnten, einigermaßen zurechtzuweisen.

Wer bis dahin durch Anhörungen unsrer neuesten, romantisch-klassischen Instrumentalmusik ausgebildet ist, dem möchte ich nun, sobald er es mit der dramatischen Musik versuchen will, vor allem raten, nicht auf harmonische und instrumentale Effekte auszugehen, sondern zu jeder Wirkung dieser Art erst eine hinreichende Ursache abzuwarten, da die Effekte sonst nicht wirken. Berlioz konnte nicht tiefer gekränkt werden, als wenn man ihm Auswüchse jener Art auf Notenpapier gebracht, vorlegte und vermeinte, dies müsse ihm, dem Komponisten von Hexensabbathen und dergleichen besonders gefallen. Liszt fertigte ähnliche stupide Zumutungen mit dem Bemerken ab, daß Zigarrenasche und Sägespäne mit Scheidewasser angefeuchtet nicht gut als Gericht zu servieren wären.[13] Ich habe noch keinen jüngeren Komponisten kennen gelernt, der nicht vor allen Dingen von mir Sanktion von „Kühnheiten" zu erlangen gedachte. Hiergegen mußte es mir nun recht auffällig werden, daß die vorsichtige Anlage in betreff der Modulation und Instrumentation, deren ich mich bei meinen Arbeiten mit zunehmender Aufmerksamkeit befleißigte, gar keine Beachtung gefunden hat. Es war mir z. B. in der Instrumentaleinleitung zu dem „Rheingold" sogar unmöglich, den Grundton zu verlassen, eben weil ich keinen Grund dazu hatte, ihn zu verändern; ein großer Teil der nicht unbewegten darauf folgenden Szene der Rheintöchter mit Alberich durfte durch Herbeiziehung nur der allernächst verwandten Tonarten ausgeführt werden, da das Leidenschaftliche hier erst noch in seiner primitivsten Naivität sich ausspricht. Dagegen leugne ich nicht, daß ich dem ersten

Auftritte der Donna Anna, in höchster Leidenschaft den frevelhaften Verführer Don Juan festhaltend, allerdings bereits ein stärkeres Kolorit gegeben haben würde, als Mozart nach der Konvention des Opernstiles und seiner, erst durch ihn bereicherten Ausdrucksmittel, es hier für angemessen hielt.[14] Dort genügte jene besonnene Einfachheit, die ich ebensowenig aufzugeben hatte, als die „Walküre" mit einem Sturme, der „Siegfried", mit einem Tonstück einzuleiten war, welches mit Erinnerung an die in den vorangehenden Dramen plastisch gewonnenen Motive, uns in die stumme Tiefe der Hortschmiede Nibelheims führt: hier lagen Elemente vor, aus denen das Drama sich erst zu beleben hatte. Ein anderes erforderte die Einleitung zu der Nornenszene der „Götterdämmerung"[15]: hier verschlingen sich die Schicksale der Urwelt selbst bis zu dem Seilgewebe, das wir bei der Eröffnung der Bühne von den düsteren Schwestern geschwungen sehen müssen, um seine Bedeutung zu verstehen: weshalb dieses Vorspiel nur kurz und spannend vorbereitend sein durfte, wobei jedoch die Verwendung bereits aus den vorderen Teilen des Werkes verständlich gewordener Motive eine reichere harmonische und thematische Behandlung ermöglichte. Es ist aber wichtig, wie man anfängt. Hätte ich eine Motivbildung, wie diejenige, welche im zweiten Aufzuge der „Walküre" zu Wotans Übergabe der Weltherrschaft an den Besitzer des Nibelungenhortes sich vernehmen läßt[16]:

etwa in einer Ouvertüre vorgebracht, so würde ich, nach meinen Begriffen von Deutlichkeit des Stiles, etwas geradeswegs Unsinniges gemacht haben. Dagegen jetzt, nachdem im Verlaufe des Dramas das einfache Naturmotiv[17]

zu dem ersten Erglänzen des strahlenden Rheingoldes, dann aber zur ersten Erscheinung der im Morgenrot erdämmernden Götterburg „Walhall" das nicht minder einfache Motiv[18]

vernommen worden waren und jedes dieser Motive in eng verwachsener Teilnahme an den sich steigernden Leidenschaften der Handlung die entsprechenden Wandlungen erfahren hatte, konnte ich sie, mit Hilfe einer fremdartig ableitenden Harmonisation, in der Weise verbunden vorführen, daß diese Tonerscheinung mehr als Wotans Worte uns ein Bild der furchtbar verdüsterten Seele des leidenden Gottes gewahren lassen sollte. Wiederum bin ich hierbei mir aber auch bewußt, daß ich stets bemüht war, das an sich Grelle solcher musikalischen Kombinationen nie als solches, etwa als besondere Kühnheit, auffällig wirken zu lassen, sondern sowohl vorschriftlich als durch mögliche mündliche Anleitung hierzu, sei es durch geeignete Zurückhaltung des Zeitmaßes, oder durch vorbereitende dynamische Ausgleichungen, das Fremdartige dermaßen zu verdecken suchte, daß es wie mit naturgemäßer Folgerichtigkeit auch als künstlerisches Moment unsrer willigen Empfindung sich bemächtigte; wogegen mich begreiflicherweise nichts mehr empört und demgemäß von fremden Aufführungen meiner Musik fern hält, als die vorherrschende Gefühllosigkeit unsrer meisten Dirigenten gegen die Anforderungen des Vortrages namentlich solcher, mit großer Achtsamkeit zu behandelnder Kombinationen, welche, im falschen hastigen Zeitmaße, ohne die unerläßliche dynamische Vermittlung zu Gehör gebracht, meistens unverständlich, unsren „Professoren“ sogar greulich erklingen müssen. Diesem ausführlicher behandelten Beispiele, welches ähnlich, nur noch in weit ausgebreiteteren Beziehungen, auf alle meine Dramen Anwendung findet und das Charakteristische der dramatischen, im Gegensatze zu der symphonistischen Motivenausbildung und Verwendung darbietet, lasse ich noch ein zweites verwandtes folgen, indem ich auf die Wandlungen des Motives der Rheintöchter, mit welchem diese in kindlicher Freude das glänzende Gold umjauchzen[19]:

aufmerksam mache. Es dürfte dieses in mannigfaltig wechselndem Zusammenhange mit fast jedem andern Motive der weithin sich erstreckenden Bewegung des Dramas wieder auftauchende, ungemein einfache Thema durch alle die Veränderungen hin zu verfolgen sein, die es durch den verschiedenartigen Charakter seiner Wiederaufrufung erhält, um zu ersehen, welche Art von Variationen das Drama zu bilden imstande ist, und wie vollständig der Charakter dieser Variationen sich von dem jener figurativen, rhythmischen und harmonischen Veränderungen eines Themas unterscheidet, welche in unmittelbarer Aufeinanderfolge von unsren Meistern zu wechselvollen Bildern von oft berauschender kaleidoskopischer Wirkung aufgereiht wurden. Diese Wirkung war sofort durch Störung der klassischen Form des Variationensatzes aufgehoben, sobald fremde, vom Thema abliegende Motive hineinverflochten wurden, womit etwas dem dramatischen Entwicklungsgange Ähnliches der Gestaltung des Satzes sich bemächtigte und die Reinheit, sagen wir: Ansichverständlichkeit des Tonstückes trübte. Nicht aber das bloße kontrapunktische Spiel, noch die phantasiereichste Figurations- oder erfinderischste Harmonisationskunst konnte, ja durfte, ein Thema, indem es gerade immer wieder erkenntlich bleibt, so charakteristisch umbilden und mit so durchaus mannigfaltigem, gänzlich verändertem Ausdrucke vorführen, als wie es der wahren dramatischen Kunst ganz natürlich ist. Und hierüber dürfte eben eine genauere Betrachtung der Wiedererscheinungen jenes angezogenen einfachen Motives der „Rheintöchter“ einen recht einsichtlichen Aufschluß geben, sobald es durch alle Wechsel der Leidenschaften, in welchem sich das ganze vierteilige Drama bewegt, bis zu Hagens Wachtgesang im ersten Akte der „Götterdämmerung“ hin verfolgt wird, woselbst es sich dann in einer Gestalt zeigt, die es allerdings als Thema eines Symphoniesatzes – mir wenigstens – ganz undenklich erscheinen läßt, trotzdem es auch hier nur durch die Gesetze der Harmonie und Thematik besteht, jedoch eben nur wiederum durch die Anwendung dieser Gesetze auf das Drama. Das durch diese Anwendung hier Ermöglichte wiederum auf die Symphonie anwenden zu wollen, müßte demnach aber zum vollen Verderb derselben führen; denn hier würde sich als ein gesuchter Effekt ausnehmen, was dort eine wohlmotivierte Wirkung ist.

Es kann nicht meine Absicht sein, das, was ich in früheren Schriften über die Anwendung der Musik auf das Drama ausführlich gesagt habe, hier nochmals, wenn auch unter einem neuen Gesichtspunkte betrachtet, zu wiederholen; vielmehr lag es mir hauptsächlich nur daran, den Unterschied zwischen zwei Anwendungsarten der Musik zu zeigen, aus deren Vermengung sowohl die Entstellung der einen Kunstart als das falsche Urteil über die andere hervorgeht. Und dies dünkte mich wichtig, um überhaupt zu einer, den großen Vorgängen auf dem Entwicklungsgebiete der Musik – der einzig noch wahrhaft lebenden und produktiven Kunst unsrer Zeit – entsprechenden ästhetischen Ansicht zu gelangen; wogegen gerade in diesem Betreff noch die größte Konfusion herrscht. Denn von den Gesetzen der Bildung des Symphonien-, Sonaten-, oder auch Ariensatzes ausgehend, gelangten wir bisher, sobald wir uns zum Drama wendeten, nicht über den Opernstil hinaus, welcher den großen Symphonisten in der Entfaltung seiner Fähigkeiten beengte; erstaunen wir dann wieder über die Unbegrenztheit dieser Fähigkeiten, sobald sie in richtiger Verwendung auf das Drama entfaltet werden, so verwirren wir jene Gesetze, wenn wir die Ausbeute der musikalischen Neuerungen auf dem dramatischen Gebiete auf die Symphonie usw. übertragen wollen. Da, wie gesagt, hier es aber zu weit führen würde, diese Neuerungen in ihrem verzweigten Zusammenhange darzustellen, diese Arbeit auch füglich wohl einem andern als mir zukommen dürfte, verweile ich schließlich nur noch bei dem Nachweise des charakteristischen Unterschiedes, nicht nur der Umbildung und Verwendung der Motive, – wie sie das Drama fordert, die Symphonie dagegen sie nicht gestatten kann –, sondern der ersten Bildung des Motives selbst.

Im richtigen Sinne undenklich ist uns ein harmonisch sehr auffallend moduliertes Grundmotiv eines Symphoniesatzes, namentlich wenn es sogleich bei seinem ersten Auftreten sich in solcher verwirrenden Ausstattung kundgäbe. Das fast lediglich aus einem Gewebe fern fortschreitender Harmonien bestehende Motiv, welches der Komponist des „Lohengrin" als Schlußphrase eines ersten Ariosos der in selige Traumerinnerung entrückten Elsa zuteilt, würde sich etwa im Andante einer Symphonie sehr gesucht und unverständlich ausnehmen, wogegen es hier aber nicht gesucht, sondern ganz von selbst sich gebend, daher auch so verständlich erscheint, daß meines Wissens noch nie Klagen über das Gegenteil aufgekommen sind. Dies hat aber seinen Grund im szenischen Vorgange. Elsa ist in sanfter Trauer, schüchtern gesenkten Hauptes langsam vorgeschritten: ein einziger Aufblick ihres schwärmerisch verklärten Auges

sagt uns, was in ihr lebt. Hierum befragt, meldet sie nichts anderes als ein mit süßem Vertrauen erfüllendes Traumgebild: „mit züchtigem Gebahren gab Tröstung er mir ein"[20]; – dies hatte uns jener Aufblick etwa schon gesagt; nun schließt sie, kühn aus dem Traume zur Zuversicht, der Erfüllung in der Wirklichkeit fortschreitend, die weitere Meldung an „des Ritters will ich wahren, er soll mein Streiter sein".[21] Und hiermit kehrt die musikalische Phrase nach weiter Entrückung, in den Ausgangsgrundton zurück.

Ein jüngerer Freund[22] wunderte sich damals, als ich ihm die Partitur zur Ausführung eines Klavierauszuges übersandt hatte, höchlich über den Anblick dieser, in so wenigen Takten so stark modulierenden Phrase, noch mehr dann aber darüber, daß, als er der ersten Aufführung des „Lohengrin" in Weimar beiwohnte, dieselbe Phrase ihm ganz natürlich vorgekommen war, was jedenfalls auch Liszts musikalische Direktion vermittelt hatte, der aus dem hastig überblickten Augengespenst durch den richtigen Vortrag eine wohlgebildete Tongestalt modeliert hatte.
Es scheint, daß schon jetzt einen sehr großen Teil des Publikums manches, ja fast alles in meinen dramatischen Musiken durchaus natürlich dünkt und demnach gefällt, worüber unsre „Professoren" noch Zeter schreien. Würden diese mich auf einen ihrer heiligen Lehrstühle setzen, so dürften sie dagegen vielleicht in noch größere Verwunderung geraten, wenn sie wahrnähmen, welche Vorsicht und Mäßigung in der Anwendung, namentlich auch harmonischer Effektmittel, ich ihren Schülern anempfehlen würde, da ich diesen als erste Regel aufzustellen hätte, nie eine Tonart zu verlassen, so lange als, was sie zu sagen haben, in dieser noch zu sagen ist. Würde diese Regel dann befolgt, so bekämen wir vielleicht wieder einmal Symphonien u. dgl. zu hören, über welche sich wiederum auch etwas sagen ließe, während über unsre neuesten Symphonien sich eben gar nichts sagen läßt. Weshalb ich hiermit auch schweige, bis ich etwa einmal an ein Konservatorium berufen werde, – nur nicht als „Professor".

Richard Wagners Gesammelte Schriften. Bd. 13. Hrsg. v. J. Kapp. Leipzig: Hesse & Becker, o. J., S. 282–298

Anmerkungen

1 *„Über das Operndichten und Komponieren im besonderen". In: Richard Wagners Gesammelte Schriften. Bd. 13. Hrsg. v. J. Kapp. Leipzig: Hesse & Becker, o. J., S. 258–281*

2 *Jago ist in Shakespeares „Othello" der Bösewicht, der Othello und dessen Frau Desdemona ins Verderben stürzt.*

3 *Streichquartett in C-Dur, KV 465 (sog. „Dissonanzen"- oder „Querstände"-Quartett)*

4 *Figuren aus der Oper „Don Giovanni" von Wolfgang Amadeus Mozart*

5 *Vivisektion: Richtung der damaligen Medizin, die operative Versuche an Lebewesen vornahm*

6 *Pietro Metastasio (1698–1782), italienischer Dichter, dessen Libretti von den berühmtesten italienischen und deutschen Komponisten der Zeit zum großen Teil mehrmals vertont wurden. Der Metastasianische Operntyp war durch Einheitlichkeit und antikisierende Würde nach französischem Vorbild geprägt. Der in der neapolitanischen Oper festgelegte Kontrast von szenischem Dialog (Handlungsträger) und Arie (Handlungsstillstand) bestimmt den Aufbau von Metastasios Werken. Erst durch Gluck und Mozart wurde diese Auffassung von Oper in Frage gestellt.*

7 *vgl. das Trompetensignal in der Leonoren-Ouvertüre Nr. 3 (Takt 281 ff. und Takt 294 ff.)*

8 *Bestimmter Typus des musikalischen Schauspiels, in welchem das gesprochene Wort und die Handlung durch eine im Ausdruck ständig wechselnde Musik untermalt und erläutert wird. Angefangen von den Monodramen Georg Bendas im ausgehenden 18. Jahrhundert taucht das Melodram noch in bedeutenden Werken des 20. Jahrhunderts auf (z. B. Alban Bergs „Wozzeck" oder Arnold Schönbergs „Pierrot Lunaire"). Als sparsam eingesetztes Gestaltungsmittel begegnet das Melodram auch im „Fidelio" (Kerkerszene) und im „Freischütz" (Wolfsschlucht).*

9 *Die letzten Streichquartette Beethovens sind die Opera 127, 130 bis 133 und 135; die letzten Klaviersonaten Opus 109, 110 und 111.*

10 *Es ist nicht ausgeschlossen, daß Wagner mit den „Exzedenten" u. a. auch auf die zu dieser Zeit berühmte und durch ihre meisterhafte Interpretation gerade der letzten Streichquartette Beethovens geschätzte Quartettvereinigung mit Joseph Joachim, de Ahna, Wirth und Hausmann anspielte.*

11 *Gemeint ist Hans Paul von Wolzogen, der Herausgeber der „Bayreuther Blätter".*
Wagner selbst vermied den Terminus „Leitmotiv", er sprach vielmehr in diesem Zusammenhang von „thematischen Keimen", „Erinnerungsmotiven" u. a.

12 *Joseph Rheinberger (1839–1901), war als Professor für Komposition und Orgel an der Königlichen Musikschule in München weithin bekannt und wurde mit hohen Ehrungen ausgezeichnet.*

Siegfried-Wagner hebt den „Schatz" der Nibelungen.

Da lieg auch du – dunkler Wurm!
Den gleißenden Hort heb' ich hurtig.

Karikatur mit direkter Anspielung auf Richard Wagners materiellen Geschäftssinn. Wagner in der Rolle des Siegfried, die Zeilen „Da lieg auch du . . ." nach Siegfried, 2. Aufzug, 3. Szene. Im Hintergrund Eingang der Villa Wahnfried, aus der sich seitlich Franz Liszt und seine Tochter Cosima herauslehnen.
(C. v. Grimm, Leipzig 1879)

[13] *Der letzte Satz der „Sinfonie fantastique" von Berlioz (1830) trägt den Titel „Hexensabbat". Zu Liszt vgl. man den ersten Satz („Inferno") der „Symphonie zu Dantes Divina Commedia" (1856) u.a.*

[14] *W.A. Mozart: „Don Giovanni", 1. Akt, 1. Szene („Non sperar, se non m'uccidi")*

[15] *vgl. Klavierauszug (Klindworth), S. 1ff.*

[16] *Klavierauszug (Klindworth), S. 130, Takt 5f. („Gottheit nichtigen Glanz"). Vgl. auch Stefan Kunze: Über Melodiebegriff und musikalischen Bau in Wagners Musikdrama, dargestellt an Beispielen aus Holländer und Ring. In: Das Drama Richard Wagners als musikalisches Kunstwerk. Hrsg. v. C. Dahlhaus. Regensburg: Bosse 1970, S. 136ff.*

[17] *Rheingold-Motiv. Vgl. dazu die „Motiv-Tafel" im Klavierauszug der Oper „Rheingold" (Klindworth)*

[18] *Walhall-Motiv (vgl. Anm. 17)*

[19] *vgl. Klavierauszug (Klindworth) der Oper„ Rheingold", S. 32 (Takt 9 und 10)*

[20] *vgl. Klavierauszug (Felix Mottl), S. 20 (Takt 12–15)*

[21] *vgl. Klavierauszug (Felix Mottl), S. 23 (Takt 21) und S. 24 (Takt 1–7)*

[22] *Theodor Uhlig. Uhlig war nach anfänglicher Ablehnung Wagners einer von dessen frühesten und entschiedensten Anhängern. Zahlreiche Aufsätze Uhligs, vor allem in der „Neuen Zeitschrift für Musik" (NZM), beschäftigen sich mit Wagner und dessen Werken.*

Literatur

Dahlhaus, C.: Wagners Konzeption des musikalischen Dramas. Regensburg: Bosse 1971

Mayer, H.: Richard Wagner in Selbstzeugnissen und Bilddokumenten. Reinbek bei Hamburg: Rowohlt 1959

Richard Wagners Gesammelte Schriften. Hrsg. v. J. Kapp. Leipzig: Hesse & Becker o. J. (daraus vor allem: „Oper und Drama", Bd. 11; „Das Kunstwerk der Zukunft", Bd. 10; „Zukunftsmusik", Bd. 1)

Richard Wagner. Werk und Wirkung. Hrsg. v. C. Dahlhaus. Regensburg: Bosse 1971 (Studien zur Musikgeschichte des 19. Jahrhunderts, Bd. 26).

Wagners Ästhetik. Ausgewählt und eingeleitet v. Carl Dahlhaus. Bayreuth: Edition Musica 1971

Wagner, C.: Die Tagebücher. Bd. 1: 1869–1877. Bd. 2: 1878–1883. Hrsg. u. kommentiert v. M. Gregor-Dellin u. D. Mack. München: Piper 1976, 1977

Zur Musikkritik im 19. Jahrhundert: Anton Bruckners 8. Sinfonie

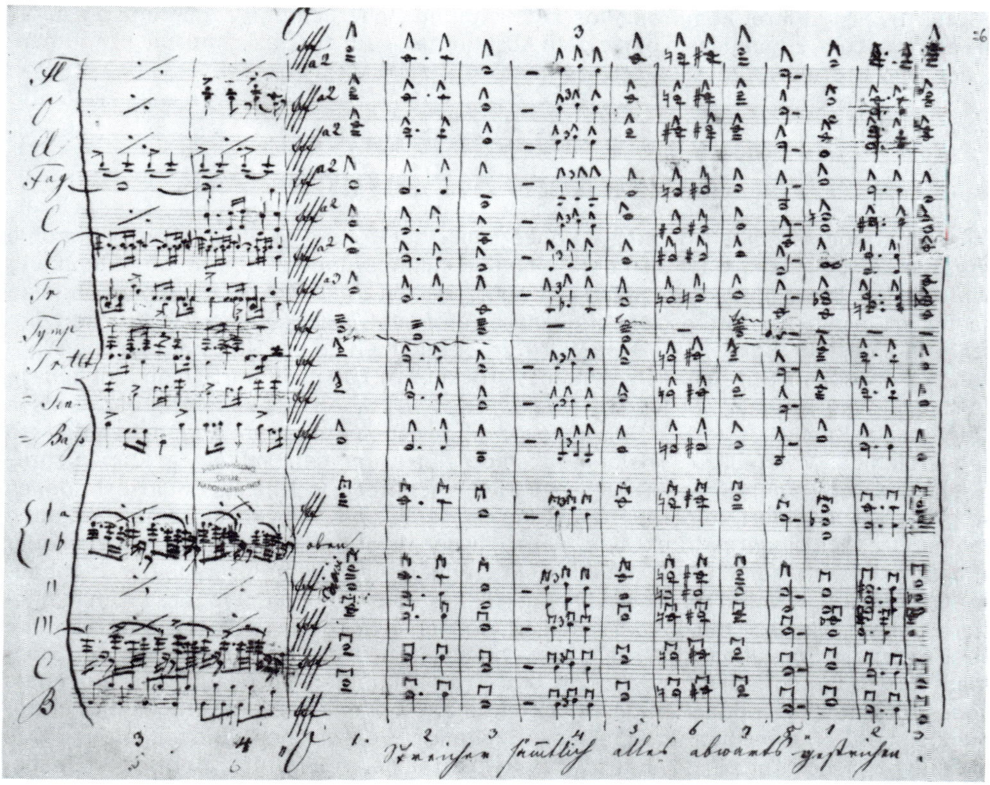

Anton Bruckner, Symphonie Nr. 3, c-moll, aus dem 1. Satz, 1873.
(Autographe Partitur, fol. 26. Wien, Österreichische Nationalbibliothek)

Anton Bruckners 8. Sinfonie in c-moll wurde am 18. Dezember 1892 durch die Wiener Philharmoniker unter Hans Richters Leitung uraufgeführt. Für Bruckner wurde die Aufführung einer der ganz wenigen großen Triumphe. Im großen Musikvereinssaal saßen unter anderem Johannes Brahms, Hugo Wolf und Eduard Hanslick (der allerdings noch vor dem Finale demonstrativ den Saal verlassen hatte).

Eduard Hanslick über Bruckner

Eduard Hanslick (1825–1904), Musikkritiker bei der „Wiener Zeitung" und der Wiener „Neuen Freien Presse", war seit 1861 auch Professor an der Universität Wien. Sein bedeutendes musikästhetisches Werk, „Vom Musikalisch-Schönen", erschien 1854 in Leipzig.

Hanslicks musikästhetisches Ideal war das Ineinssein von Form und geistigem Gehalt im musikalischen Kunstwerk. In gleichem Maße, wie er sich zur Musik von Johannes Brahms bekannte, fühlte er sich von der Neudeutschen Schule um Liszt und den „Wortführern der Zukunftsmusik" – insbesondere von der Musik Richard Wagners – abgestoßen.
Hanslicks Kritik der Brucknerschen 8. Sinfonie in der „Neuen Freien Presse" vom 23. 12. 1892 ist in ihrer kompromißlosen Ablehnung sicherlich überzogen und einseitig, sie erfolgt aber – zumindest in den ersten Abschnitten – auf der Basis kritischer Argumentation und Erörterung musikalisch-technischer Details.

33. Eduard Hanslick: Bruckners 8. Sinfonie

Die Philharmoniker füllten ihr ganzes Konzert mit einer ur- und neudeutschen Symphonie von Bruckner. Sie ist die achte in der Reihe und seinen früheren in Form und Stimmung sehr ähnlich. Diese neueste hat mich, wie alles, was ich von Brucknerschen Symphonien kenne, in Einzelheiten interessiert, als Ganzes befremdet, ja abgestoßen. Die Eigenart dieser Werke besteht, um es mit einem Worte zu bezeichnen, in der Übertragung von Wagners dramatischem Stil auf die Symphonie. Bruckner verfällt nicht nur alle Augenblicke in spezifisch Wagnersche Wendungen, Effekte, Reminiszenzen – er scheint sogar gewisse Wagnersche Stücke als Vorbild für seinen symphonischen Aufbau vor Augen zu haben. So namentlich das Vorspiel zu „Tristan und Isolde". Bruckner setzt mit einem kurzen chromatischen Motiv ein und wiederholt es auf immer höherer Tonstufe ins Endlose, bringt es vergrößert, verkleinert, in Gegenbewegung, so lange, bis wir von diesem monotonen Jammer trostlos niedergedrückt sind. Neben diesen hinauflamentierenden Rosalien oder „Schusterflecken"[1] sind es die hinablamentierenden (nach dem Rezept in der Tannhäuser-Ouvertüre[2]), welche Bruckner mit beharrlicher Vorliebe pflegt. Wagnerschen Orchester-Effekten, wie das Tremolo der geteilten Violinen in höchster Lage, Harfen-Arpeggien über dumpfen Posaunen-Akkorden, dazu noch die neueste Errungenschaft der Siegfried-Tuben, begegnen wir auf Schritt und Tritt. Charakteristisch auch für Bruckners neueste C-moll-Symphonie ist das unvermittelte Nebeneinander von trockener kontrapunktischer Schulweisheit und maßloser Exaltation. So zwischen Trunkenheit und Öde hin und her geschleudert, gelangen wir zu keinem sicheren Eindruck, zu keinem künstlerischen Behagen. Alles fließt unübersichtlich, ordnungslos, gewaltsam in eine grausame Länge zusammen. Jeder der vier Sätze, am häufigsten der erste und dritte, reizt durch irgend einen interessanten Zug, ein geniales Aufleuchten – wenn nur daneben alles Übrige nicht wäre! Es ist nicht unmöglich, daß diesem traumverwirrten Katzenjammerstil die Zukunft gehört – eine Zukunft, die wir nicht darum beneiden. Vorläufig aber wüßten wir gern die Symphonie- und Kammermusik rein gehalten von einem Stil, der nur als illustrierendes Mittel für bestimmte dramatische Situationen relative Berechtigung hat. Von der außerordentlichen „Tiefe" der Brucknerschen C-moll-Symphonie liefen schon vorher so aufregende Gerüchte, daß ich nicht unterließ, mich durch das Studium der Partitur und den Besuch der Generalprobe gehörig vorzubereiten. Gestehen muß ich dennoch, daß das Mysterium dieser weltumfassenden Komposition sich mir erst entschleierte, als das Verständnis mir in Gestalt eines erklärenden Programmes in die Hand gedrückt ward. Der Verfasser desselben ist nicht genannt, doch erraten wir leicht den „Schalk", der seinem Herrn am wenigsten verhaßt ist.[3] Durch ihn erfahren wir denn, daß das verdrießlich aufbrummende Hauptmotiv des ersten Satzes „die Gestalt des Aischyläischen Prometheus" sei![4] Eine besonders langweilige Partie dieses Satzes erhält den verschönernden Namen: „Ungeheuerste Einsamkeit und Stille". Unmittelbar neben dem „Aischyläischen Prometheus" steht – „der deutsche Michel". Wenn ein Kritiker diese Blasphemie ausgesprochen hätte, er würde wahrscheinlich von den Bruckner-Jüngern gesteinigt. Aber der Komponist selbst hat dem Scherzo den Namen des deutschen Michel beigelegt, wie schwarz auf weiß in dem Programm zu lesen. Nun der Erklärer diese authentische Parole hat, ist er nicht verlegen und findet in dem Michel-Scherzo „die Thaten und Leiden des Prometheus parodistisch auf ein geringstes Maß reduziert". Um so erhabener ist alles Folgende. Im Adagio bekommen wir nichts Geringeres zu schauen, als „den allliebenden Vater der Menschheit in seiner ganzen unermeßlichen Gnadenfülle"! Da das Adagio genau achtundzwanzig Minuten dauert, also ungefähr so lange wie eine ganze Beethovensche Symphonie, so wird uns für diesen seltenen Anblick gehörig Zeit gelassen. Das Finale endlich, das uns mit seinen barocken Themen, seinem konfusen Aufbau und unmenschlichen Getöse nur als ein Muster von Geschmacklosigkeit erschien, ist laut Programm: „der Heroismus im Dienste des Göttlichen"! Die darin herumschmetternden Trompetensignale sind „Verkünder der ewigen Heilswahrheit, Herolde der Gottesidee". Der kindische Hymnenton dieses Programms charakterisiert unsere Bruckner-Gemeinde, welche bekanntlich aus den Wagnerianern und einigen Hinzukömmlingen besteht, denen Wagner schon zu einfach und selbstverständlich ist. Man sieht, wie der Wagnerismus nicht nur musikalisch, sondern auch litterarisch Schule macht. Und die Aufnahme der neuen Symphonie? Tobender Jubel, Wehen mit den Sacktüchern aus dem Stehparterre, unzählige Hervorrufe, Lorbeerkränze usw. Für Bruckner war das Konzert jedenfalls ein Triumph. Ob Herr Hanns Richter auch seinen Abonnenten einen Gefallen damit erwiesen habe, ein ganzes Philharmonisches Konzert ausschließlich der Brucknerschen Symphonie zu widmen, ist zu bezweifeln. Dieses Programm scheint doch nur einer geräuschvollen Minorität zu Liebe gewählt worden zu sein. Die Gegenprobe ist leicht zu machen: man gebe die Brucknersche Symphonie in einem Extrakonzert, außer dem Abonnement. Damit wird allen Parteien geholfen sein, schwerlich aber den Philharmonikern.

E. Hanslick: Fünf Jahre Musik (1891–1895). Berlin: Allgemeiner Verlag für Deutsche Literatur 1896, S. 190–193.

Anmerkungen

1 *Rosalie oder Schusterfleck: Mehrmaliges Höhertransponieren eines Motivs ohne ersichtlichen kompositorischen Grund*

2 *Wagner macht in seiner Tannhäuser-Ouvertüre (1845) von solchen sequenzierenden Aneinanderreihungen reichlich Gebrauch.*

3 *Josef Schalk (1857–1900), ein großer Bruckner-Verehrer, Bruder des Dirigenten Franz Schalk*

4 *Josef Schalk hatte für die Aufführung der 8. Sinfonie ein poetisches Programm geschrieben, das auf der Rückseite des Programmzettels abgedruckt war. Es lautete für den 1. Satz: Die Gestalt des aischyleischen Prometheus. – Dumpf grollender Trotz, in der Vermessenheit titanischen Kraftgefühls über Götter und Schicksal sich emporhebend. – Leiden und Ringen. – Dem Trostspruche der Okeaniden gleich, sanft und in die Ferne hinaus deutend, erhebt sich der Gesang des zweiten Themas. – Ungeheuerste Einsamkeit und Stille. Selbstgespräche, von zarten Klagelauten bis zu Ausbrüchen wahnsinnigen Schmerzes gesteigert, zuweilen von der Ahnung künftiger Erlösungswonnen durchzittert. Ehern und unerbittlich wächst des Schicksals grauenvolle Macht empor. Knirschend unterliegt Prometheus dem Willen des ihm feindlichen Kroniden . . .*

Hugo Wolf über Bruckner

Hugo Wolfs Briefe an den Tübinger Universitäts-Musikdirektor Emil Kauffmann sprechen eine andere Sprache. Der erste Brief (vom 25. Dezember 1892) steht noch unter dem frischen Eindruck des Konzerts vom 18. Dezember, der zweite (vom 10. März 1893) ist die Antwort auf ein Schreiben Kauffmanns, der Bruckners 8. Sinfonie inzwischen im Klavierauszug kennengelernt hatte.

Hugo Wolf (1860–1903) ist – neben seinem kompositorischen Schaffen – auch als Musikkritiker hervorgetreten. Seine Kritiken im „Wiener Salonblatt" waren wegen ihrer Schärfe gefürchtet. Max Kalbeck, ebenfalls ein Wiener Kritiker, schrieb 1890 anläßlich eines Konzerts mit Wolfschen Liedern über ihn: „Herr Hugo Wolf . . . hat früher als Reporter durch einige sonderbare Proben seines Stils und Geschmacks in musikalischen Kreisen unfreiwillige Heiterkeit erregt. Es ist ihm der Rat gegeben worden, sich lieber auf's Komponieren zu legen. Die jüngsten Ergüsse seiner Muse haben dargetan, daß dieser wohlgemeinte Rat vom Übel war. Er sollte doch wieder Kritiken schreiben!"

34. Hugo Wolf: Bruckners 8. Sinfonie

Diese Symphonie ist die Schöpfung eines Giganten und überragt an geistiger Dimension, an Fruchtbarkeit und Größe alle anderen Symphonien des Meisters. Der Erfolg war trotz der unheilvollsten Kassandrarufe, selbst von Seite Eingeweihter, ein fast beispielloser. Es war ein vollständiger Sieg des Lichtes über die Finsternis, und wie mit elementarer Gewalt brach der Sturm der Begeisterung aus, als die einzelnen Sätze verklungen waren. Kurz, es war ein Triumph, wie ihn ein römischer Imperator nicht schöner wünschen konnte. Mit welchem Gefühle mochte wohl Meister Brahms in der Direktionsloge dem Werke und der zündenden Wirkung desselben gefolgt sein![1] Ich möchte nicht um alle Schätze Indiens in seiner Haut gesteckt haben.

Mit großer Freude haben mich Ihre Ergüsse über die Brucknersche „Achte" erfüllt. Ihre Ansicht über das gewaltig erschütternde Adagio teile ich vollkommen. Es dürfte ihm tatsächlich nichts Ähnliches an die Seite zu stellen sein; inhaltlich gewiß nicht, während es formell allerdings, zumal wegen seiner übermäßigen Breite und Ausdehnung, nicht ganz befriedigt. In diesem Punkte steht Bruckner Beethoven nach. Hingegen ist der erste Satz in seiner kraftstrotzenden und koncisen Fassung ganz einzig und vielleicht das Vollendetste, was wir in dieser Gattung überhaupt besitzen. Die Wirkung dieses Satzes ist einfach niederschmetternd, jede Regung zur Kritik vernichtend. Bedauerlicherweise ist der Meister schon seit längerer Zeit an einem unheilbaren Übel erkrankt, das ihm im besten Fall nur mehr wenige Jahre des Lebens gönnt. Hoffentlich gelingt es ihm noch seine Neunte zu vollenden[2] und damit, gleich einem anderen Titanen, die Siegesbahn seiner unsterblichen Schöpfungen zu beschließen.

A. Göllerich/M. Auer: Anton Bruckner. Regensburg: Bosse 1936, Bd. IV, 3, S. 286f.

Anmerkungen

1 *Hugo Wolf nannte Brahms' Sinfonien „ekelhaft schale, im Grunde der Seele verlogene und verdrehte Leimsiedereien. . . . In einem einzigen Beckenschlage aus einem Liszt'schen Werke drückt sich mehr Geist und Empfindung aus, als in allen Brahms'schen . . . Sinfonien."*

2 *Bruckner vollendete drei Sätze seiner 9. Sinfonie, vom Finale sind nur Skizzen erhalten.*

Literatur

Abegg, W.: Musikästhetik und Musikkritik bei Eduard Hanslick. Regensburg: Bosse 1974 (Studien zur Musikgeschichte des 19. Jahrhunderts, Bd. 44)

R. Batka/H. Werner: Hugo Wolfs musikalische Kritiken. Leipzig: Breitkopf & Härtel 1911. Nachdruck ebd. 1976

Beiträge zur Geschichte der Musikkritik. Hrsg. v. H. Becker. Regensburg: Bosse 1965 (Studien zur Musikgeschichte des 19. Jahrhunderts, Bd. 5)

Braun, W.: Musikkritik. Köln: Gerig 1972 (TB 266)

Der musikalische Impressionismus: Claude Debussy

Deckblatt der Partitur von Claude Debussys „La Mer". Als Titelblatt wurde in etwas veränderter Nachzeichnung ein Ausschnitt aus Hokusais Farbholzschnitt „Die Woge" verwendet. Eine Reproduktion von Hokusais Bild hatte auch in Debussys Zimmer gehangen.
(Partitur, Durand, Paris 1905)

1921 – drei Jahre nach Debussys Tod – erschien in Paris der Band „Monsieur Croche antidilettante", eine Sammlung von Artikeln und Musikkritiken, die Debussy (1862–1918) für die Zeitschriften „Revue blanche" und „Gil blas" geschrieben hatte. In einigen dieser Artikel formuliert Debussy seine Vorstellungen von Kunst und musikalischer Ästhetik. Gesprächspartner ist ihm Monsieur Croche, eine fiktive Person, mit der er Zwiesprache hält und der er seine eigenen Gedanken in den Mund legt.
Hervorstechendes Merkmal der Musikauffassung Debussys ist unter anderem eine Abneigung gegen jede Art in Regeln gezwängten, akademischen Musikstils. Croche ist „antidilettante", das heißt „Anti-Akademiker", Gegner der halbgebildeten Fachleute. Debussy empfindet Musik als naturnah, nicht im Sinne einer äußerlichen Beschreibung naturhafter Vorgänge, sondern als Natur an sich. „Die Musik ist eine geheimnisvolle Mathematik, deren Elemente am Unendlichen teilhaben. Sie lebt in der Bewegung der Wasser, im Wellenspiel wechselnder Winde; nichts ist musikalischer als der Sonnenuntergang! Für den, der mit dem Herzen schaut und lauscht, ist das die beste Entwicklungslehre, geschrieben in jenes Buch, das von den Musikern nur wenig gelesen wird: das der Natur." (In: Musica, 1903)
Debussy ließ Monsieur Croche nur zweimal in der „Revue blanche" sprechen. Auf die dringende Bitte seiner Freunde um weitere Artikel schrieb er 1905 an den Musikforscher Louis Laloy: „Monsieur Croche, der Antidilettant, zu Recht angewidert von den musikalischen Sitten dieser Zeit, ist sanft entschlafen und in die allgemeine Gleichgültigkeit eingegangen. Es wird gebeten, von Blumen und Kranzspenden abzusehen und vor allem keine Musik zu machen ...".

35. Claude Debussy: Gespräch mit Monsieur Croche

Der Abend war schön, und ich hatte mich entschlossen, nichts zu tun (sagen wir der Höflichkeit halber: Ich träumte). Es waren keineswegs jene wunderbaren Minuten, von denen man später gerührt und anmaßend sagt, sie seien zukunftweisend gewesen. Nein, es waren Augenblicke ohne allen Dünkel, Augenblicke, in denen man einfach „guten Willens" ist.
Ich träumte ... Klarheit gewinnen über sich? ... Angefangene Arbeiten fertigstellen? ... Fragezeichen, gesetzt von kindischem Hochmut, von dem Bedürfnis, koste es, was es wolle, mit einem Gedanken fertigzuwerden, den man schon zu lange mit sich herumgetragen hat; und all das verdeckt eigentlich nur schlecht den törichten Wahn der eigenen Überlegenheit. Die Überlegenheit anderen gegenüber hat noch nie große Anstrengung gekostet, wenn sich mit ihr nicht der schöne Wunsch verband, sich selber überlegen zu sein ... Allein das ist eine ganz besondere Kunst, und man muß ihr seine werte kleine Person zum Opfer bringen. Aber man steht es nur schwer durch, und obendrein ist es völlig unproduktiv. Nach einhelliger Anerkennung zu streben, bedeutet im übrigen vollkommen verlorene Zeit, weil man beständig Erklärungen abgeben und unermüdlich die Werbetrommel rühren muß; man kann sich damit das Anrecht verschaffen, zu der Handvoll großer Männer zu zählen, deren Namen abwechselnd bemüht werden, um flaue Kunstgespräche zu beleben. Ich will das nicht weiter ausführen, um niemand zu entmutigen.
Der Abend blieb auch weiterhin schön; aber, man hat es wohl schon bemerkt, ich mochte mich selber nicht recht leiden. Ich verlor mich und gab mich allgemeinen und äußerst verdrießlichen Gedanken hin.
In diesem Augenblick läutete es an meiner Tür, und ich machte die Bekanntschaft von Monsieur Croche. Sein Eintritt bei mir bestand aus einer Reihe von verständlichen oder auch unverständlichen Zwischenfällen, deren Aufzählung freilich das Interesse an diesem Bericht unnütz belasten würde.

Monsieur Croche hatte einen kleinen runzligen Kopf, und seine Gesichtszüge waren sichtlich darauf eingeübt, metaphysische Diskussionen gebührend zu unterstreichen. [...] Seine Haltung im allgemeinen gemahnte an ein neues Messer. Er sprach sehr leise, lachte nie, aber bisweilen begleitete ein stummes Lächeln seine Rede, das bei der Nase begann und sein ganzes Gesicht kräuselte wie ein stilles Wasser, in das man einen Kiesel wirft. Das dauerte lang und war unerträglich.

Er reizte meine Neugier sogleich durch die besondere Art, wie er die Musik sah. Er sprach von einer Orchesterpartitur wie von einem Bild und verwendete dabei fast nie Fachausdrücke, sondern zeigte eine ungewöhnliche Wortwahl von einer matten und etwas abgebrauchten Eleganz, die den Klang alter Münzen an sich zu haben schien. Ich erinnere mich an den Vergleich, den er zwischen dem Orchester Beethovens und dem Wagners zog: Das eine stelle sich ihm als eine Schwarz-Weiß-Zeichnung dar mit einer Skala ausgesuchter Grautöne, das andere als eine Art bunten, fast gleichmäßig aufgetragenen Farbkitts, in dem – so sagte er – der Klang einer Geige von dem einer Posaune nicht mehr zu unterscheiden sei.[1]

Da sein unerträgliches Lächeln besonders dann hervortrat, wenn er von Musik sprach, verfiel ich plötzlich darauf, ihn nach seinem Beruf zu fragen. Er antwortete mit einer Stimme, die jeden Versuch eines Einwands im Keim erstickte: „Antidilettant ..." und fuhr in monotonem und verbittertem Ton fort: „Haben Sie schon einmal die Feindseligkeit des Publikums im Konzertsaal bemerkt? Haben Sie sich je diese Gesichter angeschaut, grau von Langeweile, Gleichgültigkeit, ja Stumpfsinn? Niemals werden sie jene reinen Dramen miterleben, die sich im symphonischen Konflikt abspielen, wo man die Möglichkeit erahnt, zum Gipfel des Klanggebäudes emporzusteigen und dort die Luft der vollkommenen Schönheit zu atmen. Diese Leute, mein Herr, wirken immer wie mehr oder weniger gut erzogene Gäste: Sie erfüllen geduldig ihre langweilige Pflicht und harren nur deshalb aus, weil sie am Ausgang gesehen werden wollen; warum wären sie sonst gekommen? Sie müssen mir doch zugeben, daß es Dinge gibt, die einem für immer die Freude an der Musik vergällen können." Als ich einwandte, daß ich schon sehr beachtliche Begeisterungsausbrüche erlebt, ja mich selber daran beteiligt hätte, gab er zur Antwort: „Sie stecken voller Irrtümer, und wenn Sie soviel Begeisterung gezeigt haben, geschah es mit dem geheimen Hintergedanken, daß man Ihnen eines Tages die gleiche Ehre erweisen möge! Sie sollten doch wissen, daß das echte Empfinden von Schönheit stumm macht. Wenn Sie das prachtvolle Schauspiel des Sonnenuntergangs betrachten, das sich Tag für Tag vollzieht, kommt es Ihnen da je in den Sinn, Beifall zu klatschen? Sie werden mir doch einräumen, daß hier etwas vor sich geht, das immerhin ein wenig mehr Überraschung bietet als eure kleinen Klanggeschichten? Außerdem kommt ihr euch viel zu armselig vor, und eure Seele kann das gar nicht fassen. Aber vor einem sogenannten Kunstwerk fangt ihr euch wieder und habt euren klassischen Jargon zur Hand, mit dem ihr nur so um euch werft." Ich wagte ihm nicht zu sagen, daß ich beinahe seiner Meinung sei, denn nichts hemmt ja ein Gespräch mehr als Zustimmung. Ich fragte ihn daher lieber, ob er selber Musik mache. Er hob brüsk den Kopf und sagte: „Mein Herr, ich mag die Spezialisten nicht. Sich spezialisieren heißt für mich: sein Weltbild einengen; man ähnelt dann jenen alten Gäulen, die früher Karussells mit hölzernen Pferden im Kreis herumzogen und unter den wohlbekannten Klängen des *Lothringer Marschs* starben! Immerhin kenne ich die gesamte Musik und bin nur deshalb stolz darauf, weil ich mich so gegen jede Art von Überraschung gefeit weiß. Zwei Takte geben mir den Schlüssel zu einer Symphonie oder zu jedem anderen musikalischen Werk.

Sehen Sie, einige große Männer bringen mit geradezu ‚hartnäckigem Starrsinn' immer wieder Neues hervor; viele andere dagegen tun fortwährend und ebenso hartnäckig immer nur das, womit sie einmal Erfolg hatten: Ihre Geschicklichkeit läßt mich kalt. Man rühmt sie als Meister! Aber das ist nur eine höfliche Art, sie sich vom Hals zu schaffen, oder ihnen ihre allzu gleichförmigen Kunstgriffe nachzusehen. Auf jeden Fall versuche ich, die gängige Musik zu vergessen, weil sie mich daran hindert, jene zu hören, die ich noch nicht kenne oder erst ‚morgen' kennen werde. Warum sich an das halten, was man nur zu gut kennt?"

Ich wies ihn auf die bekanntesten Zeitgenossen hin, aber da wurde er noch angriffslustiger als zuvor. „Sie haben die Neigung, Ereignisse überzubewerten, die beispielsweise zu Bachs Zeiten ganz natürlich gewesen sein dürften. Sie sprechen über die Sonate von Paul Dukas; wahrscheinlich gehört er zu Ihren Freunden und ist sogar Musikkritiker?[2] Gründe genug, sich Schmeicheleien zu sagen. Immerhin ist Ihre Lobrede von anderen noch übertroffen worden: Pierre Lalo war in einem Feuilleton des *Temps,* das er ausschließlich dieser Sonate widmete, bereit, sie für die Sonaten von Schumann und Chopin dranzugeben.[3] Gewiß, Chopins Nervosität wußte sich schlecht in die Geduld zu schicken, die man zur Ausführung einer Sonate braucht; er gab denn auch nur sehr weit fortgeschrittene ‚Skizzen' davon. Man kann aber trotzdem sagen, daß er eine ganz persönliche Art fand, diese Form zu behandeln, ganz zu schweigen von der herrlichen Musikalität, die er dabei entwickelte. Er war ein Mann von großzügigen, sich oftmals wandelnden Ideen, ohne daß er darum jene hundertprozentige Anerkennung gefordert hätte, die für etliche unserer Meister den höchsten Ruhm bedeutet.

Natürlich kann Pierre Lalo es nicht lassen, anläßlich der Sonate Ihres Freundes Dukas den großen Schatten Beethovens zu beschwören. An Dukas' Stelle empfände ich das als zweifelhaftes Kompliment! Die Beethoven-Sonaten sind für Klavier sehr schlecht gesetzt; sie sind – vor allem die späten – viel eher Transkriptionen von Orchesterwerken; oft fehlt einem eine dritte Hand: Beethoven hat sie sicherlich gehört, ich hoffe das wenigstens. Schumann und Chopin sollte man lieber in Ruhe lassen: Die beiden haben wirklich für das Klavier geschrieben, und wenn das Pierre Lalo auch nicht so wichtig erscheinen mag, so sollte er ihnen doch wenigstens dafür dankbar sein, daß sie die Vollkommenheit eines Dukas und verschiedener anderer vorbereitet haben."

Monsieur Croche sprach diese letzten Worte mit einer geradezu eisigen Kälte, man hätte ihn packen oder zum Fenster hinauswerfen mögen. Aber mich interessierte das alles doch zu sehr, und deshalb ließ ich ihn fortfahren – nach einem langen Schweigen, während dessen der Rauch seiner Zigarre das einzig Lebendige an ihm schien; neugierig und wie gebannt schaute er der aufsteigenden blauen Rauchspirale nach. Es sah aus, als ob er seltsame Zerrbilder darin erblickte, vielleicht auch gewagte Systeme . . . Sein Schweigen verwirrte und erschreckte mich ein wenig. „Die Musik", begann er wieder, „ist eine Summe unterschiedlicher Kräfte. Man macht daraus ein spekulatives Geschwätz! Mir sind die paar Noten lieber, die ein ägyptischer Hirte auf seiner Flöte bläst – er ist eins mit der Landschaft und hört Harmonien, von denen sich eure Schulweisheit nichts träumen läßt . . .[4] Die Musiker hören nur die Musik, die von geschulten Händen geschrieben wurde, die der Natur eingeschriebene hören sie nie. Den Sonnenaufgang betrachten ist viel nützlicher, als die *Pastoralsymphonie* hören.[5] Was nützt denn eure kaum verständliche Kunst? Solltet ihr nicht all die schmarotzerischen Kompliziertheiten ausmerzen, die an den raffinierten Mechanismus eines Geldschrankschlosses gemahnen? Ihr kommt nicht vom Fleck, weil ihr nichts als die Musik kennt und rohen, undurchsichtigen Gesetzen gehorcht. Man verbeugt sich vor euch mit hochtrabenden Worten, dabei seid ihr nichts als Schelme! Ein Mittelding zwischen Affe und Hausknecht."

Ich wagte einzuwerfen, daß manche versucht hätten, teils in der Dichtkunst, teils in der Malerei (mit Mühe kratzte ich auch ein paar Musiker zusammen) den Staub der alten Traditionen abzuschütteln, mit dem einzigen Ergebnis freilich, daß man sie Symbolisten oder Impressionisten schalt, recht bequeme Worte übrigens, um Kollegen verächtlich zu machen.[6] „Das sind Journalisten und Fachleute, die sie so nennen", fuhr Monsieur Croche ohne Zögern fort, „das hat überhaupt nichts zu sagen. Eine große und schöne Idee, die noch im Werden ist, erscheint den Schwachköpfen stets lächerlich. Sie können sicher sein, daß diese Menschen, über die man lacht, die Hoffnung auf Schönheit eher erfüllen werden als jene Hammelherde, die fügsam zu dem Schlachthof trottet, den ein weises Schicksal ihr bestimmt.

Unverwechselbar bleiben, ohne Fehl . . . Die Begeisterung der Umwelt macht mir einen Künstler verdächtig, so sehr fürchte ich, daß er später nur das Abbild dieser Umwelt wird. Man muß die Zucht in der Freiheit suchen und nicht in den Formeln einer morschen Philosophie, die nur mehr für Schwächlinge taugt. Hören Sie auf keines Menschen Rat, sondern auf den Wind, der vorüberweht und uns die Geschichte der Welt erzählt."

In diesem Augenblick schien Monsieur Croche durchsichtig zu werden; ich glaubte, in sein Innerstes zu sehen, und seine Worte klangen mir wie eine noch nie gehörte Musik. Ich kann ihren besonderen Tonfall nicht zutreffend wiedergeben; er sagte wohl ungefähr: „Kennen Sie ein schöneres Gefühl, als wenn man das Geheimnis eines jahrhundertelang unerkannt gebliebenen Mannes durch Zufall entschlüsselt? Ein solcher Mann gewesen zu sein – das ist die einzig gültige Form des Ruhms."

Der Tag brach an; Monsieur Croche war sichtlich müde geworden und verabschiedete sich. Ich begleitete ihn bis zur Treppe. Er dachte ebensowenig daran, mir die Hand zu geben, wie ich, mich zu bedanken. Lange noch hörte ich den Hall seiner Schritte, der von Stockwerk zu Stockwerk schwächer wurde. Ich wage nicht zu hoffen, daß ich ihn je wiedersehen werde.

P.S. Die Konzertgesellschaft des Conservatoire hatte kürzlich die Gelegenheit, André Messager als ihren Dirigenten zu verpflichten.[7] Natürlich tat sie es nicht. Die Abonnenten dieses Musikinstituts für Schwachsinnige können in Ruhe weiterschlafen.

La Revue blanche, 1. Juli 1901

C. Debussy: Monsieur Croche. Sämtliche Schriften und Interviews. Hrsg. v. F. Lesure, deutsch von J. Häusler. Stuttgart: Reclam 1974, S. 46–50

Anmerkungen

1 *Debussy hatte sich von einem glühenden Wagnerverehrer zu einem Antiwagnerianer gewandelt. Seine Kritik richtete sich vor allem gegen den Menschen und Dichter Wagner und seine Ideologie. Von der Musik des „Parsifal" sagt er immerhin, daß sie „überall von erlesener Schönheit" sei.*

2 *Paul Dukas (1865–1935); seiner Klaviersonate in es-Moll von 1901 widmet Debussy in der „Revue blanche" eine begeisterte Kritik.*

3 *Pierre Lalo war Musikkritiker und Sohn von Edouard Lalo, dem Komponisten der „Symphonie espagnole", 1873.*

4 *vgl. hierzu das Flötensolo am Beginn von Debussys „Nachmittag eines Fauns"*

5 *Debussy ist Feind jeglicher programmatischer Naturschilderung. Vom 2. Satz von Beethovens Pastoralsinfonie, der „Szene am Bach" sagt er: „Es ist ein Bach, aus dem allem Anschein nach die Kühe trinken (jedenfalls veranlassen mich die Fagottstimmen, das zu glauben), ganz zu schweigen von der Nachtigall im Wald und dem Schweizer Kuckuck . . . . All das ist sinnlose Nachahmerei oder rein willkürliche Auslegung."*

6 *Bereits 1887 belegte die Jury der Académie Debussys Komposition „Printemps" mit dem Schimpfwort „vager Impressionismus".*

7 *André Messager (1853–1929), Komponist und Dirigent; Messager leitete die Uraufführung von Debussys Oper „Pelléas et Mélisande" an der Opéra comique in Paris, 1902.*

Literatur

Barraqué, J.: C. Debussy in Selbstzeugnissen und Bilddokumenten. Reinbek: Rowohlt 1964 (rm 92)

Danckert, W.: Claude Debussy. Berlin: De Gruyter 1950

Debussy, Claude: Monsieur Croche. Sämtliche Schriften und Interviews. Hrsg. v. F. Lesure. Dt. Übersetzung v. J. Häusler. Stuttgart: Reclam 1974

Vallas, L.: Debussy und seine Zeit. München: Piper 1961

Béla Bartók und die Volksmusik

Seite aus den von Bartók herausgegebenen „Rumänischen Volksliedern aus dem Komitat Bihar" mit handschriftlichen Zusätzen Bartóks. Das Tanzlied wurde von Bartók im Sommer 1909 in der Gegend von Belényes mit dem Phonographen aufgenommen und 1913 in Bukarest veröffentlicht. Der Text:

Hei, mein Schatz, du dummer, I hai la li lai la,
Geh nicht alle Nächte herum, I hai . . .
Geh nicht alle Nächte herum, I hai . . .
Zu allen Toren, I hai . . .
Denn die Tore sind verschlossen, I hai . . .
Und die Liebchen sind im Bett, I hai . . .
Bächlein an der Mühle, I hai . . .
Es rinne klare Tinte, I hai . . .
Damit sich meine Kleider schwarz färben, I hai . . .
Weil mich mein Liebster verließ, I hai . . .

Bartóks handschriftliche Zusätze lauten: (links oben) Die Dombróer kennen es nicht – (rechts oben) 2 Mädchen (16–17 Jahre).

Béla Bartók (1881–1945) trat bereits mit zehn Jahren als „Komponist“ und „Pianist“ vor die Öffentlichkeit, wie er selbst in seiner Autobiographie mitteilt. Während seines Studiums an der Königlich-Ungarischen Musikakademie in Budapest beschäftigte er sich unter anderem eingehend mit den Werken Wagners, Liszts und Richard Strauss'. In völliger Abkehr von Brahms fand er in der Folgezeit die stärksten Anregungen bei Liszt und bei der osteuropäischen Volksmusik oder – wie Bartók sie bezeichnet – Bauernmusik. Auf mehreren Reisen durch den Balkan (vor allem Ungarn, die Slowakei und Rumänien), z. T. zusammen mit Zoltán Kodály, wurde ungeheures Material an „Bauernmusik“ zusammengetragen, dessen wissenschaftliche Auswertung bis heute noch nicht abgeschlossen ist. Es handelt sich dabei besonders um das von Bartók zusammen mit Kodaly konzipierte „Corpus Musicae popularis Hungaricae“ (Budapest 1951 ff.), von dem u. a. die Bände „Kinderspiele“, „Festlieder des Jahres“, „Hochzeitslieder“, „Paare-Singen“ und „Klagelieder“ erschienen sind.

Béla Bartók, der ebenso wie Richard Strauss, Igor Strawinsky oder Arnold Schönberg in der musikalischen Tradition der Spätromantik (Liszt, Wagner, Brahms) aufgewachsen ist, beurteilt die musikalische Situation seiner Zeit so: „Meiner Ansicht nach stoßen wir in jeder modernen Musik ... auf zwei gemeinsame Charakterzüge ... Der eine ist die mehr oder weniger radikale Entfernung von der Musik des Gestern, besonders von der der Romantiker. Der andere hingegen ist die Bestrebung, sich der Musikalität älterer Epochen zu nähern.“ Als Alternative sah Bartók lediglich die Rückkehr zur „alten Volksmusik“ oder zur „alten Kunstmusik“, besonders zu der des 17. und 18. Jahrhunderts.
Gerade diese Hinwendung zur Tradition ist die Ursache dafür, daß Bartók selbst bei größter harmonischer Kühnheit an einer tonalen Bindung festhält.
Der nachfolgende Text ist einem größeren Vortrag mit dem Titel „Vom Einfluß der Bauernmusik auf die Musik unserer Zeit“ entnommen, den Bartók im Jahr 1931 in Budapest gehalten hat. Er gibt vor allem Aufschluß darüber, wie der Einfluß der Bauernmusik in der Kunstmusik in Erscheinung treten kann.

36. Béla Bartók: Vom Einfluß der Bauernmusik auf die Musik unserer Zeit

Zu Anfang des 20. Jahrhunderts trat ein Wendepunkt in der Geschichte der modernen Musik ein.
Die Übertreibungen der Spätromantik begannen unerträglich zu werden, und es gab Komponisten, die das Gefühl hatten, dieser Weg führe ins Uferlose und es gäbe keinen anderen Ausweg als den vollständigen Bruch mit dem 19. Jahrhundert.
Unschätzbar waren der Antrieb und die Hilfe, die dieser Wandel oder richtiger: diese ‚Renaissance‘ von der bislang völlig unbekannten Bauernmusik bzw. von der im engeren Sinne als solche bezeichneten erhielt.
Diese Bauernmusik weist in der Form höchste Vollendung und Mannigfaltigkeit auf. Erstaunlich ist ihre große Ausdruckskraft, die dabei völlig frei von Sentimentalität und überflüssigem Geschnörkel ist. Manchmal einfach bis zur Primitivität, aber niemals einfältig, bildet sie den idealen Ausgangspunkt für eine musikalische Wiedergeburt und ist dem Komponisten der vorzüglichste Lehrmeister.
Worin liegt wohl eine der Vorbedingungen für eine intensive Wirkung der Bauernmusik? Darin, daß der Komponist das Wesen der Bauernmusik seines Landes so gründlich kennenlernt wie seine eigene Muttersprache.
Um das zu erreichen, zogen ungarische Komponisten durchs Land und sammelten Material. Möglich, daß der Russe Strawinsky und der Spanier de Falla nicht selbst systematisch

sammelten, ihr Material zum Großteil fremden Sammlungen entnahmen, aber aller Wahrscheinlichkeit nach lernten sie die Bauernmusik ihres Landes nicht nur aus Büchern und Museen kennen, sondern studierten auch die lebendige Musik.

Im übrigen bin ich der Meinung, daß die Bauernmusik nur dann eine tiefe und anhaltende Wirkung ausübt, wenn sie auf dem Lande, unter den Bauern selbst gesammelt wird. Mit anderen Worten: ich bin überzeugt, daß es nicht genügt, sich lediglich mit der in den Museen aufbewahrten Bauernmusik zu befassen. Denn das Wesentliche ist, ihren mit Worten nicht ausdrückbaren inneren Charakter auf unsere Kunstmusik zu übertragen und letztere ganz mit dieser Atmosphäre auszufüllen. Es genügt nicht, lediglich Motive der Bauernmusik oder Nachahmungen solcher Motive der Kunstmusik einzuverleiben – das würde nur einen äußerlichen Aufputz bedeuten.

Vor etwa 20 bis 25 Jahren waren uns wohlgesinnte Leute oft von Staunen erfüllt: wie es denn möglich sei, daß geschulte, gebildete, ja konzertierende Musiker sich einer solchen – wie sie dachten – „untergeordneten" Aufgabe unterziehen könnten wie dem Studium und Sammeln der Dorfmusik an Ort und Stelle. Es sei schade, sagten sie, daß diese Arbeit nicht von anderen verrichtet werde, z. B. von Leuten, die für sonstige musikalische Aufgaben nicht geeignet sind. Viele betrachteten unsere zähe Ausdauer geradezu als eine fixe Idee verrückter Menschen.

Die Armen, sie hatten keine Ahnung, wie viel uns gerade die Möglichkeit bedeutete, selbst in den Dörfern, an der Quelle eine Musik zu erleben, die uns ganz neue Perspektiven eröffnete.

Die Frage ist nun die: Wie kann der Einfluß der Bauernmusik in der höheren Kunstmusik in Erscheinung treten?

1

Vor allem in der Weise, daß wir die Bauernmelodie ohne jedwede Veränderung oder nur wenig variiert mit einer Begleitung versehen und eventuell noch mit einem Vor- und Nachspiel einfassen. Solche Arbeiten weisen einige Ähnlichkeit mit Bachs Choralbearbeitungen auf.

Bei derartigen Volksliedbearbeitungen sind zweierlei Typen, die ohne Grenzlinie ineinander übergehen, zu unterscheiden.

Manchmal haben Begleitung, Vor-, Nach- oder Zwischenspiel nur sekundäre Bedeutung, sind nichts anderes als der Rahmen, in den wir die Hauptsache, die Bauernmelodie, einfügen wie einen Edelstein in seine Fassung.

In anderen Fällen verhält es sich gerade umgekehrt: die Bauernmelodie spielt nur die Rolle des Mottos, und was darum und darunter gesetzt wird, ist die Hauptsache. Diese zwei Typen sind durch unzählige Übergangsstufen miteinander verbunden, manchmal kann nicht einmal entschieden werden, welches Element in der Bearbeitung vorherrscht. Immer ist es aber sehr wichtig, daß das Musikgewand, in welches wir die Melodie kleiden, sich vom Charakter der Melodie, von den in der Melodie offen oder verhüllt enthaltenen musikalischen Eigentümlichkeiten ableiten läßt, bzw. daß die Melodie und alles Hinzugefügte den Eindruck einer untrennbaren Einheit erwecken.

Hier muß ich, gleichsam in Klammern, einen vor 30 bis 40 Jahren weit verbreiteten eigenartigen Irrtum erwähnen. Die überwiegende Mehrheit der geschulten Musiker glaubte damals, Volksweisen vertrügen nur ganz einfache Harmonien. Schlimmer war, daß sie unter „einfachen Harmonien" Dreiklangsfolgen von Tonika, Dominante, eventuell noch Subdominante verstanden.

Das Entstehen dieser merkwürdigen Auffassung ist vielleicht folgendermaßen zu erklären: Welche Arten von Volksliedern waren diesen Musikern zu jener Zeit eigentlich bekannt? Wohl kaum andere als neuere deutsche oder diesen ähnliche westliche Volkslieder bzw. volkstümliche Kunstlieder, vielleicht auch Kunstlieder des eigenen Landes. Die Melodik dieser Lieder weist fast immer auf den Tonika- und Dominantendreiklang hin, da ja die Haupttöne der Melodie gewöhnlich nichts anderes als die Zerlegung dieser Dreiklänge darstellen. (Als Beispiel genüge die besonders charakteristische Melodie des allgemein bekannten Liedes *O du lieber Augustin.*)

Es ist klar, daß Melodien dieser Art eine komplexere Harmonisierung allerdings schwer vertragen. Die oben erwähnten Schablonenmusiker wollten aber diese des *O du lieber Augustin* würdige Theorie ohne weiteres auch den auf pentatonischer Leiterbildung beruhenden ungarischen Volksliedern aufzwingen, wo doch in diesen keine Spur eines Hinweises auf den sogenannten authentischen[1] Schluß vorhanden ist.

Wie merkwürdig es auch klingen mag, so scheue ich mich nicht, zu betonen: je primitiver eine Melodie, desto eigenartiger kann die Harmonisierung bzw. die Begleitung sein. Nehmen wir z. B. eine Melodie, die sich ausschließlich auf zwei benachbarten Stufen bewegt (wie es deren viele in der arabischen Bauernmusik gibt). Es wird einleuchten, daß diese beiden Tonstufen eine viel geringere Gebundenheit beim Erfinden einer Begleitung bedeuten als eine Melodie, die sich gegebenenfalls auf vier oder noch mehr Tonstufen bewegt.

Zudem findet sich in den primitiven Melodien keinerlei Hinweis auf eine stereotype Verbindung von Dreiklängen. Dieses Negativum bedeutet nichts weiter als das Fehlen gewisser Schranken. Das Fehlen der Schranken bietet aber größere Freiheit – dem, der die Freiheit zu nutzen versteht. Das Fehlen dieser Schranken ermöglicht es, die Melodien in mannigfaltigster Weise durch tonartlich verschieden gerichtete Akkorde hervortreten zu lassen. Fast wage ich zu behaupten, daß das Erscheinen der sogenannten Polytonalität in der ungarischen Musik und in der Musik Strawinskys zum Teil durch diese Möglichkeit erklärbar scheint.

Die osteuropäische Bauernmusik barg aber noch andere Möglichkeiten in sich: ihre eigenartigen melodischen Wendungen führten zu neuen harmonischen Kombinationen. So ist z. B. die Erhebung der Septime zur Konsonanz darauf zurückzuführen, daß die Septime in unseren pentatonischen Volksliedern als Intervall von gleicher Bedeutung wie die Terz und die Quinte auftritt.

Nichts ist natürlicher, als daß wir das, was wir so oft im Nacheinander als gleichwertig vernommen haben, auch in der Gleichzeitigkeit als gleichwertig empfinden zu lassen versuchten. Wir faßten z. B. in der Harmonisierung eines Liedes, in welchem Septime, Quinte, Terz und Tonika unmittelbar nacheinander auftreten, diese vier Töne zusammen und ließen sie gleichzeitig erklingen, und zwar in der Weise, daß bei keinem der vier Töne das Bedürfnis nach einer Auflösung empfunden werde, mit anderen Worten: wir faßten diese vier Töne zu einem konsonanten Akkord zusammen.

Die eigenartige Anhäufung von Quartschritten in unseren alten Weisen regte zur Bildung von Quartakkorden an: so wurde auch hier das horizontale Nacheinander in eine vertikale Gleichzeitigkeit projiziert.

2

Eine andere Erscheinungsart des Einflusses der Bauernmusik ist folgende: Der Komponist verwendet keine echte Bauernmelodie, erfindet anstatt dessen selbst irgendeine Bauernmelodien-Imitation. Zwischen dieser und der oben beschriebenen Methode besteht im Grunde kein wesentlicher Unterschied.

Strawinsky erwähnt niemals die Quellen seiner Themen. Weder aus den Titeln seiner Werke noch aus etwaigen Anmerkungen ist jemals ersichtlich, ob die Themen seine eigene Erfindung oder der Volksmusik entnommen sind. Dieses Verfahren erinnert an die früheren Komponisten, die solche Angaben gewöhnlich verschwiegen haben. Denken wir nur an den Anfang der *Pastoral-Symphonie.*[2]

Strawinsky handelt offensichtlich aus Überzeugung: er will damit jene Auffassung dokumentieren, daß es völlig nebensächlich sei, ob der Komponist selbsterfundene oder fremde Themen in seinen Werken verwendet. Einer authentischen Aussage nach ist Strawinsky der Ansicht, er sei berechtigt, sein musikalisches Material allen verfügbaren Quellen zu entnehmen; was er zur Verwendung als geeignet findet, wird eben infolge dieser Verwendung gleichsam zu seinem geistigen Besitz. In gleichem Sinne soll Molière auf die Anklage des Plagiats geantwortet haben: „Je prends mon bien où je le trouve" (Ich nehme mein Gut, wo ich es finde). Und Strawinsky hat unbedingt recht, wenn er behauptet, daß der Ursprung eines Themas vom künstlerischen Standpunkt aus völlig belanglos sei. Der Ursprung ist lediglich für die musikwissenschaftliche Dokumentation von Interesse.

Mangels aller Angaben wüßte ich nicht zu sagen, welche Themen Strawinskys in seiner „russischen" Periode eigene Erfindungen und welche der Volksmusik entliehen sind. Eines ist aber sicher: wenn es im thematischen Material Strawinskys eigene Erfindungen gibt – und wer wollte das bezweifeln –, so haben wir es hier mit der geschicktesten und getreuesten Volkslied-Imitation zu tun. Auffallend ist, daß Strawinsky während seiner „russischen" Periode, angefangen vom *Sacre du Printemps,* selten in der Form geschlossene – auf 3, 4 oder mehr Zeilen gegliederte – Melodien verwendet, wohl aber Zwei- oder Dreitaktmotive, die er *ostinato*mäßig fortwährend wiederholt. Solche kurzen, sich andauernd wiederholenden primitiven Motive sind übrigens sehr bezeichnend für eine bestimmte Kategorie der russischen Musik. Dem gleichen Bautyp gehört manches aus unserer alten Dudelsackmusik an, bekannt ist er auch aus den arabischen Volkstänzen. Dieses primitive Gefüge des thematischen Materials kann bis zu einem gewissen Grad als Erklärung für die eigenartige mosaikhafte Struktur der Strawinskyschen Kompositionen jener Frühperiode gelten.

Andererseits verursacht die ständige Wiederholung von primitiven Motiven ein Gefühl seltsam fieberhafter Erregung, auch schon in dieser Art Volksmusik selbst. Diese Wirkung wird noch ins Hundertfache gesteigert, wenn ein Tausendkünstler wie Strawinsky diese schon selbst einander jagenden motivischen Komplexe durch präziseste Abwägung der Gewichtsverhältnisse ineinanderstaut.

Sackpfeifenspieler aus Mähren.

3

Schließlich kann sich die Einwirkung der Bauernmusik in den Werken des Komponisten noch auf eine dritte Weise bemerkbar machen: wenn er zwar weder Bauernmelodien noch ihre Imitationen verarbeitet, seiner Musik jedoch dieselbe Atmosphäre entströmt wie der Bauernmusik. In diesem Fall kann gesagt werden, daß der Komponist die Musiksprache der Bauern erlernt hat und sie so vollkommen beherrscht wie ein Dichter seine Muttersprache. Das bedeutet: diese bäuerliche musikalische Ausdrucksweise ist zu seiner musikalischen Muttersprache geworden, er vermag sie so frei zu gebrauchen – und gebraucht sie auch – wie der Dichter seine Muttersprache. In der ungarischen Musik sind die schönsten Beispiele hierfür in den Werken Kodálys zu finden. Es genügt, den *Psalmus Hungaricus* anzuführen, der niemals ohne ungarische Bauernmusik (aber natürlich auch nicht ohne Kodály!) entstanden wäre.[3]

B. Bartók: Weg und Werk. Schriften und Briefe. Hrsg. v. B. Szabolcsi. Kassel u. a.: Bärenreiter und Deutscher Taschenbuchverlag 1972, S. 168–173

Anmerkungen

1 *Der sogenannte authentische Schluß (V → I) ist ein vollkommener Schluß, während der sogenannte plagale Schluß (IV → I) als unvollkommen gilt.*
2 *Symphonie Nr. 6 in F-Dur op. 68 von Ludwig van Beethoven*
3 *Zoltán Kodály, Psalmus Hungaricus (Psalm 55) für Tenorsolo, Chor und Orchester op. 13 (1923)*

Literatur

Béla Bartók: Weg und Werk. Schriften und Briefe. Hrsg. v. B. Szabolcsi. Kassel u. a.: Bärenreiter und Deutscher Taschenbuch-Verlag 1972
Bartók, B.: Eigene Schriften und Erinnerungen der Freunde. Hrsg. v. W. Reich. Basel, Stuttgart: Benno-Schwabe & Cie 1958

Arnold Schönberg: Über die Komposition mit zwölf Tönen

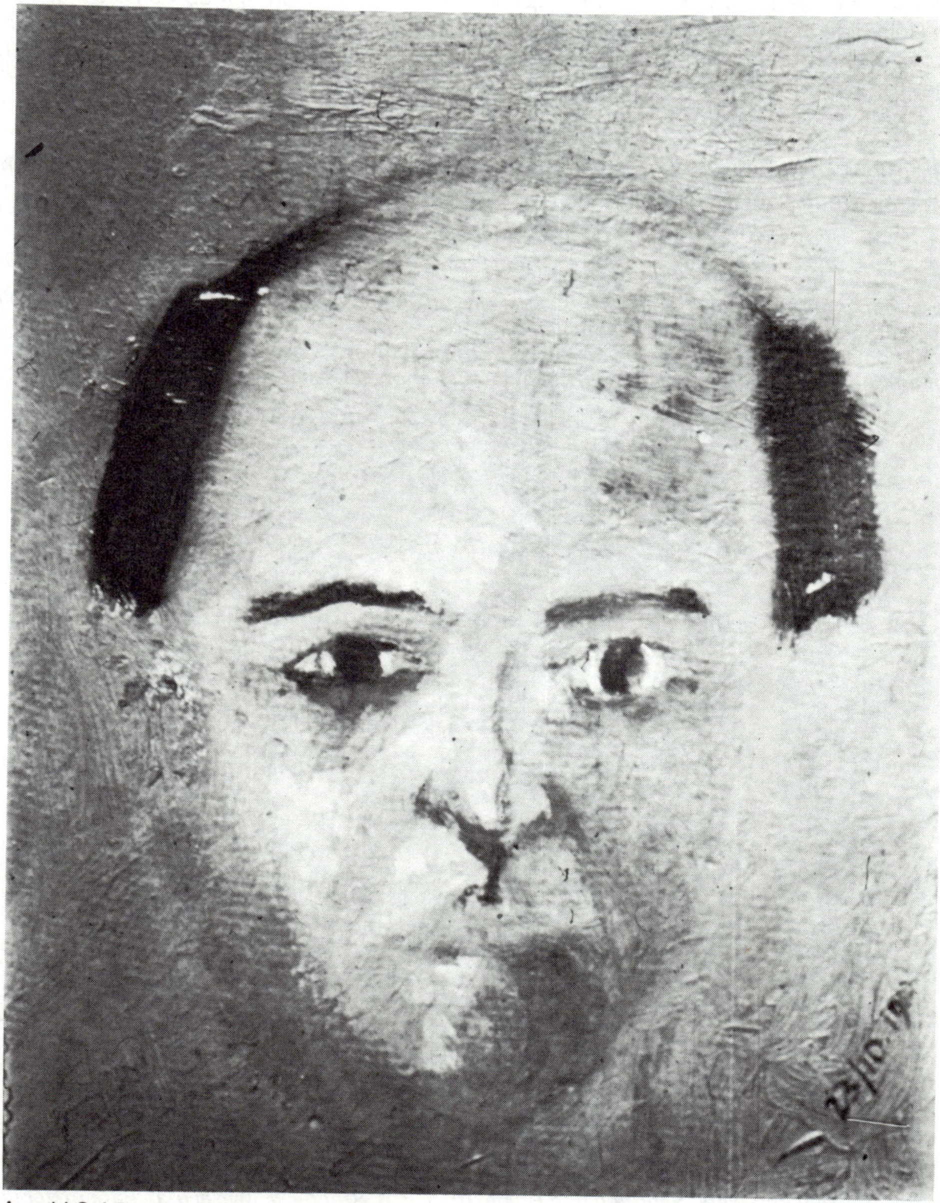

Arnold Schönberg, Selbstporträt vom 30. 10. 1910.
(Öl. Los Angeles, Schönberg-Institut)

Arnold Schönberg, geboren 1874 in Wien, gestorben 1951 in Los Angeles. Umfangreiche Lehr- und Kompositionstätigkeit in Wien, 1925 Berufung an die Preußische Akademie der Künste in Berlin als Leiter einer Meisterklasse für Komposition. 1933 Emigration in die USA, 1936 bis 1944 Professor an der State University of California. Schönbergs Werk läßt sich grob in drei Perioden einteilen:
1. Spätromantisch-expressionistische Periode (1897–1907)
2. Nicht mehr tonal gebundene Periode (1908–1921)
3. Periode der zwölftönigen Kompositionsmethode seit etwa 1921.
Zu Schönbergs Schülern zählen u.a. Alban Berg, Anton von Webern, Winfried Zillig.

Schönberg selbst nannte seine Kompositionsmethode eine „Komposition mit zwölf nur aufeinander bezogenen Tönen". Stets betonte er, daß es sich hierbei lediglich um eine Methode, eine Technik, nicht um einen neuen Stil handelt: „... meine Werke sind Zwölfton-*Kompositionen,* nicht *Zwölfton-*Kompositionen." Durch bloße Analyse der Reihentechnik sei über den Inhalt eines Werkes noch gar nichts ausgesagt: „Nach meiner Überzeugung kann es ja für einen Komponisten, der sich in der Benützung der Reihen noch nicht gut auskennt, eine Anregung sein, wie er verfahren kann, ein rein handwerklicher Hinweis auf die Möglichkeit, aus den Reihen zu schöpfen. Aber die ästhetischen Qualitäten erschließen sich von da aus nicht, oder höchstens nebenbei. Ich kann nicht oft genug davor warnen, diese Analysen zu überschätzen, da sie ja doch nur zu dem führen, was ich immer bekämpft habe: zur Erkenntnis, wie es *gemacht* ist; während ich immer erkennen geholfen habe: was es *ist.*" (Aus einem Brief an seinen Schwager Kolisch vom 27. Juli 1932).
Der Text „composition with twelve tones" entstand 1935 für eine Vorlesung an der University of Southern California. Er erhellt die Überlegungen, die Schönberg zur Zwölftonmethode führten und erläutert die Technik an einem der einfacher strukturierten Werke, dem Bläserquintett op. 26 von 1923/24.

37. Arnold Schönberg: Komposition mit zwölf Tönen (1935)

[...]

II

Form in der Kunst, und besonders in der Musik, trachtet in erster Linie nach Faßlichkeit. Die Entspannung, die der zufriedene Hörer erlebt, wenn er einem Gedanken, seiner Entwicklung und den Gründen für diese Entwicklung zu folgen vermag, ist, psychologisch gesehen, eng verwandt mit einer Empfindung von Schönheit. Daher gehört zum künstlerischen Wert Faßlichkeit, nicht nur um der verstandesmäßigen, sondern auch um der gefühlsmäßigen Befriedigung willen. Jedoch der *Gedanke* des Schöpfers muß dargestellt sein, wie auch immer die *Stimmung* sein mag, die hervorzurufen er getrieben wird.
Die Komposition mit zwölf Tönen hat kein anderes Ziel als Faßlichkeit. Angesichts gewisser Ereignisse in der jüngsten Musikgeschichte könnte dies erstaunlich scheinen, denn in diesem Stil geschriebenen Werken ist es trotz des neuen Organisationsmittels nicht gelungen, Verständnis zu erringen. Daher könnte man, sollte man vergessen, daß die Zeitgenossen nicht die endgültigen Richter sind, sondern gewöhnlich von der Geschichte überholt werden, diese Methode als zum Untergang verurteilt ansehen. Aber obwohl sie die Schwierigkeiten des Hörers zu vergrößern scheint, gleicht sie diese Unzulänglichkeit aus, indem sie auch den Komponisten bestraft. Denn so zu komponieren wird nicht leichter, sondern eher zehnmal schwieriger. Nur der besser gerüstete Komponist vermag für den besser gerüsteten Musikliebhaber zu komponieren.

III

Die Methode, mit zwölf Tönen zu komponieren, erwuchs aus einer Notwendigkeit.
In den letzten Jahren hat sich der Harmoniebegriff durch die Entwicklung der Chromatik ungeheuer gewandelt. Die Vorstellung, daß ein Grundton, die Tonika, den Aufbau der Akkorde beherrschte und ihre Aufeinanderfolge regelte – der Begriff der *Tonalität* –, mußte sich zuerst zum Begriff der *erweiterten Tonalität* entwickeln. Sehr bald wurde fraglich, ob solch eine Tonika noch das Zentrum blieb, auf das jede Harmonie und Harmonienfolge bezogen sein mußte. Weiters wurde sehr bald fraglich, ob eine Tonika, die am Anfang, am Schluß oder an irgendeiner anderen Stelle auftrat, wirklich eine konstruktive Bedeutung hatte. Richard Wagners Harmonik hatte einem Wandel in der Logik und der konstruktiven Kraft der Harmonie Vorschub geleistet. Eine ihrer Folgen war der sogenannte *impressionistische* Gebrauch der Harmonien, wie er besonders von Debussy praktiziert wurde. Ohne konstruktive Bedeutung dienten seine Harmonien oft dazu, Stimmungen und Bilder auszudrücken. So wurden die Stimmungen und Bilder, obwohl außermusikalisch, zu konstruktiven Elementen, die in die musikalischen Funktionen mit einbezogen wurden; sie schufen eine Art Faßlichkeit vom Gefühl her. Auf diese Weise war die Tonalität praktisch schon entthront, wenn auch noch nicht theoretisch. Dies allein hätte aber wohl noch keinen radikalen Wandel in der Kompositionstechnik verursacht. Jedoch wurde ein solcher Wandel unumgänglich, als sich gleichzeitig eine Entwicklung anbahnte, die mit dem endete, was ich die *Emanzipation der Dissonanz* nenne.
Das Ohr hatte nach und nach eine Vielzahl von Dissonanzen kennengelernt und so die Furcht vor ihrer „sinnstörenden" Wirkung verloren. Man erwartete keine Wagnersche Vorbereitung der Dissonanz und keine Strauss'sche Auflösung von dissonanten Akkorden mehr; Debussys funktionslose Harmonien oder der rauhe Kontrapunkt späterer Komponisten störten nicht mehr. Dieser Stand der Dinge führte zu einem freieren Gebrauch der Dissonanzen, vergleichbar damit, wie klassische Komponisten den verminderten Septakkord behandelten, der jeder anderen Harmonie, ob konsonant oder dissonant, vorausgehen oder folgen konnte, als gäbe es überhaupt keine Dissonanz.
Was Dissonanzen und Konsonanzen unterscheidet, ist nicht ein größerer oder geringerer Grad an Schönheit, sondern ein größerer oder geringerer Grad an *Faßlichkeit.* In meiner *Harmonielehre*[1] habe ich die Theorie vertreten, daß dissonante Töne in den Obertonreihen später auftreten, weshalb das Ohr sie weniger gut kennt. Dies Phänomen rechtfertigt nicht so entgegengesetzte Begriffe wie Wohlklang und Mißklang. Die nähere Bekanntschaft mit den entfernteren Konsonanzen – eigentlich den Dissonanzen – beseitigte allmählich die Verständnisschwierigkeit und ließ nicht nur die Emanzipation des Dominantseptakkords und anderer Septakkorde, verminderter Septakkorde und übermäßiger Dreiklänge zu, sondern auch die Emanzipation der entfernteren Dissonanzen von Wagner, Strauss, Moussorgsky, Debussy, Mahler, Puccini und Reger.
Der Ausdruck *Emanzipation der Dissonanz* bezieht sich auf deren Faßlichkeit, die als gleichwertig mit der Faßlichkeit der Konsonanz angesehen wird. Ein Stil, der auf dieser Voraussetzung beruht, behandelt Dissonanzen genauso wie Konsonanzen und verzichtet auf ein tonales Zentrum. Indem die Befestigung einer Tonart vermieden wird, wird die Modulation ausgeschlossen, denn Modulation bedeutet das Verlassen einer befestigten Tonart und das Befestigen einer *anderen* Tonart.
Die ersten Kompositionen in diesem neuen Stil wurden 1908 von mir und bald darauf von meinen Schülern Anton von Webern und Alban Berg geschrieben.[2] Gleich von Anfang an unterschieden sich diese Stücke von aller vorhergehenden Musik, nicht nur harmonisch, sondern auch melodisch, thematisch und motivisch. Aber die charakteristischsten Merkmale dieser Stücke *in statu nascendi* waren ihre äußerste Ausdrucksstärke und ihre außerordentliche Kürze. Zu jener Zeit waren weder ich noch meine Schüler uns der Gründe für diese Merkmale bewußt. Später entdeckte ich, daß unser Formgefühl recht hatte, als es uns zwang, äußerste Gefühlsstärke durch außergewöhnliche Kürze auszugleichen. So wurden unbewußt Konsequenzen aus einer Neuerung gezogen, die wie jede Neuerung zerstört, während sie hervorbringt. Eine neue farbige Harmonie wurde geboten; aber vieles ging verloren. [...]

V

Nach vielen erfolglosen Versuchen in einem Zeitraum von annähernd zwölf Jahren legte ich den Grund zu einem neuen musikalischen Konstruktionsverfahren, das geeignet schien, jene strukturellen Differenzierungen zu ersetzen, für die früher die tonalen Harmonien gesorgt hatten.

Ich nannte dieses Verfahren *Methode der Komposition mit zwölf nur aufeinander bezogenen Tönen.*

Diese Methode besteht in erster Linie aus der ständigen und ausschließlichen Verwendung einer Reihe von zwölf verschiedenen Tönen. Das bedeutet natürlich, daß kein Ton innerhalb der Reihe wiederholt wird und daß sie alle zwölf Töne der chromatischen Skala benutzt, obwohl in anderer Reihenfolge. Sie ist in keiner Weise mit der chromatischen Skala identisch.[3]

Beispiel 1 zeigt, daß solch eine Grundreihe aus verschiedenartigen Intervallen besteht. Sie sollte niemals als Skala bezeichnet werden, obwohl sie als Ersatz für einige der vereinheitlichenden und formbildenden Vorteile von Skala und Tonalität erfunden worden ist. Die Skala ist die Quelle vieler Figurationen, Melodieteile und Melodien selber, auf- und absteigender Passagen und sogar gebrochener Akkorde.

Beispiel 1

Auf annähernd gleiche Weise bringen die Töne der Grundreihe ähnliche Elemente hervor. Natürlich werden wohl kaum Kadenzen, die durch die Unterscheidung von Haupt- und Nebenharmonien entstehen, von der Grundreihe abgeleitet werden. Aber etwas Anderes und Wichtigeres leitet sich von ihr ab mit einer Regelmäßigkeit, die der Regelmäßigkeit und Logik der früheren Harmonik vergleichbar ist; die Vereinigung von Tönen zu Harmonien und deren Aufeinanderfolge wird (wie später gezeigt) von der Anordnung dieser Töne geregelt. Die Grundreihe funktioniert in der Art eines Motivs. Das erklärt, warum für jedes Stück von neuem eine Grundreihe erfunden werden muß. Sie muß der erste schöpferische Gedanke sein. Dabei macht es keinen großen Unterschied, ob die Reihe in der Komposition sofort wie ein Thema oder eine Melodie erscheint oder nicht, ob sie als solche durch Merkmale des Rhythmus, der Phrasierung, der Konstruktion, des Charakters usw. gekennzeichnet ist oder nicht.

Warum eine solche Reihe aus zwölf Tönen bestehen, warum keiner dieser Töne allzubald wiederholt werden und warum dementsprechend nur eine Reihe in einer Komposition benutzt werden sollte – die Antworten auf all diese Fragen kamen mir erst nach und nach. Als ich solche Probleme in meiner *Harmonielehre* (1911) erörterte, empfahl ich, Oktavverdoppelungen zu vermeiden[4]. Verdoppeln heißt Betonen, und ein betonter Ton könnte als Grundton oder sogar als Tonika gedeutet werden; die Folgen einer solchen Deutung müssen vermieden werden. Selbst eine entfernte Erinnerung an die frühere tonale Harmonik wäre störend, weil sie falsche Erwartungen hinsichtlich der Konsequenzen und Fortführungen wecken würde. Der Gebrauch einer Tonika ist trügerisch, wenn er nicht auf den *gesamten* Beziehungen der Tonalität beruht.

Die Verwendung von mehr als einer Reihe war ausgeschlossen, weil in jeder folgenden Reihe ein Ton oder mehrere Töne zu bald wiederholt worden wären. Wieder würde die Gefahr entstanden sein, den wiederholten Ton als Tonika zu deuten. Außerdem würde die Wirkung der Einheit vermindert.

Schon durch die historische Entwicklung gerechtfertigt, steht die Methode, mit zwölf Tönen zu komponieren, auch nicht ohne ästhetische und theoretische Stütze da. Im Gegenteil, gerade diese Stütze ist es, die sie vom rein technischen Mittel in den Rang und die Bedeutung einer wissenschaftlichen Theorie erhebt.
Musik ist nicht bloß eine andere Art von Unterhaltung, sondern die Darstellung musikalischer Gedanken eines Musik-Dichters, eines Musik-Denkers; diese musikalischen Gedanken müssen den Gesetzen der menschlichen Logik entsprechen; sie sind ein Teil dessen, was der Mensch geistig wahrnehmen, durchdenken und ausdrücken kann. Von diesen Voraussetzungen ausgehend, kam ich zu folgenden Schlüssen:

Der zwei- oder mehrdimensionale Raum, in dem musikalische Gedanken dargestellt werden, ist eine Einheit. Obwohl die Elemente dieser Gedanken dem Auge und Ohr einzeln und unabhängig voneinander erscheinen, enthüllen sie ihre wahre Bedeutung nur durch ihr Zusammenwirken, ebenso wie kein einzelnes Wort allein ohne Beziehung zu anderen Wörtern einen Gedanken ausdrücken kann. Alles, was an irgendeinem Punkt dieses musikalischen Raumes geschieht, hat mehr als örtliche Bedeutung. Es hat nicht nur auf seiner eigenen Ebene eine Funktion, sondern in allen anderen Richtungen und Ebenen und ist selbst an entfernter gelegenen Punkten nicht ohne Einfluß. Zum Beispiel ist die Auswirkung der fortschreitenden rhythmischen Unterteilung aufgrund dessen, was ich die „Tendenz der kürzesten Noten", sich zu vervielfältigen nenne, in jeder klassischen Komposition zu beobachten.
Demnach ist der musikalische Gedanke, obwohl er aus Melodie, Rhythmus und Harmonie besteht, weder das eine noch das andere allein, sondern alles zusammen. Die Elemente eines musikalischen Gedankens sind zum Teil in der Horizontalen als aufeinanderfolgende Klänge und zum Teil in der Vertikalen als gleichzeitige Klänge enthalten. Die gegenseitige Beziehung der Töne regelt die Aufeinanderfolge der Intervalle ebenso wie ihre Vereinigung zu Harmonien; der Rhythmus regelt die Tonfolge ebenso wie die Aufeinanderfolge der Harmonien und organisiert die Phrasierung. Und dies erklärt, warum, wie später gezeigt, eine Grundreihe (GR) von zwölf Tönen in beiden Dimensionen benutzt werden kann, und zwar als Ganzes oder in Teilen.
[...]

VI

Die Einführung meiner Methode, mit zwölf Tönen zu komponieren, erleichtert das Komponieren nicht; im Gegenteil , sie erschwert es. Modern gesinnte Anfänger glauben oft, daß sie sich daran versuchen sollten, bevor sie das technische Rüstzeug erworben haben. Das ist ein großer Fehler. Die Einschränkungen, die der Zwang, nur eine Reihe in einer Komposition zu verwenden, dem Komponisten auferlegt, sind so streng, daß sie nur von einer Phantasie, die eine Vielzahl von Abenteuern bestanden hat, überwunden werden können. Diese Methode schenkt nichts; aber sie nimmt viel.
Es wurde gesagt, daß für jede neue Komposition eine besondere Reihe von zwölf Tönen erfunden werden muß. Manchmal wird sich eine Reihe nicht allen Erfordernissen anpassen, die ein erfahrener Komponist voraussehen kann, besonders nicht in jenen Idealfällen, wo die Reihe sofort in der Gestalt, dem Charakter und der Phrasierung eines Themas erscheint. Korrekturen an der Reihenfolge der Töne können dann notwendig werden.
Bei den ersten Werken, in denen ich diese Methode anwandte, war ich noch nicht überzeugt, daß der ausschließliche Gebrauch einer Reihe nicht in Monotonie enden würde. Würde sie das Hervorbringen einer ausreichenden Anzahl charakteristisch differenzierter Themen, Phrasen, Motive, Sätze und anderer Formen erlauben? Zu jener Zeit benutzte ich komplizierte Mittel, um die Mannigfaltigkeit zu sichern. Aber bald entdeckte ich, daß meine Furcht unbegründet war; ich konnte sogar eine ganze Oper, *Moses und Aron,* auf einer einzigen Reihe basieren lassen[5]; und ich fand, daß ich im Gegenteil Themen um so leichter von einer Reihe abzuleiten vermochte, je vertrauter ich mit ihr wurde. So war die Wahrheit meiner ersten Voraussage glänzend bewiesen worden. Man muß der Grundreihe folgen; aber trotzdem komponiert man so frei wie zuvor.

VII

Es wurde erwähnt, daß die Grundreihe in Spiegelformen verwendet wird.
Beispiel 2

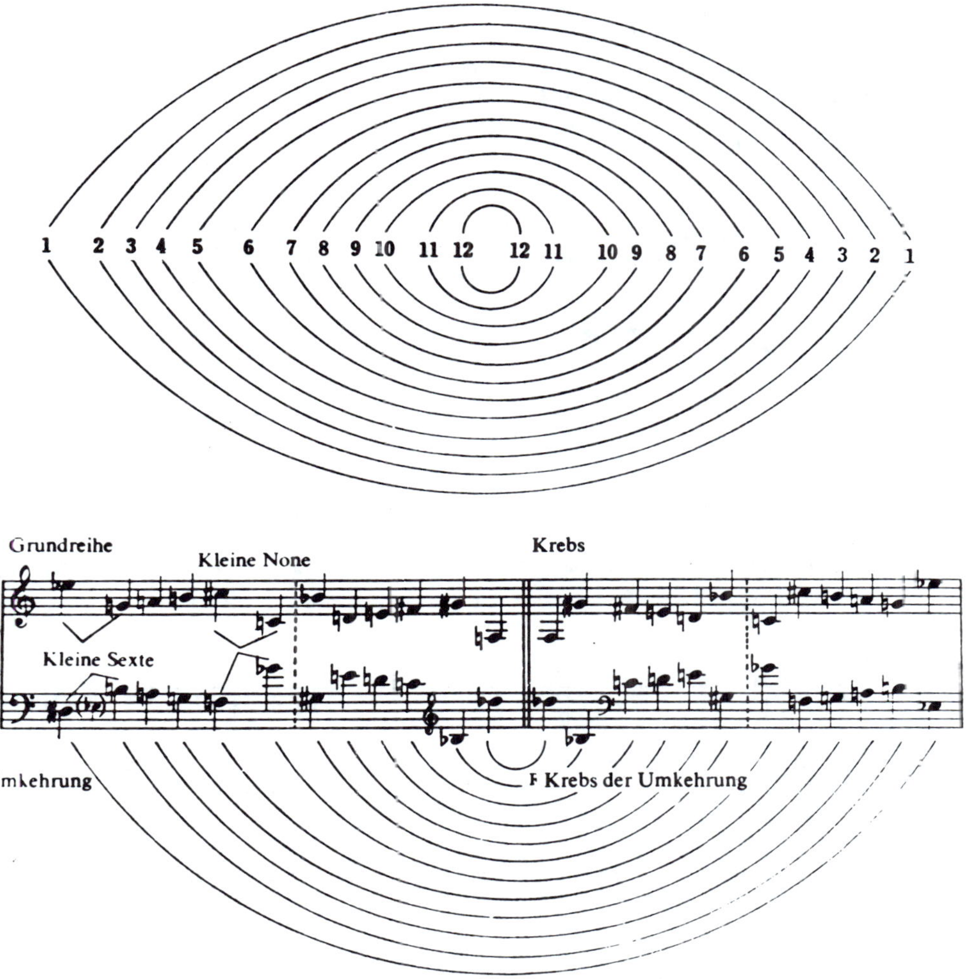

Von der Grundreihe werden automatisch drei zusätzliche Reihen abgeleitet: 1. die Umkehrung, 2. der Krebs und 3. der Krebs der Umkehrung.[6] Der Gebrauch dieser Spiegelformen entspricht dem Prinzip der *absoluten und einheitlichen Wahrnehmung des musikalischen Raumes.* Die Reihe von Beispiel 2 ist aus dem *Bläserquintett op. 26* genommen, einer meiner ersten Kompositionen in diesem Stil.[7] Später, besonders in größeren Werken, änderte ich meinen Einfall, wenn nötig, damit er den folgenden Bedingungen entsprach: Die Umkehrung der ersten sechs Töne des Vordersatzes auf der Quinte tiefer sollte keine Wiederholung eines dieser sechs Töne hervorbringen, sondern die bisher unbenutzten sechs Töne der chromatischen Skala ergeben. Auf diese Weise umfaßt der Nachsatz der Grundreihe die Töne 7 bis 12, die Töne dieser Umkehrung, aber natürlich in anderer Reihenfolge.

Im Beispiel 3 erfüllt die Umkehrung auf der Quinte tiefer diese Bedingung noch nicht. Hier besteht der Vordersatz der GR plus dem der UMK_5 nur aus zehn verschiedenen Tönen, weil C und H zweimal auftreten, während F und Fis fehlen.

[...]

X

[. . .]

Im schlichtesten Fall besteht ein Teil eines Themas oder auch das ganze Thema einfach aus der Rhythmisierung und Phrasierung einer Grundreihe und ihrer Ableitungen, der Spiegelformen: Umkehrung, Krebs und Krebs der Umkehrung. Während ein Stück meistens mit der Grundreihe selber beginnt, werden die Spiegelformen und andere Ableitungen wie etwa die elf Transpositionen aller vier Grundformen erst später verwendet; besonders die Transpositionen dienen, wie die Modulationen in früheren Stilen, dazu, Nebengedanken zu bilden.

Beispiel 3

Beispiel 3 zeigt die Grundreihe (mit ihren Umkehrungen in der Oktave und Quinte tiefer) meines *Bläserquintetts op. 26.*

Viele Themen dieses Werkes benutzen einfach die Reihenfolge einer der Grundformen.

Beispiel 4

Das Hauptthema des ersten Satzes verwendet für seine erste Phrase die ersten sechs Töne, den Vordersatz; für die zweite Phrase den Nachsatz der GR. Dies Beispiel zeigt, wie eine Begleitung gebildet werden kann. Da Oktavverdoppelung vermieden werden sollte, ist die Begleitung der Töne 1–6 mit den Tönen 7–12 und umgekehrt eine Möglichkeit, diese Forderung zu erfüllen.

Beispiel 5 beweist, daß dieselbe Tonfolge verschiedene Themen, verschiedene Charaktere hervorzubringen vermag.

Beispiel 5: *Bläserquintett*, Rondo (4. Satz)

Beispiel 6: *Bläserquintett*, Rondo

Beispiel 6, das Hauptthema des Rondos aus diesem Quintett, zeigt eine neue Art, die Wiederholungen eines Themas zu variieren. Solche Abwandlungen zu schaffen, ist nicht nur in größeren Formen, besonders im Rondo, notwendig, sondern auch in kleineren Stücken nützlich. Während Rhythmus und Phrasierung in bezeichnender Weise den Charakter des Themas bewahren, so daß es leicht wiederzuerkennen ist, werden die Töne und Intervalle durch einen anderen Gebrauch der GR und der Spiegelformen verändert. Spiegelformen werden genauso wie die GR verwendet. Indessen zeigt Beispiel 7 ein komplizierteres Verfahren.

Beispiel 7: *Bläserquintett,* Rondo

Zuerst wird dreimal hintereinander eine Transposition des Krebses benutzt, um die Melodie und die Begleitung dieses Nebenthemas aus dem Rondo desselben Quintetts zu bilden. Die Hauptstimme, das Fagott, verwendet drei Töne in jeder der vier Phrasen; die Begleitung verwendet nur sechs Töne, so daß die Phrasen und die Reihen sich überlappen und gleichzeitig ein ausreichendes Maß an Abwechslung hervorbringen.

[. . .]

Im Scherzo desselben Werkes (Beispiel 8) beginnt das Hauptthema mit dem vierten Ton, nachdem die Begleitung die vorausgehenden drei Töne der GR verwendet hat. Hier benutzt die Begleitung die gleichen Töne wie die Melodie, aber nie zur selben Zeit.

Beispiel 8: *Bläserquintett,* Scherzo (2. Satz)

In Beispiel 9 sind die Umkehrung und der Krebs der Umkehrung zu einer kontrapunktischen Einheit verbunden, die in der Art der Ausführung des Rondos gearbeitet ist.
[...]

Beispiel 9: *Bläserquintett,* Scherzo (Takte 88–94)

XII

[...]
Der Hauptvorteil dieser Methode, mit zwölf Tönen zu komponieren, ist ihre vereinheitlichende Wirkung. In sehr überzeugender Weise erlebte ich die Befriedigung, hiermit recht gehabt zu haben, als ich einmal mit Sängern meine Oper *Von heute auf morgen* einstudierte.[8] Die Technik, der Rhythmus und die Intonation all dieser Partien war ungeheuer schwierig für sie, obwohl sie alle absolutes Gehör hatten. Aber plötzlich kam einer der Sänger und sagte mir, für ihn sei, seit er mit der Grundreihe vertraut geworden sei, alles viel einfacher. In kurzen Abständen erzählten mir alle anderen Sänger unabhängig voneinander das Gleiche. Ich freute mich sehr darüber, und als ich es überdachte, fand ich noch größere Ermutigung in der folgenden Hypothese.
Vor Richard Wagner bestanden die Opern fast ausschließlich aus selbständigen Stücken, deren gegenseitige Beziehung keine musikalische zu sein schien. Ich persönlich weigere mich zu glauben, daß in den großen Meisterwerken die Stücke lediglich durch den oberflächlichen Zusammenhang des dramatischen Geschehens verbunden sind. Selbst wenn diese Stücke nur „Lückenbüßer" aus früheren Werken desselben Komponisten waren, muß irgend etwas des Meisters Sinn für Form und Logik befriedigt haben. Vielleicht vermögen wir es nicht zu entdecken, aber es ist da. In der Musik gibt es keine Form ohne Logik und keine Logik ohne Einheit.
Ich glaube, daß Richard Wagner, als er – zu dem gleichen Zweck wie ich meine Grundreihe – sein *Leitmotiv* einführte, gesagt haben mag: „Es werde Einheit."

A. Schönberg: Gesammelte Schriften 1. Stil und Gedanke. Aufsätze zur Musik. Hrsg. v. I. Vojtěch. Stuttgart: S. Fischer 1976 (deutsche Übersetzung: Gudrun Budde)

Arnold Schönberg, Roter Blick, Mai 1910. (Öl. Los Angeles, Schönberg-Institut) Wassily Kandinsky, Mitglied des Blauen Reiters, schätzte Schönbergs Bilder. In einem Brief an Schönberg spricht er von der „Phantastik in der härtesten Materie" und von „materialisiertem, romantisch-mystischen Klang".

Anmerkungen

[1] *Schönbergs „Harmonielehre" (Wien 1911) ist im wesentlichen an traditioneller Musik orientiert.*

[2] *Die ersten Kompositionen des „neuen Stils" sind die 15 Lieder nach Stefan George, op. 15 (1908/1909), und die 3 Klavierstücke, op. 11 (1909).*

[3] *(Anmerkung Schönberg) Seltsamer- und fälschlicherweise sprechen die meisten Leute von dem „System" der chromatischen Skala. Ich habe kein System, sondern eine Methode, was einen Modus der regelmäßigen Anwendung einer vorgegebenen Formel bedeutet. Eine Methode kann, muß aber nicht eine der Folgen des Systems sein. Ich bin ja auch nicht der Erfinder der chromatischen Skala; jemand anderer muß sich vor langer Zeit mit dieser Aufgabe beschäftigt haben.*

[4] *(Anmerkung Schönberg) . . . die in meinen ersten Kompositionen in diesem Stil hin und wieder noch vorkommen*

[5] *„Moses und Aron", Oper in drei Akten, entstanden 1930–1932, unvollendet*

[6] *GR bedeutet Grundreihe; UMK heißt Umkehrung der Grundreihe; UMK8, UMK5, UMK3, UMK6 bedeutet Umkehrung auf der Oktave, Quinte, kleinen Terz oder großen Sext vom Anfangston, KU Krebs der Umkehrung. (Nach heutiger Praxis werden Transpositionsebenen mit dem ersten Notennamen oder den Zahlen 1–12 der chromatischen Skala bezeichnet.)*

[7] *Das Werk ist „dem Bubi Arnold" gewidmet, Schönbergs Enkel und Sohn seiner Tochter Gertrud, verheirateten Greissle. Die ersten Töne der Reihe (es,g,a) sind die Anfangsbuchstaben der Namen Schönberg, Gertrud = Greissle, Arnold.*

[8] *Die einaktige Oper „Von Heute auf Morgen" wurde 1930 in Frankfurt am Main uraufgeführt.*

Literatur

Rufer, J.: Die Komposition mit zwölf Tönen. Kassel: Bärenreiter ²1966
Schönberg, A.: Style and Idea. New York: Philosophical Library 1950
Schönberg, A.: Gesammelte Schriften. Hrsg. v. I. Vojtěch. Bd. 1. Stuttgart: S. Fischer 1976
Stuckenschmidt, H. H.: Schönberg. Zürich: Atlantis 1974

Musik nach 1945

Im Studio für Elektronische Musik des Westdeutschen Rundfunks Köln. Generatoren, Filter, Zeitregler, Magnetophone.

„Neue Musik“ – schon der Begriff ist problematisch, da er keinen Stil, sondern lediglich den historischen Augenblick meint, in dem eine als neuartig empfundene Musik von einer vergleichsweise traditionell empfundenen vorhergehenden Musik abgegrenzt wird.
Der Beginn der „Neuen Musik“ wird gewöhnlich bei Schönbergs ersten atonalen Werken (um 1908/09) angesetzt; die Musik nach 1945 wäre demnach „Neueste Musik“ oder Avantgarde. Abgesehen von der Tatsache, daß vieles dieser Musik heute schon als veraltet gilt, wird diese Benennung angesichts der Vielzahl der seit 1945 entwickelten Kompositionstechniken und angesichts der Fülle sich widersprechender ästhetischer Postulate fragwürdig.
Die ausgewählten Texte können kein abgerundetes Bild der Situation nach 1945 geben. Immerhin sind sie für gewisse Richtungen und Ansätze charakteristisch: Stockhausen analysiert ein eigenes Werk, in dem gesungene Sprachelemente und elektronische Klänge nach dem Prinzip serieller Technik verknüpft werden. Cages Text ist Beispiel der auf die Phase der totalen Durchorganisation folgenden Aleatorik. Kagel schließlich stellt Betrachtungen darüber an, was einem Komponisten heutzutage Form überhaupt noch bedeutet.

K. Stockhausen: Musik und Sprache

Karlheinz Stockhausen, geboren 1928 in Mödrath bei Köln, nach dem Studium der Schulmusik unter anderem bei O. Messiaen und P. Schaeffer in Paris (1952), seit 1953 ständiger Mitarbeiter, nach 1963 Leiter des Studios für elektronische Musik am WDR Köln. 1963–1969 Leiter der Kölner Kurse für Neue Musik, 1971 Professor für Komposition an der Musikhochschule Köln.

Erste Beispiele elektronischer Musik wurden im Mai 1953 vom damaligen Leiter des Studios für elektronische Musik am Westdeutschen Rundfunk Köln, Herbert Eimert, der Öffentlichkeit vorgestellt. Auch Stockhausens „Gesang der Jünglinge“ von 1955/56 entstand im Kölner Studio. Neben elektronischem Klangmaterial verwendet Stockhausen hier eine Knabenstimme, deren Gesang mehrfach verändert, transponiert und gefiltert wird. Sämtliche Parameter, d.h. die einzelnen variablen Schichten des Materials bzw. des musikalischen Verlaufs, werden dem Arbeitsprozeß unterworfen und permutiert. Die Permutation des Gesangstextes etwa bezieht sich auf Syntax, Worte, Silben und kleinste Lauteinheiten (das Wort „jubelt“ z.B. kann im Sinne der Lautpermutation in telbju, lebtuj, blujet usf. verändert werden). Weitere Permutationen betreffen die Parameter Textverständlichkeit, Dauer, Tonhöhe, Dynamik, Klangfarbe, statistische Klanghäufung, Ort der Schallquelle im Raum und Bewegungsrichtung der Schallereignisse. Die Originalfassung des Werks wurde mit 6 Lautsprechern bzw. Lautsprechergruppen übertragen. Die Lautsprecher waren „rings um die Hörer und über den Hörern im Saal verteilt und hüllten sie in die Klangpolyphonie der Komposition ein.“

38. Karlheinz Stockhausen: Gesang der Jünglinge

Der ‚Lobgesang der drei Jünglinge‘ ist eine Folge von Akklamationen aus den Apokryphen zum Buch Daniel, also weitgehend Allgemeingut. Die Komposition ‚Gesang der Jünglinge‘ bezieht sich auf die deutsche Fassung, die nach der Messe gebetet wird (es gibt mehrere gebräuchliche Übersetzungen des gleichen lateinischen Textes, von denen bei der Silben- und Wortauswahl je und je Gebrauch gemacht wurde). Es folgen die Zeilen, die das sprachliche Material stellten:

Preiset (Jubelt) den(m) Herrn, ihr Werke alle des Herrn –
lobt ihn und über alles erhebt ihn in Ewigkeit.

Preiset den Herrn, ihr Engel des Herrn –
preiset den Herrn ihr Himmel droben.

Preiset den Herrn, ihr Wasser alle, die über den Himmeln sind –
preiset den Herrn, ihr Scharen alle des Herrn.

Preiset den Herrn, Sonne und Mond –
preiset den Herrn, des Himmels Sterne.

Preiset den Herrn, aller Regen und Tau –
preiset den Herrn, alle Winde.

Preiset den Herrn, Feuer und Sommersglut –
preiset den Herrn, Kälte und starrer Winter.

Preiset den Herrn, Tau und des Regens Fall –
preiset den Herrn, Eis und Frost.

Preiset den Herrn, Reif und Schnee –
preiset den Herrn, Nächte und Tage.

Preiset den Herrn, Licht und Dunkel –
preiset den Herrn, Blitze und Wolken.

Das sind 9 Verse des Lobgesangs, der noch weitere 11 Verse in den gebräuchlichen Übertragungen enthält. (An Stelle von ‚Preiset' wurde je nach dem Zusammenhang ‚Jubelt' verwendet.)

Primär handelt es sich im Text um 3 Worte (preiset den Herrn), die ständig wiederholt und in deren Zusammenhang allerlei Dinge aufgezählt werden. Es ist klar, daß man diese Aufzählung beliebig fortsetzen oder auch nach der ersten Zeile abbrechen sowie Zeilen und Worte permutieren kann, ohne den eigentlichen Sinn zu ändern: „alle Werke". Der Text kann also besonders gut in rein musikalische Strukturordnungen integriert werden (vor allem in die permutatorisch-serielle) ohne Rücksicht auf die literarische Form, auf deren Mitteilung oder anderes.[1] Es wird mit den ‚Jünglingen' an ein kollektives Gedankengut erinnert: taucht irgendwann das Wort ‚preist' auf und ein andermal ‚Herrn' – oder umgekehrt –, so erinnert man sich eines schon immer gekannten sprachlichen Zusammenhangs: die Worte werden memoriert, und dabei geht es vor allem darum, daß sie überhaupt und *wie* sie memoriert werden, und sekundär um den Inhalt im einzelnen; die Konzentration richtet sich auf das Geistliche, Sprache wird rituell.

Der ‚Gesang der Jünglinge' ist in 6 ganz zusammenhängenden Texturen komponiert. Diese Formgliederung spürt man nun daran, daß in jeder dieser längeren Texturen ‚preist' oder ‚jubelt' in Beziehung zu den Worten ‚den Herrn' ganz verständlich zu hören ist. Das schafft Zusammenhang und überbrückt große Zeiträume.
In der ersten Textur hört man in der Ferne (nach 10,5″) noch undeutlich ‚jubelt'.
In der zweiten Textur (ab 1′02″) hört man, zunächst chorisch, ‚dem Herren jubelt', und bald darauf (nach 1′18,5″ und nach 1′58,5″) ganz nah, mit Solostimme, ‚preiset den Herren'.
In der dritten Textur (ab 2′52″), mit Solostimme ‚preiset den Herrn'.
In der vierten Textur (ab 5′15,5″) singen viele Stimmen in Akkorden ‚den Herrn preiset' (noch einmal bei 5′46,5″).
In der fünften Textur (ab 6′22″), klingt mehrstimmig aus großer Entfernung (bei 6′52,5″) ‚Herrn preiset', dann ‚preiset den Herrn' (bei 7′20,5″ und bei 7′51″).
In der sechsten Textur (ab 8′40″) singt, in großem Melodiebogen, eine Solostimme (bei 8′42″) ‚jubelt dem Herrn' und (bei 8′51″) ‚preist', dann (bei 10′50″) ‚ju—belt'.[2]

In der Komposition sollten nun gesungene Töne zusammen mit elektronisch erzeugten in ein gemeinsames Klangkontinuum eingeschmolzen werden: sie sollten so schnell, so lang, so laut und so leise, so dicht und verwoben, in so kleinen und großen Tonhöhen- und Klangfarbenproportionen hörbar sein, wie die gewählte musikalische Ordnung es wollte.

Für die Dauer-, Intensitäts- und Tonhöhenregulierung war das nicht so schwierig, da jeder Laut und jede Silbe gesondert auf Tonband aufgenommen werden konnte mit genauer Kontrolle der Parameter (Generatortöne zur Orientierung, beliebig viele Versuche für jede Artikulation), und da bei der weiteren Verarbeitung dieses Materials noch feinere Korrekturen vorgenommen wurden (Frequenz-, Intensitäts- und Dauernskalen bis zu 42 Stufen im Verhältnis 1 : 2, in der ‚Oktave'). Die angestrebte Verschmelzung wäre mit diskontinuierlichen Klangerzeugern (vor allem eben in Hinsicht auf die ‚Klangfarben'), also zum Beispiel mit Instrumenten, nicht realisierbar; um nämlich die äußerst komplexe phonetische Struktur der Sprache im Sinne serieller Komposition zu verwenden, bedarf es zwischen den einzelnen Exemplaren eines gegebenen phonetischen Systems (wie hier des deutschen) verschieden vieler Zwischenstufen, um regelmäßige Klangfarbenskalen aus einem Kontinuum auswählen zu können (beispielsweise Zwischenstufen von einem Vokal zum anderen, von Vokalen zu Halbkonsonanten, zu Konsonanten u. a.); und das ist – wenn überhaupt – nur mit elektronischer Klangerzeugung möglich. Man kann es ebenso umgekehrt formulieren: in einer gewählten Skala elektronisch erzeugter Klänge werden einzelne Stufen durch gesungene Sprachlaute besetzt. Nur dann wird eine einheitliche Klangfamilie erlebt, wenn an gegebener Stelle gesungene Laute wie elektronische Klänge, elektronische Klänge wie gesungene Laute erscheinen können. Um eine möglichst große Einheitlichkeit der gesungenen Sprachlaute zu erreichen (was individuelle Artikulation und ‚Persönlichkeitsformanten' betrifft), sang ein zwölfjähriger Junge alle benötigten Laute, Silben, Worte und manchmal auch Wortgruppen, die – unter Anwendung verschiedener Methoden zur Orientierung über Höhe, Dauer, Intensität und Klangfarbenartikulation – auf Tonband aufgenommen und weiterverarbeitet wurden. Die Extreme der angestrebten Skalen sind also: Klang-Vokal⟷Konsonant-Geräusch; im Klangbereich zwischen [u] und [i] dunkelster und hellster Färbung; in der Klang-Geräusch-Opposition zwischen rein harmonischen Spektren und aleatorischen Rauschbändern; im Geräuschbereich zwischen ch und s (stimmlos) dunkelster und hellster Färbung.

Dem ‚Farb'-Kontinuum entsprechend ging die Komposition von der Vorstellung eines ‚Sprachkontinuums' aus: gesungene Lautgruppen sind an bestimmten Stellen der Komposition zum verständlichen Sprachzeichen, zum Wort geworden, zu anderen Zeitpunkten bleiben sie reine Klangqualitäten, Lautzeichen; und zwischen diesen Extremen gibt es verschiedene Grade der Sprachverständlichkeit. Diese werden entweder durch den Grad der Permutation von Worten im Satz, Silben im Wort, Phonemen in der Silbe[3], oder aber durch Vermischung einer Sprachform mit zusammenhangfremden Sprach- oder Klangelementen hervorgerufen (jubilt; Son-synthetischer Klang-ne. Natürlich entstehn dabei auch neue Wortverbindungen, die nicht im Text enthalten sind: Schneewind, Eisglut, Feuerreif u. a.). Der klangliche Zusammenhang beeinflußt ebenso in ganz bestimmtem Maße die Sprachverständlichkeit (zum Beispiel Grade der Verräumlichung durch künstlichen Nachhall, Grade der Intensität, der Dichte gleichzeitiger oder aufeinanderfolgender Ereignisse usw.).
Gemeint ist also, durch die Auswahl einzelner Stufen aus einem Laut-Wort-Kontinuum ‚Sprache' aus der Komposition hervorgehn zu lassen. Es ist ja nicht so, daß sprachliche Verständlichkeit sich immer als plötzlicher Umschlag vom ‚sinnlosen' Laut zur Sprache einstellt – man denke nur an ‚undeutliches' Sprechen, ‚mit halbem Ohr zuhören', ‚nicht ganz verstehen'; vielmehr ist auch vom Hören zum Verstehen kontinuierlicher Übergang möglich. Man kann sagen: je mehr die laut-klangliche Seite in einer Zeichenstruktur überwiegt, um so musikeigener ist sie; je mehr die wort-motivische Seite überwiegt (Klangverbindung mit festgelegten Bedeutungen), um so spracheigener ist sie; der Übergang ist fließend; und Sprache kann sich Musik, Musik kann sich Sprache nähern bis zur Aufhebung der Grenzen zwischen Klang und Bedeutung.
Wenn nun ein Hörer die deutschen Worte nicht versteht, so bleibt dennoch die strukturelle Funktion der ‚Reihe der Verständlichkeitsgrade' für ihn erkennbar; sie ist nämlich gekoppelt mit einer Reihe gradueller Transformationen gesungener Lautfolgen; die Transformationsgrade werden zunehmend den Klangverbindungen nicht gesungener Art ähnlich und können schließlich mit elektronischen vertauscht werden. So bedeutet eindeutige Wahrnehmung ‚gesungen' zugleich ‚höchster Verständlichkeitsgrad'; der Begriff ‚Verständlichkeit' ist also sowohl semantisch als auch klanglich-phonetisch differenziert.

Hören wir eine Reihe von 7 Verständlichkeitsgraden vom Anfang der Komposition.
1) Nicht genau verständlich, weit entfernt im geschlossenen Raum (10,5"):
Beispiel: Das Wort hieß ‚jubelt'.

2) Geringe Lautstärke, hohe Dichte, scharenweise Stimmen, Permutation der Silben, große Entfernung im offenen Raum, relativ kurz (ca. 3 sec) (nach 15,4″):
Beispiel: Qualifiziert als ‚Nicht verständlich'; der Text enthält ‚jubelt dem Herrn'.

3) Etwas weniger dicht, dafür aber ziemlich lang (ca. 6 sec); durch Zu- und wieder Abnahme der Lautstärke sowie räumliche Näherung in der Mitte des folgenden Komplexes werden dort einige Silben verständlicher (nach 20,2″):
Beispiel: Qualifiziert als ‚Kaum verständlich'; es heißt: ‚Preiset den Herrn ihr Werke alle des Herrn'.

4) Ein sehr kurzer Sprachkomplex folgt (ca. 1½ sec), der jedoch räumlich mit zunehmender Lautstärke sehr nahe kommt bei geringer Dichte (nach 27,4″):
Beispiel: Das war ‚Verständlicher' und wird durch

5) die sofort anschließende Solostimme rück-wirkend unterstützt, die langsam und deutlich singt (nach 28,4″):
Beispiel: Qualifiziert als ‚Verständlich' und heißt ‚lobt ihn – lobet ihn'.

6) Vielfältige Silben- und Wortpermutationen gleichzeitig in der längsten und dichtesten Gruppe, große dynamische Unterschiede (nach 34,5″):
Beispiel: Qualifiziert als ‚Ganz wenig verständlich' und heißt ‚über alles ihn'.

7) Großer halliger Raum, sehr langsam und eigentlich aus einem separaten Lautsprecher von einer Einzelstimme gesungen (nach 42,3″):
Beispiel: ‚Fast verständlich' – es wird oft falsch verstanden – und heißt ‚in Ewigkeit'.

Daß diese Verständlichkeitsgrade nicht gemessen, sondern nur durch vielmaliges Prüfen, Befragen, Testen vom Komponisten bestimmt werden können, ist klar. Viele verschiedene Zuhörer müssen zu Rate gezogen werden, und nur aus dem Kopfschütteln, der Äußerung ‚das ist gesungen', dem Raten, Vermuten, falschen Behaupten und richtigen Wissen kann eine solche Qualitätsreihe der Verständlichkeit entstehen.

Aus unseren 7 Beispielen hätte sich ungefähr folgende Reihe ergeben: nicht genau – nicht – kaum – mehr – ganz – sehr wenig – und fast verständlich. In einer Zahlenreihe ausgedrückt hieße das ungefähr: 5-1-2-6-7-3-4 (1 am wenigsten verständlich und 7 am verständlichsten).

Einsätze und Dauern der soeben gehörten Sprachkomplexe folgen nun einer Zeitreihe, die eine erste Textur des Werkes in ihren Zeitproportionen deutlich macht. Gleichzeitig laufen noch 2 weitere autonome Zeitschichten ab; eine ist durch Impulsscharen charakterisiert, die andere durch sogenannte farbige Rauschbänder[4]: Wenn von Verständlichkeit gesprochen wurde, so waren diese gleichzeitigen rein klanglichen Schichten bereits mitberücksichtigt (wie zum Beispiel die Rauschbänder die Sprachverständlichkeit beeinflussen, stören, teilweise verdecken usw.). Hören wir die Textur I im ganzen in Hinsicht darauf, wie *Sprachverständlichkeit* an der Artikulation der Form teilnimmt, funktionell wird.

Beispiel

Die anschließende Textur II erweitert diese Sprachdifferenzierung durch größere räumliche Tiefenstaffelung, Dichte, Lagenwechsel; und in ihr kommt der höchste bisherige Verständlichkeitsgrad vor, wo die Knabenstimme in unmittelbarer Nähe, großer Lautstärke, bester Sprechtonhöhe ‚Preiset den Herrn' singt:

Beispiel

In der folgenden Textur III haben sich die bisher hier und da aus den Stimmenscharen aufgetauchten Einzelsilben verselbständigt, und nur selten klingen die Stimmenscharen und ausgedehnteren Impulsscharen[5] der ersten beiden Texturen jetzt in der dritten Textur als zusammengeraffte Blöcke schlagartig auf. Achten wir darauf, wie bei größter Verständlichkeit der Einzelsilben der Abstand von Silbe zu Silbe eine wichtige Funktion bekommt. Die Silben sind ganz klar, dafür sind es aber meistens auseinandergerissene Teilsilben von Worten, Worte im Satzgefüge, und so übernimmt jetzt die Pause zwischen den Silben eine Graduierung der Sprachverständlichkeit; das heißt: je näher 2 Silben eines Wortes beieinanderstehn, um so mehr achte ich auf den Sprachsinn, und je weiter sie voneinander entfernt und durch ganz andere elektronische Klangvorgänge unterbrochen sind, um so eher verliere ich den Sprachzusammenhang. Was rein klanglich nicht möglich wäre, wird hier durch die Einbeziehung der Sprache erreicht: Punktuelle Veränderungen (Silben) werden zu Gruppen zum Teil über größere Entfernungen hinweg zusammengefaßt (zu Worten oder Sätzen).
Beispiel (ab 2,52″)

Der Pause als Zäsur, als ‚Komma-Pause' oder ‚Punkt-Pause' wird nun die ‚Gedanken-Pause' hinzugefügt, die ‚Sprach-Pause' im Gegensatz zur ‚Klang-Pause'. Dafür einige Beispiele:
Verb und Objekt getrennt: Preist - - - - - - den Herrn

Beispiel
Silben eines Wortes und 2 durch das Wort ‚und' aufeinander bezogene Begriffe werden getrennt:
Son - - - - ne und - - - - Mond

Beispiel
Ein Genetiv wird offen gehalten: des Himmels--------(was nämlich?)--Sterne
Beispiel
Und ein Satzgefüge wird geteilt: al---ler Re---gen und----Tau
Beispiel
Was ist mit ‚aller Regen und Tau'?
Beispiel: (den Herrn preist)
und es hängt sich noch daran
Beispiel (ihr Win--de)

Diese Textur III reißt sich auf; die einzelnen massenhaften Gesangs- und Impulsblöcke in der letzten Textur sind mit den Einzelsilben eine Synthese eingegangen. Isolierte Silben in chorischen Klangsäulen bleiben übrig. Die Pausen der vorigen Textur von Teilsilbe zu Teilsilbe oder von Wort zu Wort – die oft so lang gewählt waren, daß die Aufmerksamkeit zu den rein klanglichen Zeitvorgängen zurückkehren konnte, – werden jetzt mehr und mehr ‚leer' gelassen, sie werden sozusagen klanglich leerer und gedanklich voller. Zwischen den verständlichen Silbenblöcken setzen sich die restlichen Klangschichten der vorigen Textur in unverständlichen, ganz zum Klanglichen hinneigenden Gesangskomplexen fort.

Beispiel (ab 5′15,5″)
Und die Textur IV mündet in die reine Sprachsphäre, die nur Silben und Pausen enthält.
Beispiel

Im Übergang von Sprache und Musik ist mit der zuletzt gehörten Textur das eine Extrem dieses Werkes erreicht: deutlicher kann Sprache nicht mehr aus der musikalischen Textur hervorgehen. Und nach der zögernd einsetzenden rein klanglichen Textur gibt es jetzt allen Grund, gesungene Sprache dem Klang anzunähern. Also wird die klangliche Seite der Sprache in vielfältigen Graden die Bedeutung mehr oder weniger überspülen.

Wie Silbe oder Wort mit Hilfe rein musikalischer Formgesetze (Permutationen, Gruppenbildungen) komponiert sind, wurde auch im Artikel ‚Aktuelles" angedeutet[6], ebenfalls wurden dort die ausgewählten Elemente angegeben als verschieden komplexe Schwingungsstrukturen zwischen Sinuston und weißem Rauschen.[7] Im Werk wechseln von einer formalen Großstruktur zur anderen – gemäß der größten Projektion der Zeitreihe – Anzahl und Kombination der verwendeten Klangelemente. Wie zum Beispiel im Plan für die letzte Großstruktur des Stückes die Häufigkeitsverteilung und Proportion der Elemente von Sinustonkomplexen bis zu Gesangsakkorden hin transformiert wird, kann man an folgender Aufstellung erkennen; die Elementgruppen A–W sind für entsprechend viele Zeitabschnitte verschiedener Dauer maßgeblich; in der Großstruktur kommt jedes Element – statistisch gesehn – gleich oft vor:

Abkürzungen:
SK = Sinuskomplexe (Sinustonscharen definierter Frequenz, Dauer und Intensität in sehr komplexer rhythmischer Feinstruktur);
IK = TImpulskomplexe (Impulsscharen wie SK);
LS = Laute und Silben;
R = Rauschen ca. 2% (in Hz) breit gefiltert;
I = Impulse einzeln
SV = Synthetische Vokalklänge (obertonreiche Spektren in unterschiedlichen Formantkombinationen)[8];
RO = Rauschen 1–6 Oktaven breit gefiltert;
IO = Impulsscharen statistisch bestimmter Dichten, 1–6 Oktaven breit gefiltert;
IA = Einzelne Impulse in Akkorden (Tonhöhen jeweils benutzter Skalen);
RA = Akkorde aus 2% (in Hz) breiten Rauschbändern (mittlere Tonhöhen je nach Skala);
S(A) = Sinustonakkorde (-gemische bei unharmonischen Skalentypen, Klänge als Grenzfall bei harmonischen Skalen);
GA = Gesangsakkorde (Zusammenklänge gesungener Laute).

Für die Systematik der Schallelementskala (Einordnung der Laute in die synthetische Klangfamilie) wurden Methoden der analytischen Phonetik ausgewertet (Vokale-Sinusklänge; Konsonanten-Rauschbänder; Plosivlaute – Impulse; verschiedenste Mischformen).

A –	SK											
B –	"	IK										
C –	"	"	LS									
D –	"	"	"	R								
E –	"	"	"	"	I							
F –	"	"	"	"	"	SV						
G –	"	"	"	"	"	"	RO					
H –	"	"	"	"	"	"	"	IO				
I –	"	"	"	"	"	"	"	"	IA			
J –	"	"	"	"	"	"	"	"	"	RA		
K –	"	"	"	"	"	"	"	"	"	"	SA	
L –	"	"	"	"	"	"	"	"	"	"	"	GA
M –		"	"	"	"	"	"	"	"	"	"	"
N –			"	"	"	"	"	"	"	"	"	"
O –				"	"	"	"	"	"	"	"	"
P –					"	"	"	"	"	"	"	"
Q						"	"	"	"	"	"	"
R –							"	"	"	"	"	"
S –								"'	"	"	"	"
T –									"	"	"	"
U –										"	"	"
V –											"	"
W –												"

Dieser kontinuierliche Elementwechsel wurde im Stück in 4 Reihen verwandter Tendenz aufgeteilt.

	A	E	I	M	Q	U	→
→	B	F	J	P	T	(X)	→ x
→	C	G	K	O	S	W	→
→	D	H	L	N	R	V	

→x bekommt eine Struktur mit Sonderbestimmung, die sich aus der Gesamtanlage des Werkes ergibt.

In jeder zeitlich definierten Teilstruktur werden die so ausgewählten Elemente permutatorisch zur Gruppenbildung verwendet; Marken der Zeitstruktur geben an, wo Veränderungen notwendig sind; die Veränderungen gliedern sich wiederum – nach eigener übergeordneter Zeitordnung – gruppenmäßig (in einem Zeitfeld beispielsweise Gruppen von 1–4 Elementen, im folgenden 1–6 usw.). Nun gibt es in dieser Struktur 4 Gruppenformen: entweder sind die Gruppen einzeln uniform unterschieden (beispielsweise 3 IK, 2 LS, 4 R 1 SK) oder die Gruppen sind alle uniform, jedoch die verschiedenen Elemente geben die Schlüsse an (beispielsweise 2 SV, GA/4 SV, R/IK/SV, I/3 SV, LS/ usw.); oder die Gruppen sind in sich variiert, jedoch die Schlüsse gleich; oder Gruppen sind einzeln uniform und ein fixes Element gibt immer die Gruppenschlüsse an. Daraus wird ersichtlich, daß zwischen Sprachlauten und den übrigen Klangelementen keine Opposition gebildet wird, sondern daß sie gemäß ihrem Stufenrang in der definierten Klangskala funktionieren. Eine Gruppe von 2 und mehr LS gibt Gelegenheit zur Silben- und Wortbildung, wovon je nach dem Grad der Wortverständlichkeit (der von übergeordneten Strukturzeiten abhängt) Gebrauch gemacht wird.

Die klangliche Verwendung der LS richtet sich (abgesehen von bereits bestimmter Tonhöhe, Dauer und Intensität) nach Reihengraden intern-struktureller Verteilung von Hell-Dunkel-Vokalität oder

Stimmhaft-Stimmlos-Konsonantigkeit; aber doch immer in Hinsicht darauf, solche Grade an den gewählten Sprachelementen des Textes zu verifizieren. Am besten wird eine Folge von Phonemen gezeigt, die für eine Teilstruktur produziert wurden; die phonetischen Transkriptionszeichen in Klammern geben jeweils an, nach welchem Gesichtspunkt die Silbenwahl erfolgte; in diesen Beispielen sollte entweder die Tonhöhe auf den mit [] bezeichneten Phonemen ausgehalten werden (und halb- oder vollkonsonantische Phoneme vor oder nach dem Vokal in der Silbe wurden als äußerst kurze Ein- oder Ausschwingvorgänge behandelt), oder die Artikulation verwendete den längsten Teil der jeweiligen Zeitdauer für den stimmhaften Konsonanten (w – erk,[tu]j –), oder der stimmlose Konsonant wurde durch die Dauer (Sch–a, [Rei]f–) bzw. durch die Akzentuierung (werk) hervorgehoben; dabei wechselten wiederum verschiedene Formen: gleicher Vokal, verschiedene Einschwingphoneme usw. Es folgen 4 Sechsergruppen:

Vokale		stimmhafte Kons.[9]		stimmlose Kons.		Verschlußlaute (hart-weich)	
Ju-	[u]	tuj	[j:]	-wig	[ç]	jep	[p]
belt	[ə]	ult	[l:]	Preis	[s]	Lob	[b]
dem	[e]	-ren, dem	[n, m:]	Reif	[f]	Werk	[k]
Herrn	[ε]	Her-	[r:]	-belt	[t[9]] lang	Tag	[g]
all	[a]	Wer-	[v:]	-ze	[ts]	preist	[t] kurz
ihr	[i]	-set	[z:]	Scha-	[ʃ]	Wind	[d]

Bei vokalisch einheitlichen Strukturen wurden die verwandten Formen des Textes besonders ausgenutzt: [ai] Diphtong in Reif, preist, Eis, -keit; oder [ε] in Werk, Herrn, Stern, Näch-, -gen, -ren, des, -set, -kel, -len, -ken; wenn nötig, wurden solche Gruppen mit nonsense-Silben ergänzt (siehe oben zum Beispiel ult, jep, tuj).

Für den ungewohnteren Fall betont konsonantischer Struktur (‚Geräusch') folge noch ein Beispiel. Im Zusammenhang mit Rauschelementen tritt unter anderen eine LS-Struktur mit den vorwiegenden Phonemen s, t (stimmlose Kons.) auf, die so produziert wurden, daß nach äußerst kurzem Ansingen der vorgeschriebenen Tonhöhe die Artikulation auf den Konsonanten überging und die vorgeschriebene Dauer damit ausgefüllt wurde, auch hierbei noch mit Unterscheidung der Frequenzlage von Konsonanten: hohes s, mittleres s, tieferes s usw. Durch verschiedene zeitlich verschränkte Artikulationseinsätze und -schlüsse in Simultanschichten wurden größere Zeiteinheiten als Komplexe konsonantisch ausstrukturiert; ein Beispiel also für s, t:

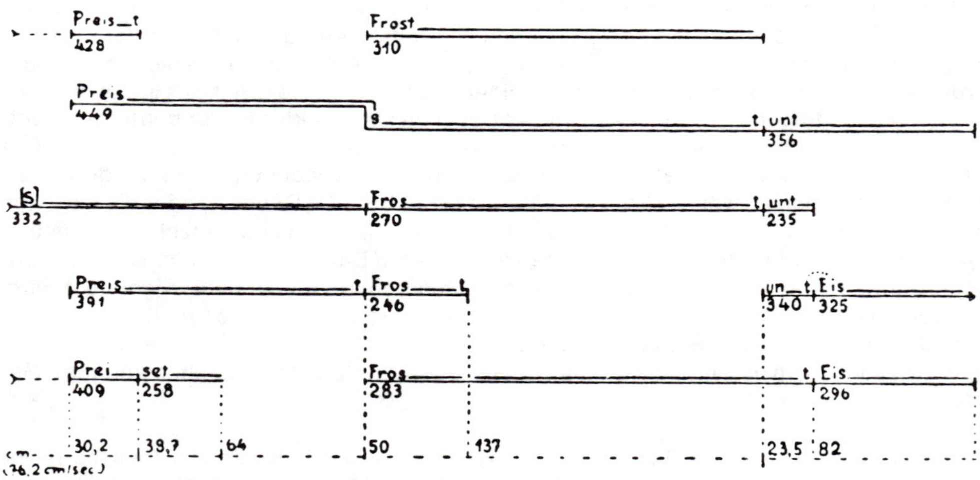

Zahlen unter den Silben geben die Tonhöhe für den (kurzen) Anfangsvokal in Hz an.

Dieser LS-Komplex dauert ca. 6 sec; er ist gleichzeitig mit R- und I-Gruppen verbunden und geht unmerklich in einen Komplex farbiger Rauschen [s] und [t] über. Darauf folgt eine Struktur mit vorwiegenden ʃ, [f], [s] und [ç] Konsonanten, die mit Lauten aus Sch(nee), (Rei)f, (prei)st, (Nä)ch-(te) ergänzt ist usw.
Während die bisher genannten Beispiele von phonetischen Elementen ausgingen, die in ihren Parametern durch die Komposition diskret bestimmt waren, ist eine zweite Art der Sprachbehandlung zu nennen, die direkt von übergeordneten statistischen Strukturvorstellungen ausging. Die ‚statistische' Struktur wurde folgendermaßen erzielt: in einem bestimmten Komplex A/IV z. B. wurde die Anzahl von 6 Schichten seriell definiert, ferner die Anzahl der Silben pro Schicht 5–10, die Gesamtdauer der einzelnen Schichten (in cm bei 76,2 cm/sec), die relative Zeitverteilung und Tonhöhenrichtung für die Silbenfolgen, die Frequenzbandbreite und Gesamtbewegungsrichtung des Komplexes (933 : 767 Hz bis 508 : 400 Hz) sowie die im Durchschnitt vorwiegende phonetische Struktur ([u], [ə], [ε], [e:]). Dann wurden unter Zuhilfenahme graphischer Darstellungen sowie auf Tonband präparierter Modelle (mit ungefähren Tonhöhen- und Dauernangaben) die einzelnen Schichten gesungen und die besten Ergebnisse übereinanderkopiert. Die 6 graphischen Darstellungen, nach denen der Junge sang, sehen so aus (man muß sie sich in der später erfolgten ‚Synchronisation' als gleichzeitig ineinander verwoben vorstellen):

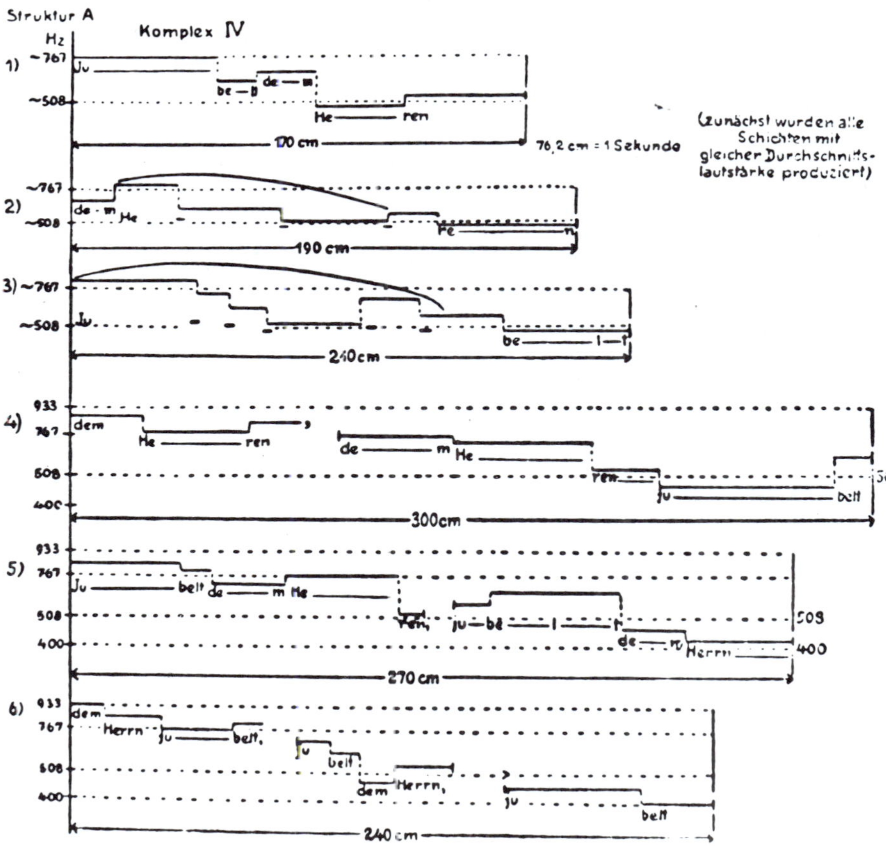

Solche Komplexe werden nochmals dynamisch geregelt |\, /|, /\, |\/|, verhallt, mit anderen synchronisiert usw. Sie lassen sich nunmehr nach Durchschnittsdichte (als Produkt von Schichtzahl, durchschnittlicher Silbenanzahl pro Schicht und durchschnittlicher Schichtdauer), nach Durchschnittsintensität und Art der räumlichen Darstellung unterscheiden – räumliche Tiefe, von weit zu nah oder umgekehrt; räumliche Richtung der Schallquelle im Abhörraum sowie Bewegungsrichtung im Raum (Links- oder Rechtsdrehung, räumlich diagonale Bewegungen usw.: Lautsprecher rings um die Hörer) – und im Grad ihrer sprachlichen Verständlichkeit regulieren.

Viele Stufen zwischen den hier angedeuteten Extremformen der Laut-Klang-Struktur kommen in Reihen von Mischtypen vor.

Diese wenigen Angaben – die auch nicht mit ‚Partiturbeispielen' ergänzt werden können, da die ‚Partitur' eine Verbindung von schriftlichen Produktionsanweisungen und Synchronisationsplänen für die 5 Lautsprechergruppen darstellt und über die Klangphänomene nur indirekte Angaben enthält – mögen eine annähernde Vorstellung davon vermitteln, wie im ‚Gesang der Jünglinge' das Problem Sprache-Musik angegangen wurde. Die Grundkonzeption mag deutlich geworden sein: Alles Separate zunächst in ein möglichst bruchloses Kontinuum einzuordnen; und dann die Verschiedenheiten aus diesem Kontinuum herauszuarbeiten und zu komponieren.

K. Stockhausen: Texte zu eigenen Werken – Zur Kunst Anderer – Aktuelles. Hrsg. v. D. Schnebel. Bd. 2. Köln: DuMont 1964, S. 58–68

Anmerkungen

1 *Permutation: Verfahren der seriellen Kompositionstechnik, musikalische Einzelelemente untereinander zu vertauschen*

2 *Bezüglich der Zeitangabe (in min./sec.) vgl. z. B. Schallplatte DG 138811*

3 *Phonem: kleinste lautliche Einheit einer Sprache*

4 *Farbiges Rauschen: durch Filterung aus weißem Rauschen gewonnen (vgl. Anm. 7)*

5 *Impuls: kurzes Schallsignal ohne eindeutig wahrnehmbare Tonhöhe*

6 *vgl. Stockhausen: Texte, Bd. II, S. 51–57*

7 *Weißes Rauschen: dicht nebeneinander liegende nichtperiodische Schwingungen, über das gesamte Hörspektrum verteilt*

8 *Formant: bestimmter, die Klangfarbe beeinflussender Frequenzbereich, vom Grundton unabhängig*

9 *Anmerkung Stockhausens: Entgegen dem Sprachgebrauch wurdendiese stimmhaften Konsonanten oft in starker Dehnung verwendet.*

Literatur

Eimert, H./Humpert, H. U.: Lexikon der elektronischen Musik. Regensburg: Bosse 1973

Sprache und Musik. Hrsg. v. H. Eimert. Wien: Universal Edition 1960 (Die Reihe, Bd. VI)

Stockhausen, K.: Texte. Hrsg. v. D. Schnebel. 3 Bde. Köln: DuMont 1963, 1964, 1971

Über Musik und Sprache. Hrsg. v. R. Stephan. Mainz: Schott 1974 (Veröffentlichungen des Instituts für neue Musik und Musikerziehung Darmstadt, Bd. 14)

John Cage und der Zufall

John Cage, geb. 1912 in Los Angeles, Kompositionsstudien u.a. bei H. Cowell und A. Schönberg (1934/35). Verschiedene Lehrtätigkeiten, nach 1960 meist freischaffend wirkend. Mehrere Reisen nach Europa und Ostasien.

Cage gilt – trotz seines Alters – immer noch als Vertreter der äußersten Avantgarde. Er schrieb als einer der ersten für ein „präpariertes Klavier" (1938), seit 1951 bezog er zunehmend Zufallsoperationen in den musikalischen Prozeß ein. Die Form wird schließlich völlig negiert; seine „Variations IV" von 1963 sind für eine beliebige Anzahl von Spielern und für jegliche Art von Klängen gedacht (for any number of players, any sounds or combination of sounds, produced by any means, with or without activities).
Zwei Meinungen über Cage:
„Jedes Stück Cages bringt neue Überraschungen für den Hörer, und wenn man auch geneigt wäre, ihn ‚naiv' zu nennen, ihn nicht ernst zu nehmen, so gäbe es doch keinen Zweifel darüber, daß er ungewöhnlich lebendig ist und Einfälle hat, die nicht auf der Straße liegen. Darüber hinaus gibt es aber sehr Bedeutsames, was auf manche junge europäische Komponisten tiefen Eindruck gemacht hat." (K. Stockhausen)
„Cages Antikunst, die den Sinn von Musik, wie er durch Sprachähnlichkeit, Expressivität und syntaktisch-formale Momente konstituiert wurde, herausfordernd durchstreicht, ist als Protest gemeint. Das Übel aber, gegen das sich die polemische Musik richtet, zeichnet sich nur in vagen Umrissen ab, wenn von Entfremdung durch Naturbeherrschung die Rede ist. Der musikalische Rousseauismus, den Cage verkündet, krankt an Abstraktheit und Naivität." (C. Dahlhaus)
Cages Text ist charakteristisch sowohl für die darin beschriebenen Zufallsoperationen als auch für sein von fernöstlicher Philosophie bestimmtes Denken.

39. John Cage: Beschreibung der in „Music for Piano 21–52" angewandten Kompositionsmethode (1955/56)

1. Gegeben sind Tinte, Feder und Blätter transparenten Papiers von bestimmter Größe. Es wird eine Musterseite ohne Notationen irgendwelcher Art hergestellt; diese hat vier vollständige Liniensysteme (8 × 5 Linien). Zu einem „vollständigen" Liniensystem gehört auch ein genügend großer Raum über und unter jedem Doppelsystem, so daß jedes einzelne System (für jede Hand eins) entweder im Violin- oder Baßschlüssel benutzt werden kann. Ein System läßt neun obere und sechs untere Hilfslinien in gleichem Abstand wie die normalen Linien zu; für den tiefsten Ton unter der sechsten Hilfslinie muß noch etwas Raum gelassen werden. Zwischen den beiden Systemen ist ein wenig Raum freigelassen. Er wird durch eine Linie geteilt; sie dient zur Notation von Geräuschen, die mit der Hand oder mit einem Schlaginstrument, entweder im inneren Klaviergehäuse (über der Linie notiert) oder durch Schläge gegen das äußere Gehäuse (unter der Linie notiert) erzeugt werden. Die Dimensionen der Musterseite sind so kalkuliert, daß das gesamte Blatt innerhalb der Ränder vollständig ausgenutzt wird.
2. Die Musterseite wird weggelegt. Dann werden Zufallsmanipulationen von I-Ching[1] abgeleitet, um die Anzahl der Töne für jede Seite zu bestimmen. Diesen Zufallsmanipulationen sind gewisse Grenzen gesetzt (1–128 mögliche Töne je Seite für die Stücke 21–36; 1–32 Töne je Seite für die Stücke 37–52), die sich aus der relativen Schwierigkeit der Ausführung ergeben.

3. Ein leeres Blatt transparenten Papiers wird nun so gelegt, daß die punktförmigen Unregelmäßigkeiten im Papier leicht sichtbar werden. Diese werden mit Bleistift markiert, und zwar in einer Anzahl, die der durch die Zufallsmanipulationen bestimmten Tonanzahl entspricht.

4. Das mit Bleistift markierte Blatt wird nun nach Art einer Registrierung auf die Musterseite gelegt; dabei werden zuerst die durch das Papier durchscheinenden Notenlinien und Zwischenräume und dann die Hilfslinien, soweit notwendig, mit Tinte auf dieser Seite nachgezogen. Sodann werden gewöhnliche ganze Noten überall dorthin geschrieben, wo ein Bleistiftpunkt in den Bereich der Notenlinien oder der Hilfslinien fällt; schwarze Notenköpfe ohne Hals werden dort geschrieben, wo immer ein Bleistiftpunkt zwischen den beiden Systemen markiert ist. Dieses Verfahren gilt nur annäherungsweise, da durch die Anwendung der üblichen Linien und Zwischenräume die größere Zahl der Punkte in die Zwischenräume fällt. Ein Punkt wird also auf oder zwischen die Linien geschrieben, je nachdem, ob er näher an der Linie oder näher dem Zentrum des Zwischenraums angetroffen wird.

5. Münzen werden nun achtmal geworfen (für die 4 × 2 Systeme), um Baß- oder Violinschlüssel (Kopf oder Adler) zu ermitteln; diese werden mit Tinte eingetragen.

6. Die 64 Möglichkeiten des I-Ching werden durch Zufallsmanipulationen in drei Gruppen eingeteilt, die verschiedenen Kategorien entsprechen: normal, d. h. auf den Tasten zu spielen; gedämpft, d. h. die anzuschlagende oder zu zupfende Klaviersaite mit dem Finger zu dämpfen; gezupft (die beiden letzten Gruppen werden auf den Saiten gespielt). Beispiel: die Nummern 6 und 44 wurden geworfen; dann gelten die Nummern 1–5 als normale, 6–43 als gedämpfte und 44–64 als gezupfte Klaviertöne. – Es hat sich ein gewisses Übergewicht der Wahrscheinlichkeit zugunsten der zweiten und dritten Kategorie herausgestellt; obwohl das nicht sehr bedeutend erscheint, mag es doch auf eine mögliche Änderung der „Technik" (Kompositionsmethode) hinweisen. Nachdem die Kategorien festgelegt sind, werden Bezeichnungen neben den jeweiligen Noten vermerkt: M für „muted" (gedämpft) und P für „plucked" (gezupft).

Auf ähnliche Weise wird bestimmt, ob eine Note normal (♮), erhöht (♯) oder erniedrigt (♭) ist; das gilt natürlich nicht für die beiden äußersten Tasten, da es für sie nur je zwei Möglichkeiten gibt.

7. Damit ist die Aufzeichnung der Komposition abgeschlossen. Vieles ist nicht festgelegt; es bleibt der Aufführung vorbehalten. Deshalb wurde dem Manuskript folgende Anmerkung vorangestellt: „Diese Stücke sind in zwei Gruppen von je 16 aufgeteilt (21–36; 37–52), die entweder einzeln oder alle gespielt werden können, gleichzeitig mit der Music for piano 4–19,[2] oder nicht. Die Zeitdauer der Stücke ist unbestimmt; es bleibt freigestellt, ob sie von Pausen getrennt werden oder nicht; sie können sich überschneiden, wenn z. B. 21–36 auf einem Klavier und 37–52 gleichzeitig auf einem andern Klavier gespielt werden, oder wenn ein begabter Pianist eine Kombination aus diesen Stücken gleichzeitig zu spielen vermag. Ausgehend von einer vom Programm vorbestimmten Zeitdauer können die Pianisten ihr Spiel so kalkulieren, daß ihr Konzert die gegebene Zeit ausfüllt. Die Dauer der einzelnen Töne und die Lautstärken sind freigestellt."

Kommentar

Eine Aufführung ist durch die vorher bestimmte Programmdauer charakterisiert. Diese Dauer wird vom Spieler mit einer Stoppuhr kontrolliert. Daraus ergibt sich zunächst die Dauer für eine ganze Seite (indem man die zur Verfügung stehende Gesamtzeit durch die Anzahl der Seiten dividiert); davon abgeleitet ergibt sich beispielsweise die Dauer für ein Doppelsystem. Obwohl der Raum einer Seite hier der Zeit gleichgesetzt wird, ist es denkbar, ihn als fließend aufzufassen, und zwar nicht nur als gleichmäßig, sondern auch als schneller und langsamer fließend; denn die Aufführung wird durch einen Menschen und nicht durch eine Maschine realisiert. So ist letztlich mit der Notation nichts über die Aufführungszeit ausgesagt. Was die Klangfarbe angeht (die Geräusche und die drei Kategorien), so ist so gut wie nichts festgelegt. Das ist besonders dort der Fall, wo P als eine gezupfte gedämpfte oder M als eine gedämpfte gezupfte Saite aufzufassen ist. Außerdem sind auch die Stellen auf den Saiten nicht angegeben, wo die zuletzt genannten Manipulationen vorgenommen werden. Ferner – und dies mag als grundlegende Feststellung betrachtet werden – sind keine spezifischen Angaben gemacht über die Architektur des Raums, in dem die Musik gespielt werden soll, sowie über die Placierung der Instrumente (üblich ist ein größerer Abstand) und über die Anzahl der Instrumente. All dies, offensichtlich von wesentlicher Bedeutung, weist auf die Frage hin: Was ist komponiert worden?

Die Reihe, Information über serielle Musik. Hrsg. v. H. Eimert. Heft 3. Wien: Universal-Edition 1957, S. 43–45

Anmerkungen

[1] *Das I-Ching (oder I-Ging, Buch der Wandlungen) ist ein Buch altchinesischer Philosophie und Orakelkunst, das seit etwa 3000 Jahren fernöstliches Denken beeinflußt hat. Mit der Methode etwa des Münzenorakels oder des Schafgarbenorakels erhält man insgesamt 64 verschiedene Zeichen unterschiedlicher Bedeutung. Durch Interpretation dieser Zeichen lassen sich gewisse Aussagen machen. Vgl.: I Ging, Das Buch der Wandlungen. Hrsg. v. R. Wilhelm. Düsseldorf, Köln: Diederichs 1924.*

[2] *Die Komposition dieser Stücke beruht auf einem anderen Prinzip, das keine Geräusche einbezieht, die im inneren oder am äußeren Klaviergehäuse erzeugt werden. (Originalanmerkung)*

Literatur

Kostelanetz, R.: John Cage. Köln: DuMont 1973

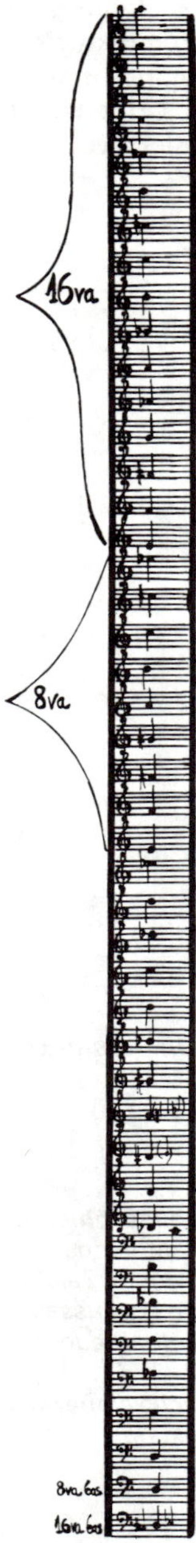

TONE	MATERIAL	STRINGS LEFT TO RIGHT	DISTANCE FROM DAMPER (INCHES)	MATERIAL	STRINGS LEFT TO RIGHT	DISTANCE FROM DAMPER (INCHES)	MATERIAL	STRINGS LEFT TO RIGHT	DISTANCE FROM DAMPER (INCHES)	TONE
				SCREW	2-3	1¼*				A
				MED. BOLT	2-3	1⅜*				G
				SCREW	2-3	1⅝*				F
				SCREW	2-3	1 13/16*				E
				SCREW	2-3	1¾*				E♭
				SM. BOLT	2-3	2*				D
				SCREW	2-3	1 11/16*				C♯
				FURNITURE BOLT	2-3	2 3/16*				C
				SCREW	2-3	2½*				B
				SCREW	2-3	1⅞*				B♭
				MED. BOLT	2-3	2⅞*				A
				SCREW	2-3	2¼*				A♭
				SCREW	2-3	3¾*				G
				SCREW	2-3	2 15/16*				F♯
	SCREW	1-2	¾*	FURN. BOLT + 2 NUTS	2-3	2⅛*	SCREW + 2 NUTS	2-3	3¼*	F
				SCREW	2-3	1 13/16*				E
				FURNITURE BOLT	2-3	1⅞				E♭
				SCREW	2-3	1 15/16				C♯
				SCREW	2-3	1 1/16				C
	(DAMPER TO BRIDGE = 4 11/16; ADJUST ACCORDINGLY)			MED. BOLT	2-3	3¾				B
				SCREW	2-3	4 7/16				A
	RUBBER	1-2-3	4½	FURNITURE BOLT	2-3	1¼				G♯
				SCREW	2-3	1¾				F♯
				SCREW	2-3	2 5/16				F
	RUBBER	1-2-3	5¾							E
	RUBBER	1-2-3	6½	FURN. BOLT + NUT	2-3	6⅞				E♭
				FURNITURE BOLT	2-3	2 9/16				D
	RUBBER	1-2-3	3⅝							D♭
				BOLT	2-3	7⅛				C
				BOLT	2-3	2				B
	SCREW	1-2	10	SCREW	2-3	1	RUBBER	1-2-3	8¼	B♭
	(PLASTIC (see G))	1-2-3	2 5/16				RUBBER	1-2-3	4½	G♯
	PLASTIC (OVER 1 UNDER 2-3)	1-2-3	2⅞				RUBBER	1-2-3	10⅛	G
	(PLASTIC (see D))	1-2-3	4¼				RUBBER	1-2-3	5 7/16	D♯
	PLASTIC (OVER 1 - UNDER 2-3)	1-2-3	4⅛				RUBBER	1-2-3	9¾	D
	BOLT	1-2	15½	BOLT	2-3	11/16	RUBBER	1-2-3	14⅛	D♭
	BOLT	1-2	14½	BOLT	2-3	⅞	RUBBER	1-2-3	6½	C
	BOLT	1-2	14¾	BOLT	2-3	9/16	RUBBER	1-2-3	14	B
	RUBBER	1-2-3	9½	MED. BOLT	2-3	10⅛				B♭
	SCREW	1-2	5⅞	LG. BOLT	2-3	5⅞	SCREW + NUTS	1-2	1	A
	BOLT	1-2	7⅛	MED. BOLT	2-3	2¼	RUBBER	1-2-3	4⅛	A♭
	LONG BOLT	1-2	8¾	LG. BOLT	2-3	3¼				G
				BOLT	2-3	11/16				D
8va bas.	SCREW + RUBBER	1-2	4 7/16							D
16va bas.	ERASER (OVER D UNDER C♯ + E♭) AM. PENCIL CO. #346	1	6¾							D

*MEASURE FROM BRIDGE.

John Cage, Sonatas and Interludes, 1946–48. Liste der Klavier-Präparationen. Durch die Präparierung des Flügels mit Schrauben, Gummis, Bolzen und Plastikteilen an genau bezeichneten Orten ergeben sich mannigfaltige Klangwirkungen. Eine solche Präparierung erfordert etwa drei Stunden Zeit. In den „Sonatas and Interludes" bleibt sie für alle 16 Sonaten und 4 Interludes gleich.

Mauricio Kagel über die Form

Mauricio Kagel, geb. 1931 in Buenos Aires, in Analyse und Komposition weitgehend autodidaktisch ausgebildet; 1957 Besuch Deutschlands durch ein Stipendium des Deutschen Akademischen Austauschdienstes. Kagel lebt seither in Köln. Seit 1969 Leiter des Instituts für Neue Musik in Köln, 1974 Professor an der Kölner Musikhochschule.

Ein Kongreß innerhalb der 20. Internationalen Ferienkurse für Neue Musik in Darmstadt, 1965, hatte als Thema „Form in der Neuen Musik". Kagel hielt ein Referat, das in gewisser Weise musikalisch strukturiert war. Der Text ist hier gekürzt wiedergegeben.

40. Mauricio Kagel: Form in der Neuen Musik (1965)

Auftakt zur Exposition (2. Fassung).
Daß eine Form zur Formel und zum Kanon werden kann, ist in der Musikgeschichte keine seltene Metamorphose. Manchmal wird sie zum Stillstand gebracht durch die Bildung eines gesetzmäßigen Stils. Die formalen Elemente, die Merkmalwert haben, also immer wiederkehren und eine Art Materialsammlung des Stils sind, bestimmen die Beziehungen, die typische Syntax jener Werke, die wir als die charakteristischen einer Periode betrachten. Am augenfälligsten konnte man dies in der seriellen Musik der 50er Jahre beobachten. Die Komponisten waren mit fetischistischer Angst bemüht, Wiederholungen zu vermeiden, und so bildete sich im Laufe der Zeit eine Geste des Nicht-Wiederholens, die als immer wiederkehrende auch an musikalischen Merkmalen viel Wiederkehrendes mit sich brachte.

Exposition. 1. Fassung

Es zeigt sich immer wieder, daß die meisten von Komponisten formulierten Theorien, die als allgemeingültig gelten und deshalb zu weiterer Verwendung dienen sollten, sich nach einiger Zeit als nicht stichhaltig erweisen. Andererseits ist das Komponieren die ständige Auseinandersetzung mit einer klingenden und einer nicht klingenden Materie, und diese Auseinandersetzung zwingt zur Beschäftigung mit der Musiktheorie. Daß das Komponieren die ständige Auseinandersetzung mit einer klingenden und einer nicht klingenden Materie ist, kann man am besten an der Diskrepanz zwischen den musiktheoretischen Gedanken über musikalische Form und den akustischen Ergebnissen beobachten.
[...]

Übergang. 2. Fassung.

Die Aufgabe ist im Vergleich zum Notationskongreß viel schwerer, weil wir nicht nur mit geschriebenen Zeichen konfrontiert werden, die in Gestalt und Funktion ausgezeichnete Ausgangspunkte zu weiterer Erörterung sind, sondern mit einer Materie, welche zugleich sichtbar und unsichtbar, hörbar und nicht hörbar ist. Glücklicherweise hat beim Notationskongreß kein Referent eine gründliche Bestandsaufnahme aller vorhandenen neuen Zeichen versucht. Wahrscheinlich wäre dadurch keine wesentlichere Schlußfolgerung vermittelt worden als die, daß es eine Fülle der verschiedensten bildhaften Darstellungen gleicher Bedeutung gibt, was wir ohnehin ahnten oder wußten. Vielleicht wäre zugleich die annähernd richtige Gesamtzahl der verwendeten Notationen erkundet worden. Man beschränkte sich aber auf Grundsätzliches, und das Zählen wurde auf das Notwendigste begrenzt.

Appliziert auf musikalische Formen unkonventioneller Natur ist das Zählen völlig überflüssig. Damit möchte ich nicht sagen, daß Proportionen z. B. keine wesentliche Rolle bei formalen Zusammenhängen spielen. In diesem Punkt hat sich gegenüber der etablierten Formenlehre kaum etwas verändert. Eine Komposition ohne vorherrschende oder nur dem Anschein nach „demokratisch" verteilte Proportionen ist undenkbar. Es ist irrelevant, ob heute mit feinsten Proportionen ein komplexes System von Klangfarbenveränderungen geschaffen wird oder ob der Autor sich gegen die Festlegung bestimmter Proportionen sträubt und der Hörer doch eine dominierende Proportion mit prägnanten Begleitproportionen entdeckt.

Das Hören ist keine eindeutige Beschäftigung: man hört zu und man hört nicht(s).

[...]

2. Variation und Durchführung des Übergangs (1. Fassung).

Es ist nicht unbegreiflich, daß der erwartete große Schritt nach vorn, der rhetorische Durchbruch zu einer Formenlehre der neuesten Musik noch nicht gelungen ist: weder in den mit dem Fortschritt noch in den mit der Verachtung des Fortschritts kokettierenden Musikideologien. Das Denken in Abschnitten, welches den Formaufbau beherrschte, das „Baukastensystem", wurde noch nicht durch ein anderes Prinzip ersetzt.

Die serielle und die post-serielle Musik wurde vom Denken in Sektionen beherrscht; die aleatorische Musik war zunächst durch das Spreizen von Sektionen unterschiedlicher Dauer auf einem Blatt gekennzeichnet, und es beruht vielleicht auf dieser im Grunde rückständigen Konzeption, daß sie schnell zu formalem Stillstand gelangt ist. In der Interpretation von Werken mit Einbeziehung des totalen, gelenkten oder gezügelten Zufalls werden fast alle Bearbeitungen hemmungslos in Abschnitten formuliert. Die Arbeitsweise der elektronischen Musik erfordert geradezu das Zusammensetzen von Sektionen, die dann a posteriori mit ornamentalen Manipulationsverfahren und ominösen Übergängen leicht verbunden werden können.

Eine lange Liste von Ersatzdefinitionen hat sich im Verlauf der letzten Jahre angesammelt. So z. B. der Begriff Struktur. Schon die Wahl dieses beliebten Terminus verrät, daß man an formale Grenzen dachte. Anfang und Ende einer Struktur konnten in der Regel klar wahrgenommen werden; die Formvorstellung, die mit Worten nicht gern preisgegeben wurde, war beschränkt auf die Addition von Teilen bis zum Erreichen einer Gesamtdauer oder umgekehrt auf die Subtraktion der Abschnitte von einer festgelegten Gesamtdauer.

Halten wir von vornherein fest, daß es unmöglich ist, Abschnitte zu komponieren und diese nicht als solche zu hören. Noch bevor sich ein Abschnitt bildet, der dann ein vielfältiges Spiel von Symmetrien, Entsprechungen, Trennungen, Entfaltungen, Beziehungen und Darstellungen in sich faßt, läßt sich ein dünner Strich ziehen zwischen der Neigung, den Grundriß zu verwischen oder ihn zu betonen.

Durchführung der Exposition (1. Fassung)

Als ich 1958 mein elektronisches Stück „Transicion I" (Übergang I) realisierte, versuchte ich, eine adäquate Notation zu entwickeln. Damals war ich von dem Standpunkt ausgegangen, daß alle Methoden der Bearbeitung elektroakustischer Klänge eine automatische – das heißt hier sofortige – Entsprechung in photographischen Methoden finden könnten. Mit Hilfe oszillographischer Darstellungsformen stellte ich eine Liste der Grundsymbole auf: Punkte für elektrische Impulse, Wellen und rechteck-ähnliche Linien für Sinustöne und Rechteckschwingungen und Rasterbänder verschiedener Breite für statistisches Rauschen. Durch Grauwerte wurden Lautstärkengrade bestimmt. Verzerrungen, Filtrierungen, Zergliederungen, Überlagerungen und Zerhackungen der Negative wurden im Foto-Labor durchgeführt. Die Foto-Papiere wurden gewölbt, zerknickt, zerschnitten. Freilich konnte ich meine Arbeit nicht über ein experimentelles Stadium hinausführen. Die technischen Voraussetzungen waren zwar nicht schwer zu schaffen; die Durchführung

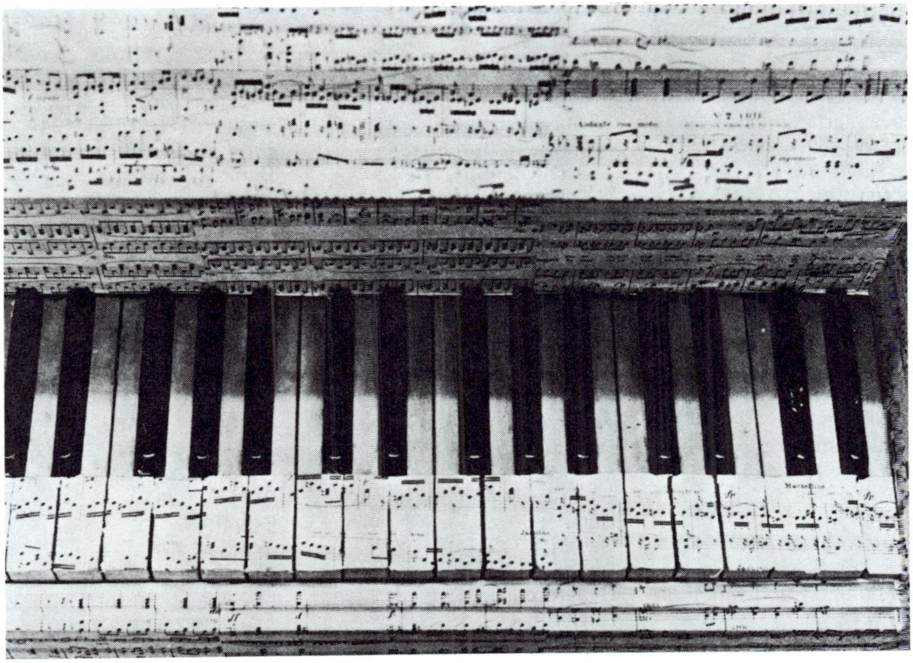

Titelblatt der Partitur von Mauricio Kagels „Ludwig van", 1970. Kagel ließ in seiner „hommage von Beethoven" einen Raum und alle Gegenstände darin mit Beethovenschen Noten vollständig überkleben. Gefilmte bzw. fotografierte Ausschnitte dieser Objekte wurden von einem Ensemble von Musikern interpretiert. Der vorliegende Ausschnitt verwendet Notenmaterial des „Fidelio".

dieser Ideen benötigte aber Mittel, die von mir allein nicht aufgebracht werden konnten. Mir schwebte vor, das Fotolabor einem Studio für elektronische Musik anzugliedern. *„Phonophonie für Chor, Orchester und zwei Projektoren"* (1964) ist eines der Werke, in denen manche dieser Ideen sich verwirklichen ließen, vielleicht, weil keine außerordentliche technische Ausrüstung notwendig war. Was mich interessiert, ist die Beziehung zwischen wandelbarem Musiktext und unmittelbarem klanglichen Resultat; von Manipulation des Materials und dessen Einfluß auf die Artikulation einer ständig sich verwandelnden Form.

Unter Anwendung von optischen Verfahren und Abwandlungsprinzipien konnte ich genau beobachten, wo die Verschiebung der Werte sich auswirkt, nämlich nicht auf die Form als einheitliches Ganzes, sondern auf das Werden der Form. Schließlich konnte ich über die Beziehungen zwischen Form-Werden und (Kon)Text mehr erfahren, wenn die Notation im Augenblick der Ausführung verwandelt wurde. Natürlich waren nicht alle Wirkungen vorauszusehen und es mußte zuerst ein gewisses technisches Vokabular entwickelt werden, um jene Dimension beanspruchen zu können, die mir als die charakteristischste der neuen Musik erscheint: die des stetigen Übergangs als Formprinzip. [. . .]

Darmstädter Beiträge zur Neuen Musik, Bd. X. Hrsg. v. E. Thomas. Mainz: Schott 1966, S. 51–56 (gekürzt)

Literatur

Die Musik der sechziger Jahre. Hrsg. v. R. Stephan. Mainz: Schott 1972 (Veröffentlichungen des Instituts für neue Musik und Musikerziehung Darmstadt, Bd. 12)
Schnebel, D.: Mauricio Kagel. Köln: DuMont 1970

Register

Aaron, P. 33
– Toscanello in musica 33
Abegg, W. 162
Abert, H. 20, 97
Accentus 128, 130, 132
Adamberger, V. 92, 94
Adeimantos 10f.
Affekt 60ff., 79f., 88, 90, 114, 116f.
Agnelli, S. 35
Ahna, H. de 156
Aisthesis 17
Albrecht V., Herzog 37
Aleatorik 186
Allgemeine musikalische Zeitung 116, 121, 123, 138
Altes Testament 18
Altlaute 37
Ambros, A.W. 32, 40
Amman, J. 39
– Stände und Handwerker 39
Amoretti 40
Amphora 12
André, J. 91
Antiphonale 32
Apel, W. 33
Apollon 14, 16
Archytas von Tarent 10, 17
Ariadne 40
Arie 88, 90ff., 109, 150, 156
Aristoteles 10, 17
Aristoxenos 17f.
Arnim, B. von 115
Arnold, D. 40
Arnold, J.C. 115
Arras 31
Ars antiqua 27ff.
Ars nova 27ff.
Ars novae musicae 28
Ars Oratoria 60
Artusi, G.M. 35f., 38f.
Athen 9, 12
Auer, M. 162
Aufführungspraxis 79
Aulos 9, 12f., 16f., 40
Aulosbläser (Aulet) 12f.
Aurnhammer, Frl. von 93ff.
Aus- (Ver-)Zierungen 80ff.
Avantgarde 186, 195

Bach, C.Ph.E. 79
Bach, J.Ch. 78
Bach, J.S. 60ff., 68f., 73ff., 78f., 134, 141f., 166, 170
– Das Wohltemperierte Klavier 68, 74f., 77
– Fuge in d-moll 73
– Fuge in e-moll (BWV 548) 142
– Messe in h-moll 134
– Orchestersuite Nr. 4 in C-Dur 141
– Orgelbüchlein 60f., 63, 66
Badura-Skoda, P. 99
Ballade 31
Bandorn 45, 48
Barbiton 9
Barraqué, J. 167
Bartók, B. 168f., 173
– Rumänische Volkslieder aus dem Komitat Bihar 168
Baßblockflöte 37
Baßgeige 46
Basso continuo 51f.
Batka, R. 162
Bauer, M. 134
Bauer, W.A. 93, 96
Bauernmusik 169ff., 173
Bayreuth 145, 151
Bayreuther Blätter 146, 156
Becker, H. 162
Beethoven, L. van 98ff., 111, 115, 137, 142, 145ff., 156, 161f., 165f., 173, 201
– Fidelio 147, 156, 201
– Klaviersonaten op. 31 111
– Klaviersonate op. 31,2 in d-moll 98ff.
– Klaviersonate op. 109 in E-Dur 156
– Klaviersonate op. 110 in As-Dur 156
– Klaviersonate op. 111 in c-moll 156
– Leonoren-Ouvertüre Nr. 3 in C-Dur op. 72a 149, 156
– Streichquartette op. 127 bis 135 156
– Symphonie Nr. 3 in Es-Dur op. 55 147
– Symphonie Nr. 5 in c-moll op. 67 115ff.
– Symphonie Nr. 6 in F-Dur op. 68 166f., 171, 173
– Symphonie Nr. 9 in d-moll op. 125 101
Belényes 168
Benda, G. 156
Berg, A. 107, 156, 175f.
– Klaviersonate op. 1 107
– Wozzeck 156
Berlin 95
Berlioz, H. 148, 152, 158
Bernhard, Ch. 50, 53, 64, 66f.
Besch, H. 66
Besseler, H. 26, 33, 134
Biber, H.F. 134
Bildlichkeit 60f.
Birnbaum, J.A. 60
Blauer Reiter 184
Blockflöte 27, 43, 45
Boetticher, W. 144
Bonanni, F. 13
Bonn 111
Boreali 40
Bragança, Herzog von 87
Brahms, J. 123, 143, 146, 159f., 162, 169
– Symphonie Nr. 2 in D-Dur op. 73 146
Bratsche 89
Braun, W. 162
Brendel, K.F. 141
Bretzner, Ch.F. 91, 94
Brodde, O. 48, 53
Bruckner, A. 158ff.
– Symphonie Nr. 3 in d-moll 159
– Symphonie Nr. 8 in c-moll 158ff.
– Symphonie Nr. 9 in d-moll 162
Bücken, E. 33, 85
Budde, G. 183
Bukarest 168
Burmeister, J. 63, 67
Buxtehude, D. 62

Caccini, G. 38f.
Cage, J. 186, 195, 197f.
– Music for Piano 21–52 195ff.
– Sonatas and Interludes 198
– Variations IV 195
Calzabigi, R. da 86f.
Canon circularis 70, 74
Cantilena 30f.
Cantio 44ff.
Cantus 23f.
Capella 46f.
Capella fidicina 44
Capelle, W. 20
Cavallieri, K. 92, 94
Cembalo (obligato) 78, 86, 89
Chitarrone 40
Chopin, F. 137ff., 143, 166
– „Là ci darem la mano“, variée pour le piano avec accompagnement d'orchestre, op. 2 137
Chor 41, 49

Choral 129, 133
Choralvorspiel 60
Chorus ascititius 46, 48
Chorus instrumentalis 46 ff.
Chorus pro capella 46, 48
Chorus vocalis 46 ff.
Chroma 20
Chromatik 61, 63 f.
Clavicymbel 40, 45, 48
Clemens non Papa 38
Cobenzl, J. P. Graf 95, 97
Colloredo-Waldsee, H. Graf von 94
Comes 70
Concerto 42 ff., 49, 78
Conductus 30 f.
Conrad, L. 97
Consort 45, 48
Corelli, A. 69
Cornet 42
Cornetto 40, 46, 48
Coussemaker, E. 30
Cowell, H. 195
Crequillon, T. 38
Czaczkes, L. 77
Czerny, C. 98 f.

Dahlhaus, C. 58, 158, 195
Daktylos 14
Damon von Athen 10, 14, 16
Danckert, W. 167
Dasia-Notation 22, 132
Daubrawa von Daubrawaick, J. B. A. 93 f.
David, König 21
David, J. N. 74 f., 77
Debussy, C. 163 f., 167, 176
– La Mer 163
– L'Après-midi d'un faune 167
– Pelléas et Melisande 167
Dekret „Docta Sanctorum" 32
Dent, E. J. 97
Desprez, J. 38 f.
Deutsch, O. E. 93, 96, 123, 135
Diaphonia 23 f.
Diatonon malakon 19
Diatonon sýntonon 19
Diazeuxis 17, 19
Dichotomie 17
Diesis 19
Dietrich, F. 61, 66
Discantus 32
Diskantgeige 45
Dispositiones modorum 51 f.
Dissonanz 26, 36, 38, 54 ff., 62, 66, 74, 80 ff., 104, 176
Ditonos 19 f.
Ditters von Dittersdorf, C. 116
Dolzflöten 43

Dombróer 168
Doppelaulos 12
Doppelfagott 46, 48
Doppelharfe 45, 48
Drama (musikalisches) 145 ff.
Dramma giocoso 89
Dresden 86
Dukas, P. 166 f.
Dulzian 45, 48
Dux 70

Eggebrecht, H. H. 50, 53
Ehmann, W. 48
Eimert H. 186, 194, 197
Einhandflöte 39
Einstein, A. 89, 97
Elektronische Musik 185
Empfindsamer Stil 79, 85
Engführung 75 f.
Enhoplios 14
Erard, S. 98
Eros 9
Esterházy, J. N. Graf 95, 97
Esterházy 89
Ethos (in der Musik) 10, 127
Eusebius 137 f.

Fagott 45 f., 89
Falla, M de 169
Farbiges Rauschen 194
Feil, A. 135
Ficker, R. von 132
Fideln 27
Field, J. 139
Figuren 60 ff.
– Antitheton 60, 66 f.
– Heterolepsis 63, 66
– Hypotyposis 61 ff.
– Katachresis 62, 66
– Parrhesia 60, 64, 67
– Passus duriusculus 60, 64
– Pathopoeia 63 f., 67
– Saltus duriusculus 60 ff.
– Suspiratio 62
– Tmesis 60, 62 ff.
Figurenlehre 59 ff.
Filter 185
Fischer, J. J. L. 92, 94
Fischer, W. 85
Fischer-Dieskau, D. 135
Florestan 137 f.
Flöte 46, 78
Flügel 122, 198
Forchert, A. 48
Form (in der Neuen Musik) 186, 199 ff.
Formant 190, 194
Fortune, N. 40
Franco von Köln 28, 30
Franz, R. 144

Frauenlob s. Heinrich von Meißen
Friedländer, M. 134
Friedrich, Kronprinz (später König Friedrich II.) 79
Fuga 51 ff.
Fuge 68 ff.
Fux, J. J. 73 f.

Gabrieli, G. 35, 44, 46, 48, 50
Gade, N. W. 144
Gafurius 18, 34, 53
– De harmonia musicorum instrumentorum opus 53
– Practica musicae 34
– Theorica musica 18
Galanter Stil 79, 85
Gastoldi, G. G. 35
Geige 45 f.
Generalbaß 35, 44, 47, 49 ff.
Generator 185
George, St. 184
Georgiades, Th. G. 16, 19 f., 26, 53, 97, 123, 134 f.
Geräusch 192
Gerbert, M. 23
Gesamtkunstwerk 146
Gil blas 164
Gilowski, F. W. von 93 f.
Giovanelli, R. 35
Glaukon 10 ff.
Glocken 18
Gluck, Ch. W. 86 f., 89, 91, 156
– Alceste 27, 89, 91
– Iphigénie en Aulide 87
– Iphigénie en Tauride 87
– Orfeo ed Euridice 86
– Paride ed Elena 87
Goethe, J. W. von 137
Goldschmidt, H. 61, 66
Göllerich, A. 162
Gombert, N. 38
Gonzaga 35
Graduale 32
Gregor-Dellin, M. 158
Grimm, C. von 157
Großbaß 43
Großbaßpommer 46, 48
Großspinett 45, 48
Grundreihe 178 ff.
– Umkehrung 179 ff.
– Krebs 179 ff.
– Krebs der Umkehrung 179 ff.
Guido von Arezzo 25
Gülke, P. 26, 33
Gurlitt, W. 134
Gymnastike 10 f., 15 f.

Hammerflügel 98
Händel, G. F. 60, 62, 69, 73 f., 86

Hanslick, E. 159f., 162
Harfe 31, 40, 45, 48
Harmonia 10ff.
– dorisch 11, 16
– hypodorisch (lokrisch) 16
– hypolydisch (syntonolodisch) 11, 16
– hypophrygisch (iastisch) 11, 16
– lydisch 11, 16
– mixolydisch 11, 16
– phrygisch 11, 16
Harmonisches Spektrum 188
Haslinger, T. 122, 137f.
Hasse, A. 78
Hassler, H.L. 44
Häusler, J. 167
Hausmann, R. 156
Haydn, J. 89, 116f., 121, 147f.
– L' incontro improvviso 89
Heerpauken 39
Heine, H. 122ff., 126, 129, 131
Heinrich von Meißen 27
Heller, St. 144
Hemitónion 19
Heptatonik 17
Hermeneutik 60
Herz, H. 138f.
Hey, H. 146
Hey, J. 146
Hiller, J.A. 91
Himmel, F.H. 141
Hindemith, P. 67
Hoffmann, E.Th.A. 115f., 121, 140f.
– Kreisleriana 140f.
– Undine 115
Hoffmann, J. 145
Hoffmann-Erbrecht, L. 85
Hofhaimer, P. 134
Hokusai 163
– Große Woge 163
Höltzel, H. 54
Holzhalb, J.R. 78
Homer 16, 110
Hoquetus 30ff.
Humpert, H.U. 194
Hünten, F. 138f.
Husmann, H. 26
Hypate 18ff.

Iambos 14
I-Ching 195
Imitatio 70
Imperfectio 29ff.
Impressionismus (musikalischer) 163, 167
Impuls 189f., 194
Inchoatio 24
Ingegneri, M.A. 38f.
Instrumentalmusik 116f.
Intervalle 17, 19, 54ff., 70, 80, 178, 182

Jacobus von Lüttich 28f.
Jäger, W. 20
Jammers, E. 26
Jansen, F.G. 142
Joachim, J. 144, 156
Joachim -Quartett 115
Johannes XXII. 32
Jubal 18

Kadenz 105, 125ff., 132f.
Kagel, M. 199, 201
– Ludwig van 201
– Phonophonie für Chor, Orchester und zwei Projektoren 201
– Transicion I 200
Kaiser, J. 114
Kalbeck, M. 162
Kalokagathia 10
Kandinsky, W. 184
Kantate 128
Kanzel 41
Kapitol 13
Kapp, J. 156, 158
Kauffmann, E. 161
Kelchkrater 9
Keller, H. 61, 66, 74f., 77
Kinoumenoi 17, 19
Kirchentöne 21, 32
– authentus protus 21
Kircher, A. 67
Kirchner, G. 53
Kithara 14, 16, 40
Klavier-Präparation 198
Klaviersonate 98ff.
Kleintrommel 27
Kleophrades 12
Kodály, Z. 169, 173
Kolisch, R. 175
Koller, H. 20
Köln 185
Komma (syntonisch) 57f.
Konsonanz 26, 32, 36, 38, 54ff., 104, 171, 176
Kontrabaß 89
Kontrapunkt 70f., 75f., 176
Kontrapunktischer Stil 51f., 61, 74
Konzertierender Stil 43f., 51
Kostelanetz, R. 197
Krebs 75f.
Krieger, J.A. 73
Krumbbügel 42
Krummhorn 45
Kuhnau, J. 73f., 77
Kunstlied 122ff.
Kunstmusik 169ff.
Kunze, St. 158

Lalo, E. 167
Lalo, P. 166f.
Laloy, L. 164
Lamento-Ostinato 134
La Revue blanche 164, 167
Lasso, O. di 35ff.
Laute 45
Leipzig 59
Leipziger Tonkünstlerversammlung 141
Leitmotiv 152, 156, 183
Leopold II., Kaiser 87, 89
Lesure, F. 167
Lettner 41
Lexis 14
Libretto 35, 86, 91, 93f.
Lichanos 18ff.
Liszt, F. 99, 114, 142, 146, 148, 152, 157f., 160, 169
Logos 10f., 14ff.
Luedtke, H. 61, 66
Lully, J.B. 69
Luther, M. 50, 128
Luzzaschi, L. 38
Lyra 14, 116f.

Mack, D. 158
Madrigal 45, 47
Magnetophon 185
Mahler, G. 176
Mähren 172
Malipiero, G.F. 38
Manessische Liederhandschrift 27
Manieren 81ff.
Marchal 95
Marenzio, L. 38f.
Marpurg, F.W. 69
Marsch 148
Marsyas 14, 16
Marx, A.B. 89
Marxsen, E. 144
Maschinenkomödie 91
Mattheson, J. 67, 69, 73f.
Mayer, H. 158
Mayr von Mayrn, J.B. 95, 97
Mehrchöriges Musizieren 41, 49
Mehrchörigkeit 42, 44
Mehrstimmigkeit 21ff.
Melodram 149, 156
Melos (Melodie) 11, 14, 23
Mendelssohn-Bartholdy, F. 150
Menontes 19
Mensur 29f.
Mensuralnotation 28, 30, 34
– Maxima 28
– Longa 28ff.
– Brevis 28ff.
– Semibrevis 28f., 32

– Minima 28f., 32
Merulo, C. 35f.
Mese 18ff.
Messager, A. 167
Messe 134
Messiaen, O. 186
Metastasio, P. 86, 148, 156
Mielich, H. 37
Mies, P. 134
Mimesis 16
Misch, L. 77
Modulation 107f., 125f., 147, 152, 156
Modus 28f.
Molière, J.-B. 171
Monochord 17, 25
Monodie 35
Monodischer Stil 52
Monodram 156
Monte, P. de 35f.
Monteverdi, C. 34ff., 50, 52, 91, 134
– Arianna 40, 134
– Favola di Orfeo 35, 40
– Lamento d'Apollo 35
– 5. Madrigalbuch 35f.
– Scherzi musicali 35, 38
– Tirsi e Clori 35
Monteverdi, G.C. 35, 38
Moscheles, J. 139, 141
Moser, H.J. 53, 89, 134
Motette 30ff., 45, 47, 49
Motetus 32
Motiv s. Thema
Mouton, J. 38f.
Mozart, L. 79, 94, 97
Mozart, W.A. 78, 90f., 93ff., 116f., 121, 134, 137ff., 142, 148, 153, 156
– Così fan tutte 91
– Davidde penitente 94
– Die Entführung aus dem Serail 90f., 93ff.
– Die Zauberflöte 91, 146
– Don Giovanni 91, 94, 138f., 148, 158
– Idomeneo 90
– La Clemenza di Tito 148
– Le Nozze di Figaro 91, 148
– Lucio Silla 90
– Mitridate 90
– Requiem 142
– Streichquartett in C-Dur KV 465 156
– Symphonie in Es-Dur, KV 543 117, 121
– Symphonie in g-moll, KV 550 139, 141
– Symphonie in C-Dur (Jupiter) KV 551 134
Müller (von Asow), E.H. 53
Müller, W. 122
Müller-Blattau, J.M. 53, 66f.
München 37
Muris, J. de 28
Musica Enchiriadis 22f., 132
Musica poetica 57f., 67
Musikalische Rhetorik 59ff.
Musike 10ff.
Musiktheorie 18
Mussorgski, M. 176
Mythos 11

Nachtmusik 59
Nägeli, J.G. 111
Nanino 35
Nascimbeni, St. 45, 47
Neudeutsche Schule 141, 143, 159
Neue Freie Presse 160
Neue Musik 186
Neue (Leipziger) Zeitschrift für Musik 136f., 139ff., 144, 158
Neumen (aquitanisch) 21
Nocturne 139
Nomos 16

Obertonreihe 176
Oboe 89
Ockeghem, J. 38f.
Oper 115f., 128, 147ff., 183
Opera buffa 90, 97, 148
Opera comique 90, 97
Opera seria 90, 148
Opernreform 86f., 149
Oratorie 59ff.
Orchester 86
Orcus 116
Ordinarium missae 34
Organum 22ff., 132
Orgel 45ff., 52f., 56
Orgelchoral 60ff.
Orgelempore 41
Orpheus 40, 116
Ostinato 124ff.
Ouvertüre 88, 92, 148f., 153, 160
Ovid 59
– Amores 59

Paganini, N. 138f.
Palchetto 47f.
Palestrina, G.P. 35f.
Panharmonion 13
Parameter 186f., 193
Parhypate 18ff.
Partitur 52f., 194
Paul, J. 137
Pektis 12, 16
Penorcon 45, 48
Pentatonik 17
Perfectio 30
Peri, J. 38f.
Permutation 186ff., 194
Philippe de Vitry 28
Philolaos 18
Phonem 188, 191, 194
Phorbeia 12
Phrygische Tonart 127f., 131f.
Phrynis 55, 57
Picander (Ch. F. Henrici) 59
– Ernst-, Schertzhaffte und Satyrische Gedichte I 59
Piccin(n)i, N. 87
Platon 10ff., 17, 40
Plektron 9
Politeia 10
Polytonalität 71
Porta, C. 35f.
Posaune 40, 42, 45f.
Positio 24
Positiv 45, 47f.
Praetorius, M. 42ff., 47ff.
– Musarum Sioniar(um) motectae et psalmi latini 49
– Theatrum Instrumentorum 42f.
Präludium 68, 74ff.
Prima pratica 34, 38
Printz, W.C. 55, 57
Programm 113f., 149, 161
Prolatio 28, 33
Proportio 56ff.
Psalm 47, 49f.
Psalmodie 128
Psalterium 27
Puccini, G. 176
Pulpet 52
Pyknon 19
Pythagoras 18, 22
Pythagoreer 10, 17

Quantz, J.J. 78f., 82, 84f.
Quenstedt, J.A. 62f.
Querflöte 37, 43, 45, 85
Querpfeife 43
Quintilian 60

Racine, J. 87
Racket 45, 48
Raeburn, C. 97
Rahner, H.B. 61, 66
Rankett 37
Raro 137f.
Ratio 26
Ratz, E. 77
Rauschbänder 188ff.
Redlich, H.F. 40
Regal 45, 47f.
Reger, M. 176
Register 98
Reich, W. 173

Reihe 177ff.
Rellstab, L. 122
Rezitation 129ff.
Rezitativ 88, 99, 101, 109, 113, 128, 149
Rheinberger, J. 152, 156
Rhythmos 10ff.
Richter, H. 159, 161
Riemer, O. 114
Ripieni 46ff.
Ritornell 88
Rom 13
Romantik (musikalische) 116f., 121
Rore, C. de 38f.
Rosalie 160f.
Rotta 21
Ruditas 29, 31
Rue, P. de la 38f.
Rufer, J. 184
Ruhnke, M. 67

Sackpfeife 27
Sackpfeifenspieler 172
Salmen, W. 121
Sammartini, G.B. 86
San Marco 41, 44
Schaal, R. 67
Schaeffer, P. 186
Schäfke, R. 85, 89
Schalk, F. 161
Schalk, J. 161
Schalmei 27
Scheibe, J.A. 60, 69
Schering, A. 60, 67, 110, 112, 114
Schiller, F. 110
Schindler, A. 98f.
Schlegel, A.W. 113
Schmid, H. 66
Schmitt-Thomas, R. 121
Schmitz, A. 60f., 66f., 121
Schmitz, H.-P. 82, 84f.
Schnebel, D. 194, 201
Schokow, L. 135
Schokow, M. 135
Schönberg, A. 156, 169, 174f., 183f., 186, 195
– Bläserquintett op. 26 175, 179ff.
– 3 Klavierstücke op. 11 184
– 15 Lieder op. 15 184
– Moses und Aaron 178, 184
– Pierrot Lunaire 156
– Roter Blick 184
– Selbstporträt 174
– Von heute auf morgen 183f.
Schönberg, G. (geb. Greissle) 184
Schubart, Ch.F.D. 139ff.
Schubart, L. 141
Schubert, F. 122
Schubert, Fr. 122ff., 135, 141
– Die schöne Müllerin 122, 135
– Heidenröslein 135
– Klaviersonaten in c-moll, A-Dur, B-Dur 122
– Messe in As-Dur 132
– Schwanengesang 122f.
– Streichquintett in C-Dur 122
– Winterreise 122, 124, 135
Schuhmacher, G. 77, 133
Schulze, H. 144
Schumann, R. 134, 136ff., 141ff., 145, 166
Schünemann, G. 134
Schusterfleck 160f.
Schütz, H. 44, 49ff.
– Geistliche Chormusik 50f.
– Kleine geistliche Konzerte 44
Schwegel 27, 39, 43
Schweitzer, A. 60f., 66
Schwind, M. von 122
Schwingungsverhältnis 17, 22, 26, 54f., 58
Scopus 65ff.
Seccorezitativ 90
Seconda pratica 34ff., 38, 52, 91
Seidl, J.G. 122
Semitonium 22
Sequenz 26
Serielle Musik 186, 188, 197, 200
Shakespeare, W. 98, 109f., 112, 114, 117, 146, 156
Simrock, N. 111
Sinfonia 88
Sinfonie s. Symphonie
Singspiel 91
Sinuston 190
Sirenen 40
Sokrates 10ff., 17
Sonate 98ff., 166f.
Sonaten(satz)form (Symphoniesatz) 107, 146ff., 151
– Exposition 106f., 109f.
– Zwischensatz 118f., 121
– Seitensatz 100f.
– Schlußgruppe 107
– Durchführung 101, 107f., 110
– Reprise (Wiederholungsteil) 101, 109f., 151
– Coda (Anhang) 101, 110, 151
Spaun, J. von 122
Speculum musicae 28f.
Spielmannskönig 27
Spieß, M. 62, 66
Spitta, J.A.Ph. 60f., 66f.
Stamitz, C. 79
Stamitz, J. 79
Standfuß, J.G. 91
Steglich, R. 97
Stephan, R. 194, 201
Stephanie d.J., J.G. 91ff., 96
Stimmbuch 39
Stimmung 55, 82
Stockhausen, K. 186, 194f.
– Gesang der Jünglinge 186ff.
Stössel, J.Ch. 141
Stössel, J.D. 141
Stoßzungenmechanik 98
Strauss, R. 169, 176
Strawinsky, I. 134, 169, 171f.
– Sacre du Printemps 172
Striggio, A. 35, 40
Strophenlied 122, 134
Stuckenschmidt, H.H. 184
Studio 185
Subtilitas 29, 31
Symphonia 23f., 44f., 47
Symphonie 115ff., 121, 147ff., 159ff., 165ff.
Synaphe 17, 19
Synkopatio 55f.
Syntagma musicum 44, 47f.
Syrinx 14, 16
Systema teleion 17
Szabolcsi, B. 173

Tabulatur 52f.
Tanz 147f., 152
Telemann, G.Ph. 69, 73f.
Temperatur s. Stimmung
Temps 166
Tempus 28, 33
Tenor 31
Tenorblockflöte 37
Tenorgeige 37
Tenorposaune 37
Tetrachord 17ff., 22, 24, 26
Tetraktys 17
Textur 187, 189f.
Theile, J. 73
Thema (Fugen-) 69ff., 74ff., 113
Thema (Reihen-) 178, 180, 182
Thema (Sonatensatz-) 100, 102f., 107, 117ff., 146f., 149, 151ff., 161, 171f.
Theobald von Arezzo 25
Theorbe 45, 48
Theseus 40
Thomas, E. 201
Thomas, W. 123
Thuringus, J. 63, 67

Tibia 40
Tonalität 176f.
Tonar 21
Tonartencharakteristik 139f.
Tongeschlecht 19
Tonkünstlerverein 142
Tonmalerei 60f.
Tonsymbolik 60f.
Tonus 22
Traversflöte 85
Trigonon 12, 16
Triplum 32
Tritone 40
Tritonus 24, 26
Trochaios 14
Tromba antica 13
Trommet 39, 42
Türkische Musik 92, 94

Uhde, J. 102, 110, 114
Uhlig, T. 158
Umkehrung 76, s. auch Grundreihe
Unger, H.H. 66f.

Vallas, L. 167
Variation 137f., 154
Venedig 41
Versfuß 14
Viadana, L. 44, 47
Villa Wahnfried 151
Viola 37
Viola da braccia 46
Viola da gamba 45f.
Violine 37, 78, 89
Violoncello 78, 89
Violone 37, 46
Virginal 37
Vogl, J.M. 122
Vogt, M.J. 62, 66
Vojtêch, J. 183f.
Vokalmusik 117
Volbach, F. 100f.
Volkmann, R. 67
Volksmusik 168ff.
Vortrag 79ff., 99
Vox 22ff.

Waeltner, E.L. 26
Wagenseil, J.Ch. 79
Wagner, C. 145f., 157f.
Wagner, R. 123, 145f., 151, 156ff., 160f., 165, 167, 169, 176, 183
– Götterdämmerung 153f.
– Lohengrin 155f.
– Parsifal 146, 167
– Rheingold 152, 158
– Siegfried 145f., 151, 153, 157
– Tannhäuser 160
– Tristan und Isolde 160
– Walküre 153
Wagner, W. 151
Waldhorn 78
Walther, J.G. 62, 67, 70, 73f.
Wassergläser 18
Weber, C.M. von 149
– Der Freischütz 141, 156
Webern, A. von 175f.
Wegner, M. 20
Weigel, J.Ch. 85
– Musicalisches Theatrum 85
Weiße, Ch.F. 91
Weißes Rauschen 190, 194
Werner, H. 162
Wert, G. de 35f., 38
Westdeutscher Rundfunk 185
Wiegenkithara 9
Wiener Salonblatt 162
Wiener Zeitung 160
Wilhelm, R. 197
Willaert, A. 35f., 38f.
Winter, P. 48
Wirth, E. 156
Wolf, H. 123, 159, 161f.
Wolzogen, H.P. von 156

Zarlino, G. 36, 38
Zeffiretti 40
Zeitregler 185
Zelter, C.F. 139, 141
Zillig, W. 175
Zink 37, 42, 45
Zither (Cister) 40, 45, 48
Zürich 78, 111
Zwölftonkomposition 174ff.

Bildquellenverzeichnis

Fratelli Alinari, Florenz, 41 (Foto Anderson, Rom) — Bärenreiter-Bildarchiv, Kassel, 174, 184 — Bayerische Staatsbibliothek, München, 34, 37, 53, 59, 68, 73, 84, 111, 135, 136, 201 — Bibliothèque Nationale, Paris, 21, 163 — British Museum, London, 12 — Deutsche Fotothek, Dresden, 85 — Festspielleitung Bayreuth, 145, 151 (Foto Festspiele Bayreuth/Schwennicke) — Freies Deutsches Hochstift Frankfurter Goethe-Museum, Frankfurt am Main, 115 — Historisches Museum der Stadt Wien, 122 — Kunsthistorisches Museum, Wien, 98 — Martin-von-Wagner-Museum der Universität Würzburg, 9 — Musée des Arts décoratifs, Paris, 31 — Niedersächsische Landesbibliothek, Hannover, 18 — Bildarchiv der Österreichischen Nationalbibliothek, Wien, 25, 90, 159 — Bildarchiv Preußischer Kulturbesitz, Berlin, 95 — Staats- und Stadtbibliothek Augsburg, 49 — Stadtbibliothek Nürnberg, 54 (Foto Armin Schmidt, Nürnberg) — Stadtbibliothek Wien, 93 — Theatermuseum München, 89 — Universitätsbibliothek Heidelberg, 27 — Westdeutscher Rundfunk, Köln, 185 (Foto Gisela Scholz, Köln) — Zentralbibliothek Zürich, 78

Für die Umschlagcollage stellten Bilder zur Verfügung:
Archiv für Kunst und Geschichte, Berlin — Historisches Museum der Stadt Wien — Interfoto Friedrich Rauch, München